早期中国的月令与“政治时间”

薛梦潇 著

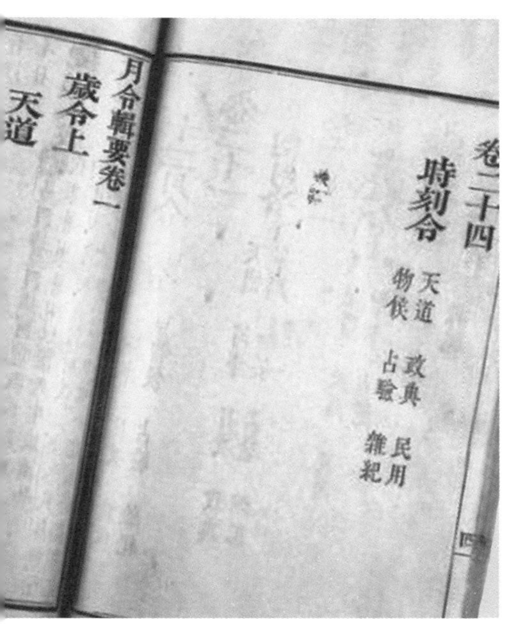

本书得到教育部人文社会科学研究青年基金项目
“早期中国的月令与‘神圣时间’研究”（16YJC770033）资助。

目　录

序论

月令，是中国古代的时宪之书。它以时月为纲，使农事、礼乐、政教、兵刑贴合着春生夏长秋收冬藏的节律。以“月令”为题的文献，收录于《小戴礼记》之中。不过，早期中国的时宪之书文本众多，不唯《礼记·月令》一篇。载于《大戴礼记》的《夏小正》，《吕氏春秋》“十二纪首”（下文简称《吕纪》），以及《淮南子·时则训》等传世文献，都具备“以月系事”的特征。它们也是“月令”。

《管子》中的《玄宫》（《幼官》）《七臣七主》《轻重己》诸篇，银雀山汉简《迎四时》《五令》《四时令》，北京大学藏汉简《节》《阴阳家言》等出土文献，以四时、八节或五行为纲，没有选择“四时—十二月”的时节系统，也就未按以月系事的体例编写。严格地说，它们不能算作“月”令。但是，这些文献用时节、五行来配伍政令的做法，与月令并无本质区别；它们关于时节忌宜的叙述，也多为后世月令所承袭。职是之故，本书也将《管子·玄宫》等篇纳入“月令”范畴考察。

诸本月令结构或繁或简，内容有详有略。《夏小正》相对简单，主要记录每月星象和物候。在所有月令文献中，它是最显“原始”的一种。《吕纪》《淮南子·时则训》与《礼记·月令》三篇内容基本相同，先设当月五行配置，次述天子政令、礼事，再书违令灾异警示人君，纲具目张，篇章结构与思想最成系统，当出自同源。《管子》中的月令文献，基本属于“五行时令”，但各篇结构与文字并不统一，文本来源复杂，出于众手的痕迹明显。

这些月令文献也不成于一时。《夏小正》的历法最为古老。《史记·夏本纪》曰：“孔子正夏时，学者多传《夏小正》。”①虽以“夏”为名，但不太可

① 《史记》卷二《夏本纪》，北京：中华书局，1959年，第89页。

能是夏代遗书。从所记天文星象等因素推测,《夏小正》的成书时间,大约在西周至春秋末年之间。《管子》一书托名管仲,但其中几篇月令文献应在战国中期才成立。《吕纪》的年代,争议较少。① 嬴政即位后,相国吕不韦召集宾客,使人人著其所闻,乃成《吕氏春秋》。② 然则,《吕纪》的主体内容诞生于在秦统一天下之前。西汉景帝时期,淮南王刘安也招致宾客著书,武帝初年献于朝廷。《淮南子·时则训》的成篇时间亦不难框定。《时则训》与《吕纪》内容近似,其中有根据汉代制度改写的几条文字,可见是汉初之作。

天南地北气候不齐,春秋战国诸侯林立的现实,又塑造了文化的区域分野。各月令文献天象、物候的差别,正是作者站在各自地域观察记录的结果。自然环境相殊,遂导致月政时禁上的因地制宜。《夏小正》的作者可能是居住在黄河中上游夏墟的人,《管子》《吕纪》反映的则是黄河下游青州地区的知识系统。

总之,上揭月令文献体例有别,文字相异,成书时间有先后,出身地域也不一。它们展示了早期中国多样化的“时间表”设计方案。欲探求上古先民的时间观念、时节意识,月令文献是上佳的契入点。

时间与空间是人类活动的基本框架。《淮南子·齐俗训》曰:“往古来今谓之宙,四方上下谓之宇。”③空间具有可视性,土地、山陵、墙垣、坛场、宫室都可以构筑起一定范围的空间。时间却没有触感,人们只能通过天文、气象、人物生死、代际更新等媒介,来体会时间的推移。胡塞尔一语中的,他说:“我们所接受的不是世界时间的实存,不是一个事物延续的实

① 梁玉绳据《史记·吕不韦列传》以“八览”居首、“十二纪”居末,且因世称“吕览”,提出今《吕氏春秋》以“十二纪”为首,似非本书序次。毕沅反驳梁氏之说,认为自《汉书·艺文志》以来皆以“吕氏春秋”为正名,而“十二纪”之伦类与孔子所修《春秋》相附近。梁玉绳后亦修正己说,同意“十二纪”居首的观点。今人島邦男仍按《史记》之载,认为“十二纪”居末,且今本“十二纪”已非原始面貌。参看许维遹:《吕氏春秋集释》,北京:中华书局,2017 年,第 2 页;島邦男:《五行思想と禮記月令の研究》,東京:汲古書院,1971 年,第 57—74 頁。

② 《史记》卷八五《吕不韦列传》,第 2510 页。

③ 高诱:《淮南子注》卷一一,国学整理社:《诸子集成》(七),北京:中华书局,2006 年,第 178 页。

存，以及如此等等，而是显现的时间、显现的延续本身。”[①]这就引出了时间与人类活动的联系。

时间可分为“自然时间”与“社会时间”。自然时间是不受人控制的客观存在，是天文物理学层面可被测量的对象。而社会时间不具有自然时间那样均质齐一、单向运动的特性。因为人的参与，等量的时间长度，可能显示出不等量、不同质的社会意义。[②] 社会学家的研究已经意识到，作为秩序原则，作为社会协调、规范和定位的工具，作为自然事件和社会事件的概念组织符号，时间是由社会活动构成的，时间在实践中得以表达，“所有时间都是社会时间”。[③] 简言之，社会时间是一种人为再造的时间体系。

人类日常生活中面对和感受的时间，都是社会时间。一些看似更接近于自然时间的概念，其实也是人为设置的时间秩序。例如，要把握十二个朔望月的总天数，当然需要“科学”观测与计算，但将意为谷物成熟的“年”字为355日的时间长度命名，便立即将自然时间转化为人类活动的周期。再如，殷商时代将一年分为春、秋两季，西周晚期才进一步细分为春夏秋冬四时。夏与冬的出现，并不是被测算出来的，而是被“安排”进去的。就月令文献而言，无论是“四时—十二月”系统，抑或“五行—三十时”系统，也都是在自然时间基础上作人为划分。

月令自出现之日起，它的持有者、使用者往往被设定为人君或天子。各本月令文献的时节划分，也不是单纯地因循自然时间规律，而是寄托着对王道政治的追求。以《吕纪》《月令》为例，秋冬与春夏，无尊卑之别，但有阴阳之分。设计者将王政的宽和柔惠，融入草木萌发、玄鸟于飞的勃勃生气之中，而又期望人君挟恃秋霜冬雪，行威武肃穆之政。将四时十二月

---

① 埃德蒙德·胡塞尔：《内时间意识现象学》，倪梁康译，北京：商务印书馆，2009年，第36页。

② 参看皮蒂里姆·索罗金、罗伯特·默顿：《社会—时间：一种方法论的和功能的分析》，收入约翰·哈萨德编：《时间社会学》，朱红文、李捷译，北京：北京师范大学出版社，2009年，第48页。

③ 芭芭拉·亚当：《时间与社会理论》，金梦兰译，北京：北京师范大学出版社，2009年，第52—53页。

配以五行，赋予每时每月生、养、衰、杀的哲学思想，制订出助阳顺阴的政令和礼事，于是，这些针对君主而人为规定的各具政治寓意的时间，就成为“政治时间”。当然，“政治时间”也是社会时间的一种，也不仅仅通过月令表现出来。纪年符号（如唯王某年、元鼎某年等）及一些特殊的日期时刻（如日冬至朔旦），都不是工具性的时间，它们也是具有政治象征与威权意涵的“政治时间”。

月令呈现出的是具有周期性的“政治时间表”。如上述，先秦时期月令文本多样，意味着“政治时间表”非唯一种。战国后期兼并战争愈演愈烈，区域间文化上的竞争与交融也未曾停歇。帝国诞生前夜，《吕氏春秋》问世。从这部巨著“备天地万物古今之事”的气魄可见，[①]秦人对天下的统一，并不局限于将六国纳入帝国版图，也有吞吐古今之学、融会人心思想的志望。《吕纪》自然也不乏将各自为政的战国时间整合为帝国时间的意图。

倚靠强权，《吕纪》这一份政治时间表，确立了“王官月令”的独尊地位。然而，整合不等于消灭。《夏小正》与《管子》中诸篇月令文献的内容和设想，就不同程度地被《吕纪》接收。与此同时，地域性的月令文献在秦汉之际仍在本区域内流行。《管子》的部分内容被改造成为“王官月令”，而那些落选的文字和思想，在西汉前期的山东银雀山汉简、北大藏西汉竹书中尚斑斑可见。

汉兴七十余年后，战国余绪殆尽，地域性的月令文本不可避免地退出政治舞台。西汉中期以降，《吕纪》《月令》一系不仅坐稳了“王官月令”之席，而且伴随着儒生与方士合流，完成了由阴阳家言到儒学经典的转身。几乎同时，《月令》对汉代政治文化的渗透也日益深入。

月令文献的整理研究工作，在西汉末年就已展开。据《汉书·王莽传》记载，元始年间，汉廷征召天下“有图谶、钟律、月令文字，通知其意者皆诣公车”，随后“正乖缪，壹异说”。[②] 从此，自季汉至清末，关于月令文献源流与月令礼制的研究不断丰富。

---

① 《史记》卷八五《吕不韦列传》，第2510页。
② 《汉书》卷九九上《王莽传上》，北京：中华书局，1962年，第4069页。

考镜源流是历代月令研究者的兴趣所在。《礼记·月令》作为儒家经典,其成书年代与文献源流最受学者重视。蔡邕撰《月令章句》,开篇即称《月令》乃周公所作。① 东汉贾逵、马融、王肃亦有相同观点。直至清代,仍有戴震、孙星衍、黄以周等持此看法。针对"周公说",为《礼记·月令》作注的郑玄提出该篇乃礼家抄合秦人《吕纪》而成。孔颖达《礼记正义》维护郑注,并胪陈文字、官名、岁首和服色等证据,阐明《月令》出自《吕纪》的结论。

郑玄、孔颖达的注疏,因其为官方经学观点而影响甚巨。除此之外,古代学者也有其他不同看法。杨宽整理前人学说,概括为六种:(1)周代说。以贾逵、马融、蔡邕、王肃、戴震、孙星衍和黄以周等人为代表。(2)秦代说。以郑玄和高诱为代表。(3)束皙依据《月令》采用"夏正"的情况,主张《月令》成书于夏代。(4)隋代牛弘认为《月令》杂虞夏商周之法。(5)方以智提出《月令》因袭《夏小正》,而《吕纪》抄自《月令》。(6)汪鋆、崔适等认为《月令》本周、秦时代之书,并经过汉人修改而成。② 以上六说基本涵盖了经学时代的学者对月令文献源流的认识。

走出经学时代以后,月令文献源流仍是研究焦点之一。顾颉刚从明堂、历法和"五帝"系统的生成史,推断《月令》全篇文字皆王莽时所作。他认为《吕氏春秋》也并非原貌,而是被王莽和刘歆等人加以利用,将"十二纪"改置于"八览"和"六论"之前,又将新作之文拆散冠于"十二纪"之首,同时还将此文分别录入《淮南子》《逸周书》,成为《时则训》和《月令解》,最终东汉马融将《月令》编入《礼记》,即名之为《月令》。③

顾颉刚一派之外,一些学者仍主张《月令》的成书时代不会晚至西汉末。容肇祖认为《月令》出自战国阴阳家之手,是邹衍遗作。④ 向宗鲁《月令章句疏证叙录》指出,《月令》即《明堂月令》,本周代之书,后经损益增删。⑤ 上揭杨宽《月令考》对前说一一辩驳,然后提出新见:《礼记·月令》

---

① 马国翰:《玉函山房辑佚书》(贰),扬州:广陵书社,2005年,第918页。
② 杨宽:《月令考》,收入氏著《杨宽古史论文选集》,上海:上海人民出版社,2003年,第463—473页。
③ 顾颉刚:《中国上古史研究讲义》,北京:中华书局,2002年,第203—204页。
④ 容肇祖:《月令的来源考》,《燕京学报》第18期,1935年,第97—107页。
⑤ 向宗鲁:《月令章句疏证叙录》,上海:商务印书馆,1945年,第46—47页。

的作者当为晋人后裔,其书与西周时期的《七月》、春秋时期的《夏小正》一脉相承,是战国末期阴阳家的作品。郭沫若《管子集校》认为《管子·玄宫》是《吕纪》的雏形。① 胡家聪赞同郭沫若的看法,并进而推测《吕纪》成书时间的上限不早于《玄宫》,下限则在公元前239年之前。② 徐复观亦认为《吕纪》成书与邹衍学派直接相关,并叙述了由《夏小正》到《吕纪》的发展演变轨迹。③

20世纪中期以来,日本学界也发表了不少相关研究。町田三郎《管子幼官考》与《時令說について——管子幼官篇を中心に——》两文,考察了时令说的不同形态及其成立时代。④ 島邦男的专著《五行思想と禮記月令の研究》细致梳理了月令文献的传承脉络。该著认为,月令文献是从邹衍的五德终始说发展而来,邹衍的后学将阴阳五行与四时相结合,作成《四时篇》收录于《管子》;在《四时篇》的基础上,又衍生出《幼官》《禁藏》《轻重己》等篇;今人所见《吕纪》乃东汉时成立的文献。⑤ 金谷治《管子の研究》专门讨论了《管子》中的时令思想,分别推测了《玄宫》《禁藏》《七臣七主》等篇的成书时间及其与《吕纪》和《礼记·月令》的关系。⑥

直至最近二十年,月令源流问题依然备受关注。陈美东认为月令出于阴阳家之手,但诸本月令又存在不同的学术传承派系。⑦ 乐爱国发现《月令》可能出自《管子》。⑧ 王锷同意杨宽的结论,并作了一些补充。⑨ 王连龙提出《邹子》《明堂阴阳》等均为《周书·月令》的异名。⑩ 刘宗迪、曾锦

---

① 郭沫若:《管子集校(一)》,见《郭沫若全集·历史编》第五卷,北京:人民出版社,1984年,第188—190页。
② 胡家聪:《〈管子·幼官篇〉新考——兼论〈吕氏春秋·十二纪〉的年代》,《社会科学战线》1981年第2期,第139—146页。
③ 徐复观:《〈吕氏春秋〉及其对汉代学术与政治的影响》,《两汉思想史》第二卷,上海:华东师范大学出版社,2001年。
④ 町田三郎:《管子幼官考》,《集刊東洋學》第1辑,1959年;《時令說について——管子幼官篇を中心に——》,《東北大学教養部文科紀要》第9号,1962年,第51—63頁。
⑤ 島邦男:《五行思想と禮記月令の研究》,東京:汲古書院,1971年。
⑥ 金谷治:《管子の研究》,東京:岩波書店,1987年。
⑦ 陈美东:《月令、阴阳家与天文历法》,《中国文化》第12期,1995年。
⑧ 乐爱国:《〈管子〉与〈礼记·月令〉科学思想之比较》,《管子学刊》2005年第2期。
⑨ 王锷:《〈月令〉与农业生产的关系及其成篇年代》,《古籍研究整理学刊》2006年第5期。
⑩ 王连龙:《〈周书·月令〉异名考》,《沈阳师范大学学报》(社会科学版)2008年第1期。

华也通过文献对比，考察了《吕纪》《时则训》与《礼记·月令》之间的因袭关系及思想演变过程。①

以上，经学时代的月令研究，受限于"注不破经、疏不驳注"的经学注疏原则及门户师说，难免存在误解经义和有违史实之处。近现代的月令文献源流考辨，则重在传世经史的梳理。随着简帛文献的频仍出土，可资讨论的月令文献种类日益丰富，已有研究的某些结论遂有待重新考量。

迄今已出与月令相关的简帛文献主要有：(1) 长沙子弹库楚帛书；(2) 临沂银雀山汉简阴阳时令类文献数种；(3) 北京大学藏西汉竹书《节》《阴阳家言》；(4) 居延"月令简"；(5) 敦煌悬泉置《四时月令诏条》。

关于子弹库楚帛书的性质，陈梦家《战国楚帛书考》较早提出了"楚月令"的看法。② 李零评价陈梦家的这篇遗作是专门考证帛书性质内容最全面的一部作品。郭沫若认为，楚帛书是与《管子·玄宫》性质相近的文献。③ 俞伟超明确表示帛书是《明堂图》性质的楚国书籍。④ 曹锦炎呼应陈梦家的观点，也认为楚帛书是《礼记·月令》的滥觞。⑤ 李学勤虽然认为楚帛书并不属于月令文献的范畴，但也不否认楚帛书与月令有相似之处，甚至有共同的思想渊源。⑥

李零《长沙子弹库战国楚帛书研究》以及三十年来的研究成果总结——《楚帛书研究》，综合并细致梳理了前人工作，翔实论述了楚帛书与《管子·玄宫》等月令文献的关系。专著重新绘制了已佚的《管子·玄宫图》，以之与楚帛书比较，发现二者虽然性质相近，但区别也很明显：楚帛书属于历忌之书，而月令就是从历忌之书发展而来的系统更复杂的文献。⑦

---

① 刘宗迪：《古代月令文献的源流》，《节日研究》第2辑，济南：山东大学出版社，2010年；曾锦华：《〈吕氏春秋·十二纪〉纪首、〈淮南子·时则训〉及〈礼记·月令〉之比较研究》，新北：花木兰文化出版社，2010年。

② 陈梦家：《战国楚帛书考》，《考古学报》1984年第2期。

③ 郭沫若：《古代文字之辨证的发展》，《考古学报》1972年第1期。

④ 俞伟超：《关于楚文化发展的新探索》，《江汉考古》1980年第1期。

⑤ 曹锦炎：《楚帛书〈月令〉篇考释》，《江汉考古》1985年第1期。

⑥ 李学勤：《楚帛书研究》，见氏著《简帛佚籍与学术史》，南昌：江西教育出版社，2001年，第61—62页。

⑦ 李零：《长沙子弹库战国楚帛书研究》，北京：中华书局，1985年；《楚帛书研究》(十一种)，上海：中西书局，2013年。

银雀山汉简《迎四时》《天地八风五行客主五音之居》《三十时》《四时令》《五令》等篇，内容与传世月令文献相似。李零将银雀山汉简“三十时”与《管子》所揭三十时节进行对比，判断二者均属于“五行时令”系统，但在形式与细节上也有区别。① 这些研究揭示了月令文献不同系统之间及每个系统内部的复杂性。陈侃理根据《皇览》中一段完整的迎气礼文，缀合原本残泐已甚的银简《迎四时》。他指出《迎四时》在内容上存在与《月令》相似之处，并注意到儒术对阴阳书的吸收有一个不断选择、淘汰的过程。②

中国西北地区也出土了数枚月令简牍，包括：居延汉简 95・5 与 210・35、居延新简 E.P.T.4：16、E.P.T.59：62、63 及 E.P.T.65：173，等等。这些简牍主要是西汉末至东汉初的遗物，虽然不是成篇的月令文献，但对研究两汉之际的政治文化提供了颇具价值的线索。陈直和森鹿三都已经注意到，几枚新莽简的月份和政令配置与《月令》存在错位，由是可以确认王莽改汉正朔的史实。③

同样在中国西北，敦煌悬泉置遗址发现的《月令诏条》完整揭示了元始五年(5) 以太皇太后名义颁布的月令原貌。胡平生《“扁书”、“大扁书”考》对内容进行了考释。④ 魏启鹏《敦煌悬泉〈诏书四时月令五十条〉校笺》指出了月令诏条在文献上的重要性。⑤ 黄人二《敦煌悬泉置〈四时月令诏条〉整理与研究》，对诏书内容进行校读注解，继而考察了诏书的形成与传递过程，以及政治与经学之间的关联。⑥

“日书”是先秦、秦汉时期另一种与时间有关的文献。睡虎地、九店、

① 李零：《〈管子〉三十时节与二十四节气——再谈〈玄宫〉和〈玄宫图〉》，《管子学刊》1988 年第 2 期；《读银雀山汉简〈三十时〉》，收入氏著《中国方术续考》，北京：中华书局，2006 年。

② 陈侃理：《从阴阳书到明堂礼——读银雀山汉简〈迎四时〉》，《中华文史论丛》2010 年第 1 辑。

③ 陈直：《居延汉简研究》，北京：中华书局，2009 年；森鹿三：《居延出土的王莽简》，收入中国社会科学院历史研究所战国秦汉史研究室编：《简牍研究译丛》，北京：中国社会科学出版社，1983 年。

④ 胡平生：《“扁书”、“大扁书”考》，见《敦煌悬泉月令诏条》“附录”，北京：中华书局，2001 年。

⑤ 魏启鹏：《敦煌悬泉〈诏书四时月令五十条〉校笺》，收入《长沙三国吴简暨百年来简帛发现与研究国际学术研讨会论文集》，北京：中华书局，2005 年。

⑥ 黄人二：《敦煌悬泉置〈四时月令诏条〉整理与研究》，武汉：武汉大学出版社，2010 年。

周家台、放马滩、孔家坡所出简牍中均可见此类文献。已有学者注意到“日书”与“月令”之间的关系。刘信芳的研究表明，楚帛书的十二章题记兼具“月令”与“日书”的性质。① 蒲慕州在《追寻一己之福——中国古代的信仰世界》中专门提到，月令与日书都是人们日常行事的准则，具有相似的宇宙观，区别在于使用者的身份上。② 李零《视日、日书和叶书》一文考察了月令与日书用途上的相关性，揭示了“月讳”与“日禁”之间的文本层次。③ 孔家坡汉简《日书·岁》是一篇颇不同于其他“日书”的出土文献。刘乐贤、晏昌贵均就该篇文献性质展开论述。④ 刘乐贤认为，《岁》与楚帛书有着相似的主题，可能是属于《阴阳五行时令》《四时五行经》一类的阴阳家文献。晏昌贵则注意到《通志》将谭融所作《日书》三卷归入“礼类”的“续月令”之下，揭示出《日书·岁》篇与月令之间的文献学关联。此外，出土月令简牍的综合性研究并不多见。目力所及，似只有刘梦娇的《试说出土文献中的“时令”类内容》全面探讨了出土法律类文书、银雀山汉简与秦汉日书中的时令。⑤

简帛文献的出土与考古发现的增多，扩充了月令文献的种类。这些新材料对月令研究的助益，不仅在于提供了更多的月令文献样貌，而且催生了更加多元的研究视角。

郑玄《礼记目录》云“名曰《月令》者，以其记十二月政之所行也”，即已揭示月令具有“政令”的性质。自汉代开始，月令逐渐从纸上遗文转变为现实制度。王梦鸥《读“月令”》是较早的关于月令与汉代制度的研究。⑥ 在出土文献不断丰富的时代，月令与秦汉政治关系研究完全具有突破和创获的可

① 刘信芳：《中国最早的物候历月名——楚帛书月名及神祇研究》，《中华文史论丛》第53辑，1994年。

② 蒲慕州：《追寻一己之福——中国古代的信仰世界》，上海：上海古籍出版社，2007年，第87页。

③ 李零：《视日、日书和叶书——三种简帛文献的区别和定名》，《文物》2008年第12期。

④ 刘乐贤：《孔家坡汉简〈日书〉“岁”篇初探》，见氏著《战国秦汉简帛丛考》，北京：文物出版社，2010年；晏昌贵：《孔家坡汉简〈日书·岁〉篇五行配音及相关问题》，收入氏著《简帛数术与历史地理论集》，北京：商务印书馆，2010年。

⑤ 刘梦娇：《试说出土文献中的“时令”类内容》，《语言研究集刊》第7辑，上海：上海辞书出版社，2010年。

⑥ 王梦鸥：《读“月令”》，《“国立”政治大学学报》第21期，1970年。

能性。月令与秦汉地方统治是颇受学界关注的议题。1959年，武威磨咀子M18出土“王杖十简”。陈梦家将其与“养老令”联系起来考察，提到仲秋养老本于月令古制。① 同样关于养老，赵凯考察了汉代“行糜粥”之制，注意到月令政治化所引发的养老政策调整及其效果。② 除此之外，藤田胜久《漢代の地方統治と時令思想》指出，《月令》只列举了需要遵守的项目，却没有记载对不遵守者的罚则，故月令只是教化时应该遵守的项目。③ 最近，刘鸣的博士学位论文《月令与秦汉时间秩序》从汉代月令灾异论、汉匈战争的季节及大赦时间规律等多方面，考察月令对两汉政治的影响力。④

邢义田与杨振红先后发表的专题论文，综合运用了出土文献与传世史料，是近年来最为重要的月令研究成果。邢义田《月令与西汉政治——从尹湾集簿中的“以春令成户”说起》与杨振红《月令与秦汉政治再探讨——兼论月令源流》，均从释读尹湾汉简《集簿》“以春令成户”一句切入，继而就“汉家月令”的内容及其对汉代政治的影响程度进行了深刻探讨。对于杨振红提出的质疑，邢义田又撰写了《月令与西汉政治——重读尹湾牍“春种树”和“以春令成户”》一文予以回应，在重申原先观点的同时，也对旧文作了检讨和补正。杨振红的论文在收入专著《出土简牍与秦汉社会》时，另增“附笔”部分，列举《后汉书》中的多条史料，用以说明东汉时期月令对政治影响的进一步扩大。⑤

在法制史领域，月令与法令、政令的关系是又一大研究视角。馬場理惠子结合西汉皇帝诏敕，对“月令”的“令”作了律令层面的考察，研究认为整个汉代经历了从时令思想向皇帝法令发展完善的过程。⑥ 于振波也指

---

① 陈梦家：《王杖十简考释》，收入《武威汉简》，北京：文物出版社，1964年。
② 赵凯：《西汉“受鬻法”探论》，《中国史研究》2007年第4期。
③ 藤田勝久：《漢代の地方統治と時令思想》，见氏著《中国古代国家と郡県社会》，東京：汲古書院，2005年。
④ 刘鸣：《月令与秦汉时间秩序》，北京大学博士学位论文，2017年。
⑤ 邢义田：《月令与西汉政治——从尹湾集簿中的“以春令成户”说起》；《月令与西汉政治——重读尹湾牍“春种树”和“以春令成户”》，北京：中华书局，2011年。杨振红：《月令与秦汉政治再探讨——兼论月令源流》，原载于《历史研究》2004年第3期，后收入氏著《出土简牍与秦汉社会》，桂林：广西师范大学出版社，2009年。
⑥ 馬場理惠子：《“主四時”と月令》，《日本秦漢史学會會報》7，2006年；《“時”の法令——前漢月令攷》，《史窓》64，2007年。

出敦煌悬泉置所出《四时月令诏条》具有法律效力，在汉代律令科比的法律体系中属于“令”的性质。① 古代法律制度中的时令观念也受到学者留意。《国语・周语》引“夏令”云：“九月除道，十月成梁。”类似的表述出现在青川秦牍、张家山汉简《二年律令》等出土文献中。杨宽将《吕纪》《月令》与秦田律进行对比，较早注意三者关于山林保护、渔猎及防止水灾等措施基本相同。② 上揭邢义田与杨振红的文章，也都对秦汉简牍中的田律与月令关系有所考辨。近年，焦天然提出，《月令》中虽然没有直接能与之相对应的语句，但“除道成梁”事实上却符合月令文献季秋与季冬的时令记载；秦汉月令的统一性，可从物候稳定、月令制度传承和律令全国通行三方面得到解释。③ 魏永康的博士学位论文专设一章，探讨秦汉政治秩序中的田律与月令，他认为田律中关于月令的内容，来自先秦时期的月令思想。④

正如邢义田所言，月令研究的推进完全得益于最近数十年来的考古发现。利用这些新材料，不仅修正了当年顾颉刚“《月令》之书必不在元、成以前出现”的观点，同时也突破了经学框架，展现出史学研究的魅力。

不同文本的月令之间，对天文星象的记录存在差别，所采用的历法系统也不相一致。能田忠亮测算出《月令》十二月初所见日躔记录大致反映了公元前 620 年（±100 年）的天文，专著《禮記月令天文攷》是研究月令天文的经典之作。⑤ 何幼琦、陈久金主要讨论了《夏小正》究竟是“十月历”还是“十二月历”的问题。⑥ 梁韦弦的系列论文认为二十四气、七十二侯尚未在《月令》中真正形成。⑦

---

① 于振波：《从悬泉置壁书看〈月令〉对汉代法律的影响》，收入氏著《简牍与秦汉社会》，长沙：湖南大学出版社，2012 年。

② 杨宽：《云梦秦简所反映的土地制度和农业政策》；《释青川秦牍的田亩制度》，二文均收入氏著《杨宽古史论文选集》，上海：上海人民出版社，2003 年，第 30—32 页。

③ 焦天然：《“九月除道，十月成梁”考——兼论秦汉月令之统一性》，《四川文物》2013 年第 1 期。

④ 魏永康：《秦汉“田律”研究》，东北师范大学博士学位论文，2014 年。

⑤ 能田忠亮：《禮記月令天文攷》，京都：東方文化学院京都研究所，1938 年。

⑥ 何幼琦：《〈夏小正〉的内容和时代》，《西北大学学报（哲学社会科学版）》1987 年第 1 期；陈久金：《论〈夏小正〉是十月太阳历》，《自然科学史研究》1982 年第 4 期。

⑦ 梁韦弦：《〈礼记・月令〉〈吕氏春秋・十二月纪〉及〈周髀算经〉所记之节气》，《古籍整理研究学刊》2001 年第 5 期；《〈礼记・月令〉所记时候与汉易卦气之气候》，《松辽学刊》（人文社会科学版）2002 年第 3 期。

月令作为“时宪”之书，它对时间的“规范”是很多研究者关注的问题。梁韦弦还结合《夏小正》《月令》等文献，阐述了先秦儒家的天人关系论与历政文化的渊源。① 雷戈从政治思想的角度，论述了月令时政与政治权力的关系。② 傅道彬《〈月令〉模式的时间意义与思想意义》从哲学层面考察了《月令》的时间结构与思维模式。③ James D. Sellmann 的专著《〈吕氏春秋〉所见时间控制与统治》将《吕氏春秋》视为融合了当时的时间观念、政治秩序、社会与经济伦理的作品。④ 由于“五行”的加入，月令文献具有了时间与空间融合对应的特征。近年多有学位论文讨论“五行”宇宙论与月令文献的关系。闫祥玲在梳理五行学说的发展进程之后，叙述了《礼记·月令》中的五行图式与五行生克思想。张春樱、王超的研究，归纳了《礼记·月令》中天人学说的基本观点。王璐的论文虽以“汉代月令思想”为题，但用了三分之二的篇幅叙述月令文献的时空模式和运行机理。

从生态史和环境史角度研究月令，成果数量众多，且很受欢迎。郭文韬、石明秀、谢继忠、刘海鸥、朱承等人的论文，都指出月令是汉代生态保护和生产生活的准则。⑤ 周晓陆发现部分秦瓦当的纹样反映了《吕纪》的内容，这些“月令瓦当”上的动植物物种，具有地区生物史的记录价值。⑥ 王子今从“时序”原则、水资源保护等方面，考察《月令》所体现的秦汉生态秩序意识。⑦ 王利华近年发表的论文《〈月令〉中的自然节律与社会节奏》，

---

① 梁韦弦：《先秦时期的历政文化》，《史学集刊》2004 年第 3 期。

② 雷戈：《后战国时期自然合理性观念研究》，《河南大学学报》（社会科学版）2007 年第 6 期。

③ 傅道彬：《〈月令〉模式的时间意义与思想意义》，《北方论丛》2009 年第 3 期。

④ James D. Sellmann: *Timing and Rulership in Master Lü's Spring and Autumn Annals*, State University of New York Press, 2002.

⑤ 郭文韬：《〈月令〉中的传统农业哲学略论》，《中国农史》1998 年第 2 期；石明秀：《先秦两汉月令生态观探析——以敦煌悬泉壁书为中心的考察》，《敦煌研究》2008 第 2 期；谢继忠：《从敦煌悬泉置〈四时月令五十条〉看汉代的生态保护思想》，《衡阳师范学院学报》2008 年第 5 期；刘海鸥：《〈月令〉的生态保护思想与中国传统生态法律》，《光明日报》2010 年 6 月 29 日第 12 版；朱承《〈礼记·月令〉的自然、生活与政治》，《中国社会科学报》2010 年 7 月 29 日第 11 版。

⑥ 周晓陆：《秦动植物纹样瓦当的一种试读——略论其与〈月令〉之关系》，《考古与文物》2004 年第 2 期。

⑦ 王子今：《秦汉时期生态环境研究》，北京：北京大学出版社，2007 年。

揭示了《月令》的环境史核心价值，即《月令》构设的人与自然关系模式，蕴含着师法自然和顺应自然的深层生态伦理。①

关于时节礼俗，杨孟衡认为“傩”是相对于《月令》“迎气”而言的“送气”礼仪。② 上揭王利华的研究同时表明，汉代以后出现了月令思想知识社会化的趋势，月令从“王制”到民俗，对传统社会的环境适应、生产生活和岁时风俗发挥了重要塑模作用。萧放在《〈荆楚岁时记〉研究》中也提到，从月令到“岁时记”，反映的是从王官之时到百姓日用之时的“时间叙述”性质的变化。③ 最近，余欣、周金泰发表的《敬授民时之往复：汉唐敦煌的皇家〈月令〉与本土时令》，敏锐地观察到时令文献在敦煌地区从“王命”衍化为一般时令知识的现象。④ 这一研究生动地展现了月令地域性传播的一个具体片段，为探讨先秦时期月令文本生成、秦汉之际月令文本整合、两汉之际月令经典化、汉唐以降月令世俗化的演变历程提供了不少启发。

特别值得一提的是社会史领域的时间研究。黄兴涛从思想史角度审视近代时间观念变迁的特殊性，并从思想社会化角度揭示了诸如“公元”“世纪”“时代”等时间名词在中国传播所具有的现代性功能。⑤ 最近三年间，湛晓白的《时间的社会文化史——近代中国时间制度与观念变迁研究》，系统专门地以“时间”为主题，立足于社会文化史角度，勾勒近代时间制度与观念变迁的整体面貌。⑥ 第一、二章关于公元纪年传入后传统与现代纪年之争，以及近代历法改革所体现的时间符号与现实政治的讨论，特

---

① 王利华：《〈月令〉中的自然节律与社会节奏》，《中国社会科学》2014 年第 2 期。

② 杨孟衡：《〈礼记·月令〉傩仪考》，《中华艺术论丛》第 9 辑，上海：同济大学出版社，2009 年。

③ 萧放：《〈荆楚岁时记〉研究——兼论传统中国民众生活中的时间观念》，北京：北京师范大学出版社，2000 年。

④ 余欣、周金泰：《敬授民时之往复：汉唐敦煌的皇家〈月令〉与本土时令》，收入童岭主编：《皇帝·单于·士人——中古中国与周边世界》，上海：中西书局，2014 年。

⑤ 黄兴涛：《近代中国新名词的思想史意义发微——兼谈对于“一般思想史”之认识》，《开放时代》2003 年第 4 期；《清末民初新名词新概念的“现代性”问题——兼论“思想现代性”与现代性“社会”概念的中国认同》，《天津社会科学》2005 年第 4 期。

⑥ 湛晓白：《时间的社会文化史——近代中国时间制度与观念变迁研究》，北京：社会科学文献出版社，2013 年。

别引起我的共鸣。王加华的专著主要围绕传统中国乡村民众极具农事节律特征的时间生活展开论述，并结合个案研究，借助计量史学的研究方法，阐述了传统乡村年度时间生活中的性别、阶层、年龄、地域差异及节奏安排。① 俞金尧、洪庆明近期发表的论文着重探讨了16世纪以来人类时间观念和计时体系在全球化过程中趋向统一的进程。②

从春秋战国到秦汉帝国，从传统时代走向现代文明，历史剧变时期，都上演过新的时间观念与旧的时间秩序的博弈。是辞旧迎新，抑或与古为新，还是固守传统？这场博弈至今未见终局。上述社会史研究关注的时代，虽距先秦两汉已远，但关于新旧交替阶段时间符号政治文化意义的探讨，却给予本书启发良多。

月令文献的内容包罗天地万象，可以从不同角度展开研究。从现有成果来看，至少已在史学、文学、民俗学和自然科学等多个领域有过尝试。仅就史学研究而言，月令文献中的制度及思想，包括官制、礼制、灾异等，均可作独立研究。本书考虑的是，五行学说、贵族礼制、时节习俗这些元素，不待月令出现就已通行于世，那么它们是如何被统摄于月令之中的呢？将它们勾联起来的线索，就是“政治时间”。

围绕月令文献揭示的“政治时间”，本书拟分两方面来探讨：第一是政治时间的制作。首先，早期中国的时节意识如何转化为系统性的月令文本？诸本月令文献所设计的“政治时间”有哪些特征？其次，在战国向帝国演进的过程中，原有的政治时间表也经历了一场淘汰与整合。那么，具有“王官月令”地位的《吕纪》如何生成？

第二是政治时间的运行。月令文献的出现，“政治时间”的制作，往往伴随着为王者开太平的政治意图。在成熟的月令文本如《吕纪》《月令》中，“帝王之大司备矣，天下之能事毕矣”。③ 然而，无论《月令》如何完美地演绎“时宪”的精髓，终不过是一份体大思精的“设计”，而非早期中国政治社

---

① 王加华：《被结构的时间：农事节律与传统中国乡村民众年度时间生活——以江南地区为中心的研究》，上海：上海古籍出版社，2015年。

② 俞金尧、洪庆明：《全球化进程中的时间标准化》，《中国社会科学》2016年第7期。

③ 《续汉书·律历志下》，北京：中华书局，1965年，第3057页。

会生活的“实录”。职是之故,有必要讨论秦汉制度中吸收了《月令》中的哪些制度,以及《月令》对统一帝国时间秩序的构建有多大程度的影响。

总之,本书的研究路径,就是探讨先秦诸本月令如何整合成《吕纪》《月令》这一系秦汉王官月令,以及《月令》如何影响两汉时期制度的历史过程。

在这一路径上,本书设六章内容,第一、二章梳理月令“政治时间”的生成脉络,主要考察月令文献的形成、整合与经典化过程。第三至第六章分别从礼制、行政与司法三方面,回答两汉时期“政治时间”如何运作的问题。明堂与迎气礼,是《月令》宇宙论最直观的表达。尽管自汉代以来,相关研究不胜枚举,但其中难免经学上的“以讹传讹”。拨开经学遮蔽,结合考古发现,重新爬梳明堂演变史,我们能更清晰地看到月令理论与现实明堂制度交汇、合流的动态过程。月令“政治时间”的运行并不局限于上层礼制,“政治时间”在郡县的传递,无疑也是构建帝国时间秩序的一环。本书注意到“行县”与“行春”一字之差背后的内涵,试图从地方巡行机制切入,探讨“政治时间”的授受实态。月令“政治时间”最基本的运行原理是助阳顺阴,赏罚以时。“行春”是天子宽和之政的颁宣,行刑时间的制订则是人君顺应严寒时气行使生杀之权的体现。在秋冬行刑的时间大框架之下,东汉王朝对死刑与薄刑时间作了多次调整。我们一方面可以从中看到月令在两次改律中扮演的角色,另一方面,改律的最终结果也揭櫫按月令施政名实之间的距离。

本书的研究时段,起自先秦,迄至东汉。如今,越来越多的学者用“早期中国”(Early China)来称呼魏晋南北朝之前的历史阶段。正如李峰所言,“早期中国”已经具备了作为一个独立的研究领域的合理性。原因之一,就是这一时期中国社会和制度的发展,基本上可被视作一个内部进程。[①] 各章次序也基本按时代先后编排。第一、二章涵盖商周至战国秦汉之际这一时段,第三章讨论的明堂制度、第四章考察的迎气礼制,是西汉末年至东汉初的两项重大礼制改革成果;第五、六章关注的则是东汉时期的月令制度演生历程。

---

① 参见李峰:《早期中国研究及其考古学基础——全球化时代的新观察》,收入张海惠主编:《北美中国学——研究概述与文献资源》,北京:中华书局,2010 年,第 51—69 页。

第一章　月令文本的形成

日升月没，斗转星移，草木零落又生，川流东逝不复。厥初生民在日复一日的仰观俯察中，摸索时间轮替的律动，安排人事的动静作息。三代以上，人人皆知天文，"'七月流火'，农夫之辞也。'三星在天'，妇人之语也。'月离于毕'，戍卒之作也。'龙尾伏晨'，儿童之谣也"。① 通过长期观感，初民自然而然地掌握了耕种与收获的周期。

时间知识的积累，不仅保障农业、维持民生，而且也是统治者制订历法的前提。司天制历，需要凭借精确计算和专业素养，此非民众所能胜任，故文史星历之官多为贵族世袭。颁历授时也是关乎天命政统的大事。《汉书·艺文志·数术略》："历谱者，序四时之位，正分至之节，会日月五星之辰，以考寒暑杀生之实。故圣王必正历数，以定三统服色之制，又以探知五星日月之会，凶阨之患，吉隆之喜，其术皆出焉。此圣人知命之术也。"②因此，历法颁行向来由统治者垄断。

依据历法敬授人时，规范礼乐兵刑的时间频率，告示农林渔猎的时节忌宜，这些寓教于时的设想促使各种月令文本生成。相较于朴素的农夫之辞、妇人之语、儿童之谣，形诸文字的月令，结构齐整，理论系统，有些文本更是寄托了设计者的王道理想。《续汉书·律历志》称："若夫用天因地，揆时施教，颁诸明堂，以为民极者，莫大乎月令。帝王之大司备矣，天下之能事毕矣。"③月令在政教上的价值，由此可见一斑。本章从上古先民的时节观念入手，指认文献书写和考古材料中的时间意象、历法概念与时

---

① 黄汝成：《日知录集释》卷三〇"天文"条，上海：上海古籍出版社，2006 年，第 1673 页。

② 《汉书》卷三〇《艺文志》，北京：中华书局，1962 年，第 1767 页。

③ 《续汉书·律历志下》，北京：中华书局，1965 年，第 3057 页。

令思维，并且梳理早期月令文献的种类与特征。

第一节　观象察时与揆时施教

天文与物候是观察时间变化最直接的媒介。至晚在新石器时代，先民不仅掌握了重要的时间节点，并且已开始探索宇宙运行规律，寻求个体生命在宇宙秩序中的定位。上古中国的先民如何感知时间的存在与流动？他们如何总结与诠释时间的变化规律？又是如何把握天时与人事的关系？本节将梳理上古时期的时节观念。

一、上古中国的时节意识

1987年，河南濮阳西水坡45号墓葬考古发现了蚌壳龙虎图。该墓葬是仰韶文化第一阶段的遗存。墓室正中，壮年男子骨架头南足北，骨架左右两侧是用蚌壳摆塑的龙、虎图案，龙在人右，虎在人左。距骨架0.35米处发现了两根人的胫骨，胫骨西侧有一堆被人为塑成三角形的蚌壳。①（图1.1）除M45的蚌壳龙虎图之外，第二组蚌图摆塑出现在距M45约20米处的一个浅地穴中，图案有龙、虎、鹿和蜘蛛等。第三组蚌图发现于第二组蚌图南面25米处的灰沟中，图案为虎与人骑龙的形象。② 后两组蚌图的意义尚有待研究，但第一组M45蚌壳龙虎图所反映的天文学意象却是明确的。

骨架北部的两支胫骨是北斗的图像表达，意为斗柄；其西侧三角形蚌壳堆意为斗魁。③ 斗柄指东，斗魁指西。《鹖冠子·环流》有“斗柄东指，天下皆春”的说法。④ 以人的胫骨而非蚌壳来指示斗柄，反映了“测影”的本

---

① 濮阳市文物管理委员会、濮阳市博物馆、濮阳市文物工作队：《河南濮阳西水坡遗址发掘简报》，《文物》1988年第3期，第3页。

② 濮阳西水坡遗址考古队：《1988年河南濮阳西水坡遗址发掘简报》，《考古》1989年第12期，第1059页。

③ 冯时：《河南濮阳西水坡45号墓的天文学研究》，《文物》1990年第3期，第52页。

④ 黄怀信：《鹖冠子汇校集注》卷上，北京：中华书局，2004年，第76页。

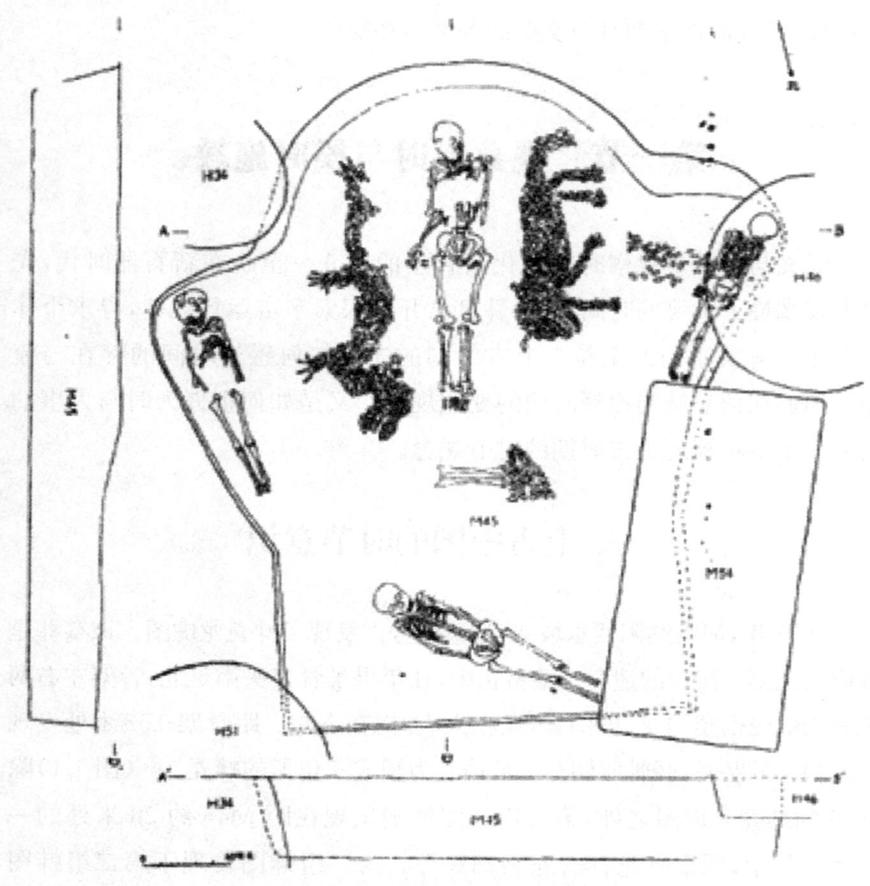

图 1.1　濮阳西水坡 M45 平面图

(《河南濮阳西水坡遗址发掘简报》,《文物》1988 年第 3 期,第 4 页)

义,《周髀算经》有云:“髀者,表也。”[①]斗柄与斗魁所指东西两向,与骨架左右两侧的龙、虎图案相对应。龙、虎的布列方位,反映的即是东西“二陆”的天文学概念。[②]《史记·天官书》曰:“东宫苍龙,房、心。”又曰:“参为白

① 程贞一、闻人军:《周髀算经译注》,上海:上海古籍出版社,2012 年,第 38 页。关于髀骨的测影意义,参见伊世同:《量天尺考》,《文物》1978 年第 2 期;王小盾:《中国早期思想与符号研究——关于四神的起源及其体系形成》,上海:上海人民出版社,2008 年,第 876 页。

② 冯时:《河南濮阳西水坡 45 号墓的天文学研究》,《文物》1990 年第 3 期,第 52 页。

虎。”《说文》称：“龙……春分而登天，秋分而潜渊。”[1]苍龙又被称为“辰”，《左传·昭公元年》曰：“商人是因，故辰为商星。”[2]参、商不可能同时获见于天，因此是判定春秋二分的标准星象。由西水坡 M45 龙虎图案所见，仰韶文化时期的先民可能已认识参、商二星的运行规律，[3]虽未名之曰“春分”“秋分”，但已能把握这两个时间节点了。

相对于“二分”，夏至与冬至的观测稍难。在山西襄汾陶寺遗址，考古发现了疑为“观象台”的ⅡFJT1 基址。遗迹背依陶寺中期大城内道南城墙，向东南接出一个大半圆形建筑。该遗迹有三层夯土台基，第三层台基柱缝基础墙基上部表面挖出 10 道槽缝，将墙基上部平面“分割出 11 个夯土方块 D1～D11，加上墙基本身的夯土版块 D12、D13，柱缝基础墙基上部平面共可见 13 个方块”。[4]（图 1.2）为验证该建筑的天文观测功能，山西考古队在原址复制模型，自 2003 年 12 月 21 日冬至至 2005 年 9 月 24 日秋分，进行了一年半的实地模拟观测：东 2 号缝对应于冬至时的日出方位，东 7 号缝对应于春秋分时的日出方位，东 12 缝对应于夏至时的日出方位，其他各缝都对应于一年之中两个时日的日出方位。[5]由此，至晚在龙山文化后期，“两分两至”也已被观测出来。

“分至四中气”观念被商人继承。卜辞中的“四方神”与“四方风”，可能就是分至四中气之神，但尔时四中气尚未与季节结合起来。[6]甲骨卜辞只见“春”“秋”二季，例如：(1) 庚申卜，今秋亡丞之？七月。庚申卜，今春亡丞？七月(《乙》8818)。(2) 惠今秋？于春？(《粹》1151)于省吾认为，后

---

① 《史记》卷二七《天官书》，北京：中华书局，1959 年，第 1295、1306 页；许慎：《说文解字》卷一一下，北京：中华书局，1963 年，第 245 页。

② 孔颖达：《春秋左传正义》卷四一，阮元校刻：《十三经注疏》，北京：中华书局，1980 年，第 2023 页。

③ 参看冯时：《河南濮阳西水坡 45 号墓的天文学研究》，《文物》1990 年第 3 期，第 55 页。

④ 中国社会科学院考古研究所山西队、山西省考古研究所、临汾市文物局：《山西襄汾县陶寺中期城址大型建筑ⅡFJT1 基址 2004～2005 年发掘简报》，《考古》2007 年第 4 期，第 12 页。

⑤ 中国社会科学院考古研究所山西队：《陶寺中期小城大型建筑基址ⅡFJT1 实地模拟观测报告》，《古代文明研究通讯》第 29 期，2006 年 6 月。

⑥ 冯时：《殷卜辞四方风研究》，《考古学报》1994 年第 2 期。

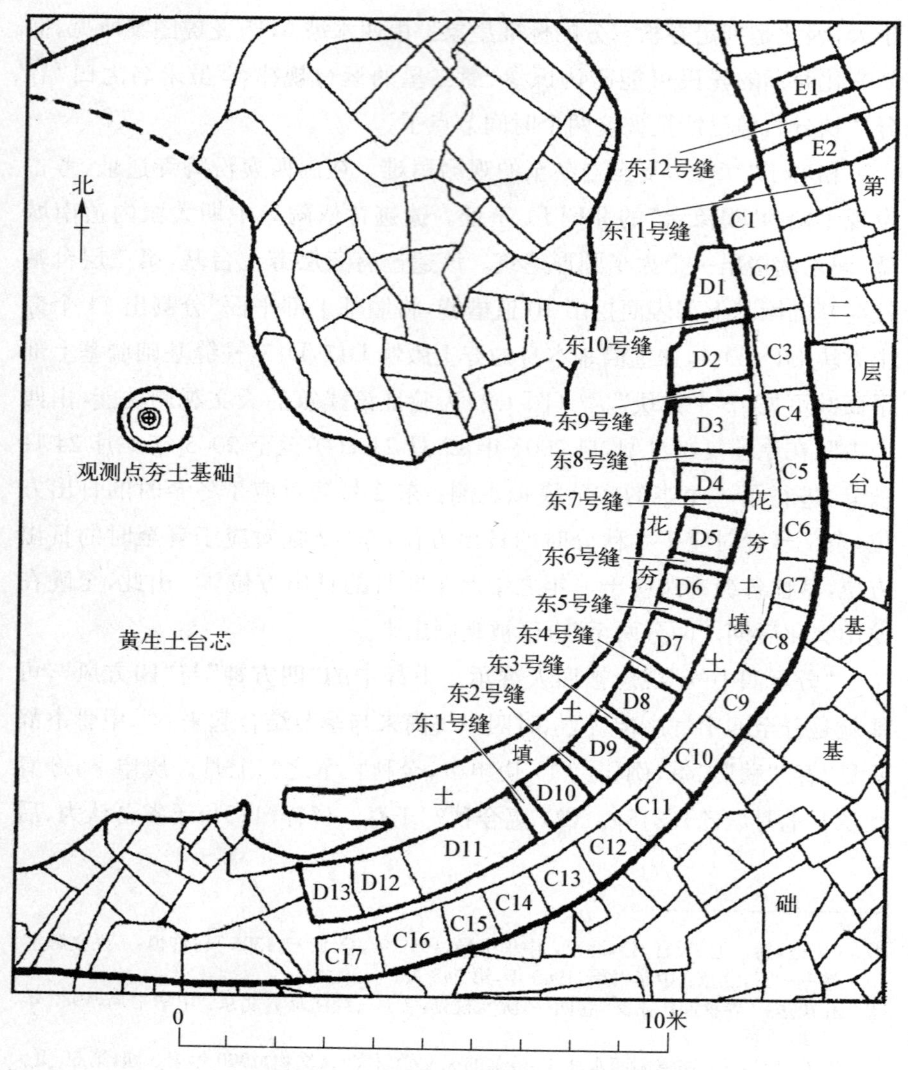

图 1.2　观测点夯土基础与柱缝基础局部图

（《山西襄汾县陶寺中期城址大型建筑Ⅱ FJT1 基址 2004～2005 年发掘简报》,《考古》2007 年第 4 期,第 11 页）

世的春夏秋冬"四时"观念要至西周晚期才出现。① 从卜辞内容来看,"春""秋"这一对季节概念与农业种植、收获周期相关,②尚不具备"政统""天命"等意义。

由上引卜辞可知,殷商已有"日"的概念,并以干支纪日。殷墟出土的六旬式支干表,上有"月一正""二月"等月序,③说明"月"的历法概念也已产生。晚商时期,用"一祀"表示一年的时间跨度(360—370 日)。顾名思义,"祀"即祭祀,商人以祭祀周期指代一年,④印证时间秩序的建立与人事的节奏密切相关。"年"与"岁"字虽现身于卜辞,有农业收获的意思,但尚与纪年无关。

周初金文仍有以"祀"纪年的情况,但作为时间单位的"年"也出现了。如,西周早期的中方鼎记曰"唯王令南宫伐叛虎方之年"(《集成》2751)。若于省吾先生所论不误,那么待"四季"观念产生,西周晚期"日—月—四时—年"的基本时间体系遂宣告形成。在四时的基础上,又细化为分(二分)、至(二至)、启(立春、立夏)、闭(立秋、立冬),共八节。《左传·昭公十七年》称:"玄鸟氏,司分者也。伯赵氏,司至者也。青鸟氏,司启者也。丹鸟氏,司闭者也。"这是将四种候鸟的来去视作"八节"标志。秦汉时期"二十四节气"的正式确立,就是以"八节"作为支撑的。⑤

时间体系的搭建完成缘于历法的完善,但在技术层面之外,春秋战国时人往往将圣人或神灵视为时间的创造者。《尚书·尧典》曰:

> (尧)乃命羲和,钦若昊天,历象日月星辰,敬授人时。分命羲仲,宅嵎夷,曰旸谷。寅宾出日,平秩东作。日中星鸟,以殷仲春。厥民

---

① 于省吾:《岁、时起源初考》,《历史研究》1961 年第 4 期,第 102—103 页。

② 春季是作物生长期,相当于后世的夏秋季节;殷历秋季是农闲时期,相当于农历冬春之季。参看冯时:《殷历季节研究》,收入《中国科学技术史国际学术讨论会论文集》,北京:中国科学技术出版社,1992 年,第 6—7 页;《殷代农季与殷历历年》,《中国农史》1993 年第 1 期。

③ 郭沫若:《释支干》,载《郭沫若全集·考古编·甲骨文字研究》,北京:科学出版社,1982 年,第 160 页。

④ 陈梦家:《殷虚卜辞综述》,北京:中华书局,1988 年,第 235—237 页。

⑤ 参看李零:《读银雀山汉简〈三十时〉》,收入氏著《中国方术续考》,北京:中华书局,2006 年,第 307 页。

析，鸟兽孳尾。申命羲叔，宅南交。平秩南讹，敬致。日永星火，以正仲夏。厥民因，鸟兽希革。分命和仲，宅西，曰昧谷。寅饯纳日，平秩西成。宵中星虚，以殷仲秋。厥民夷，鸟兽毛毨。申命和叔，宅朔方，曰幽都。平在朔易。日短星昴，以正仲冬。厥民隩，鸟兽氄毛。帝曰：“咨！汝羲暨和。期三百有六旬有六日，以闰月定四时，成岁。”①

《尧典》将“定四时成岁”想象为圣人敬授民时的结果。所记四中星大体相当于二十八宿中的张宿（星鸟）、心宿（星火）、虚宿（星虚）和昴宿（星昴）。四中星纪事，即在二分二至之日的黄昏，分别观察上述四宿行至正南方向，以此掌正四季仲月。换言之，就是以分至日为标准，四季仲月根据这四个标准日，前后各推十五日而定。② 关于四中星的观测年代及《尧典》成篇年代，结论不一，③从春夏秋冬之四时名称已出现于篇中来看，《尧典》成书不会早于春秋。④

能与《尚书·尧典》“圣人授时”对观的，是长沙子弹库楚帛书乙篇，其中有云：“未又（有）日月，四神相戈（隔），乃步以为岁，是隹（惟）四寺（时）。”⑤楚帛书将“四时”产生解释为伏羲四子（四神）分守四方，通过相互换位“步以成岁”。尽管上述两个传说中“圣人”与“四神”的名称互不相同，但创作逻辑与诠释模式却是类似的。战国中期的郭店楚简《太一生

---

① 孔颖达：《尚书正义》卷二，阮元校刻：《十三经注疏》，第119页。

② 陈遵妫：《中国天文学史》（中册），上海：上海人民出版社，2006年，第484页。

③ 关于四中星观测年代的研究，参见橋本增吉：《書經の研究》，《東洋學報》第2卷，1912年；竺可桢：《论以岁差定〈尚书尧典〉四仲中星之年代》，《科学》第12卷第11期，1927年；飯島忠夫：《堯典の四中星に就いて》，《東洋學報》第18卷，1930年；能田忠亮：《禮記月令天文攷》，京都：東方文化学院京都研究所，1938年，第114—148頁；龚惠人：《尧典四仲中星起源的年代和地点》，中国天文学会年会论文集，1978年，等等。

④ 关于《尧典》的成书年有不同看法，顾颉刚、钱玄同认为是战国时儒家搜集资料编造而成，陈梦家认为汉本《尧典》出自秦时齐鲁儒生之手，刘起釪将年代断为春秋战国。今学者也有支持战国说者，但多将成书年代前推，或认为成于商代中期，或主张在西周中期。参见顾颉刚：《古史辨》第一册，上海：上海古籍出版社，1982年；陈梦家：《尧典为秦官本尚书说》，《清华学报》第14卷第1期，1947年；刘起釪：《尚书学史》，北京：中华书局，2017年，第65页；王辉：《由郭店楚简〈唐虞之道〉说到〈尚书·尧典〉的整编年代》，《古籍研究》2000年第3期；李山：《〈尧典〉的写制年代》，《文学遗产》2014年第4期；黄怀信：《〈尧典〉之观象及其传说产生时代》，《中原文化研究》2014年第4期。

⑤ 李零：《楚帛书研究》（十一种），上海：中西书局，2013年，第57、61页。

水》，同样是对“成岁”过程的阐释：

> 太一生水，水反辅太一，是以成天，天反辅太一，是以成地。天〔地复相辅〕也，是以成神明。神明复相辅也，是以成阴阳。阴阳复相辅也，是以成四时。四时复相辅也，是以成凔热。凔热复相辅也，是以成湿燥。湿燥复相辅也，成岁而止。（简 1—简 4）①

它的书写模式与“四神掌四时”传说不同，而认为时间的产生由太一生水开始，经历天地、神明、阴阳、四时、凔热、湿燥多重阶段，最终成岁而止。

以上关于时间如何产生的传说，都有意将时间神圣化。在制作传说的同时，一些季节与时间节点的特殊性也被凸显出来。《春秋·隐公元年》起首的“春王正月”，字字俱含春秋大义。《左传正义》曰：

> 言“王正月”者，王者革前代，驭天下，必改正朔，易服色，以变人视听。……三代异制，正朔不同。……正是时王所建，故以“王”字冠之，言是今王之正月也。“王”不在“春”上者，月改则春移，春非王所改，故“王”不先“春”。②

殷历中，春、秋只是表示农业休作区间的自然时间概念。但至春秋战国时期，作为季节之一的“春”，已不再指单纯的农业时间，而具备了“正朔”“三统”的象征意义，成为“神圣的时间”。

同样是神圣的时间，“日南至”（冬至），尤其是“朔，日南至”（朔旦冬至），被视为一年中最为重要的时间点。杜预注谓：“朔旦冬至，历数之所始。治历者因此则可以明其术数，审别阴阳，叙事训民。”③正因为这一天在历法上的意义特殊，周人即以日南至所在的夏历十一月作为岁首，所谓“周人建子”。降至汉晋隋唐，即使岁首孟春变更为夏历正月，冬至依然有至高地位。

---

① 陈伟等著：《楚地出土战国简册〔十四种〕》，北京：经济科学出版社，2009 年，第 159 页。
② 孔颖达：《春秋左传正义》卷二，阮元校刻：《十三经注疏》，第 1713 页。
③ 孔颖达：《春秋左传正义》卷一二，阮元校刻：《十三经注疏》，第 1794 页。

对时间的认识与掌握，是月令出现的前提。今所见月令文献，大多成书于战国时期或秦汉初年，已是体系完备的作品。其中，包含纪时系统、时月宜忌在内的时令观念，已十分成熟。尽管战国以前的月令文献今已罕见，但零星的时令观念却能在早期文献的记载中窥探一二。

二、《左传》中的“时”与“不时”

《春秋》与《左传》犹衣之表里，相持而成。《左传》一方面对《春秋》记事加以补正，一方面揭明《春秋》寥寥文字背后的笔法。这两部先秦史书，都不属于月令文献范畴，但《左传》中出现了十多条“时”“不时”或“时失”的评语。透过这些评语，也能了解春秋战国之际的时令观念。

《左传》所见“不时”与“时失”史例，大致可分为三类：

1. 人事不合礼制

《春秋·文公二年》载：“（二月）丁丑，作僖公主。”同年《传》曰：“书，不时也。”①按杜预注，此云“不时”，是因为“过葬十月”，即葬期超过礼制规定。僖公于三十三年（前627）十一月薨，②文公元年（前626）四月入葬，其间有闰三月，相隔七月方葬。礼，诸侯五月而葬，故《左传·僖公三十三年》有“葬缓”之讥。文公为僖公制作神主以供祭祀，已是二年二月，距离先公之葬又历十月。孔颖达《正义》曰：“云‘书，不时’者，彼因‘葬缓’，遂通讥‘作主’之失，未辩失之所由，于此又言‘不时’，以明失礼之状，接成彼义也。”③总之，鲁文公不仅缓葬僖公，而且制作神主也不及时。这一类“不时”，针对的是人事逾期，与时令观念关系不大。

2. 天时异常

《春秋·隐公九年》载：“三月癸酉，大雨震电。庚辰，大雨雪。”同年《左传》曰：“书，时失也。”④原因在于，“夏之正月，微阳始出，未可震电；既

---

① 孔颖达：《春秋左传正义》卷一八，阮元校刻：《十三经注疏》，第1838页。

② 《春秋经》将“（僖）公薨于小寝”系三十三年十二月乙巳。杜预、孔颖达都指出此为误记。十二月无乙巳之日，而十一月十二日为乙巳。

③ 孔颖达：《春秋左传正义》卷一八，阮元校刻：《十三经注疏》，第1838页。

④ 孔颖达：《春秋左传正义》卷四，阮元校刻：《十三经注疏》，第1734页。

震电，又不当大雨雪，故皆为时失”。杜预认为，鲁用周正，以建子之月（夏历十一月）为岁首，[1]鲁之三月正好是夏历正月，此时不该出现大雨雪和电闪雷鸣的气象。

有时，天时异常未必用“不时”或“时失”点明。例如，《春秋·成公元年》曰：“二月，无冰。”《左传》同月无载。看似客观记录，但若按史传常事不书的惯例，“二月无冰”一条被载入史册，即意味着有异寻常。杜预注曰：“周二月，今之十二月，而无冰，书，冬温。”《正义》说得更加明确：“冬而无冰，是时之失，故书之，记冬温也。”[2]同样的例子，《春秋·襄公二十八年》云“春，无冰”，杜注谓“此年正月建子，得以无冰为灾而书”。[3] 周历春月，相当于夏正年末岁初，正值隆冬盛寒之季，此时无冰，气候偏暖，亦属于“时之失”。类似的情况还见于僖公三十三年（前627）。《春秋》记载是年十一月：“陨霜不杀草，李梅实。”[4]同理，周十一月即夏历季秋九月，正值后世二十四气节中的“霜降”，本应万物凋零。此月霜降而不能杀草，反而“李梅实”，显由天气异常所致，故杜注云：“书，时失也。”

以上事例虽然被作为“不时”或“时失”的气象著录于史，但史官似乎并未有意归咎于人事。然而，以下一段经传记载，却鲜明地传递出人事与天有异象的相关性。《春秋》称，昭公四年（前538）春正月“大雨雹”。《左传》在此条之下记载了季武子与鲁大夫申丰之间的对话：

> 季武子问于申丰曰：“雹可御乎？”对曰：“圣人在上，无雹。虽有，不为灾。古者日在北陆而藏冰，西陆朝觌而出之。其藏冰也，深山穷谷，固阴沍寒，于是乎取之。其出之也，朝之禄位，宾、食、丧、祭，于是乎用之。其藏之也，黑牡、秬黍以享司寒。其出之也，桃弧、棘矢以除其灾。其出入也，时食肉之禄冰皆与焉。大夫命妇丧浴用冰。祭寒而藏之，献羔而启之，公始用之，火出而毕赋，自命夫命妇至于老疾，

---

① 隐公时，建丑居多。但即使建丑，鲁三月当夏历二月，亦不当有大雨雪。

② 孔颖达：《春秋左传正义》卷二五，阮元校刻：《十三经注疏》，第1892页。

③ 孔颖达：《春秋左传正义》卷三八，阮元校刻：《十三经注疏》，第1998页。

④ 孔颖达：《春秋左传正义》卷一七，阮元校刻：《十三经注疏》，第1832页。

无不受冰。山人取之，县人传之，舆人纳之，隶人藏之。夫冰以风壮，而以风出。其藏之也周，其用之也遍，则冬无愆阳，夏无伏阴，春无凄风，秋无苦雨，雷出不震，无灾霜雹，疠疾不降，民不夭札。今藏川池之冰弃而不用，风不越而杀，雷不发而震。雹之为灾，谁能御之？《七月》之卒章，藏冰之道也。”①

这段话的背景，是“当雪而雹，故以为灾而书之”，亦属“不时”之例。季武子向申丰讨教御雹之策，申丰的回答概而言之，就是希望君主落实“藏冰”之礼。申丰认为藏冰与出冰作为庄重严肃的贵族礼制，其存废直接影响四时气候正常与否，而雨雹为灾的原因就在于“今藏川池之冰弃而不用”。进一步而言，申丰其实是借藏冰之道失“以谏失政”。由此可见，春秋时期的鲁国贵族已然产生人事与自然异象相关的意识。

申丰的对策也能与传世月令文献对读，并在后者中找到对应项。传世月令的“藏冰”礼制流程与上文所云相合。按《吕纪》，夏历季冬十二月，冰冻方盛，“命取冰，冰已入”。引文中申丰提到的《诗·七月》之卒章，即“二之日凿冰冲冲”“三之日纳于凌阴”之文。高诱谓“冰已入”即“入凌室也”。②

引文“日在北陆而藏冰”。注疏皆言“日在北陆”当于夏历十二月，还引《周礼·凌人》“正岁十有二月，令斩冰”经文以证之。申丰又曰：“其藏也，以享司寒。”藏冰之时祭司寒神的礼节，从《吕纪》的记载可作推测。《吕纪》虽然没有藏冰祭司寒的直接表述，但提到启冰之时要“献羔”祭司寒，从礼仪的结构性对称来考虑，藏冰之时或许也要祭祀司寒。

关于出冰，申丰曰“西陆朝觌而出之”，杜注：“春分之中，奎星朝见东方。”据此，当夏正二月出冰。恰巧，《吕纪》“仲春之月”也有“献羔开冰”之文。在出冰仪节上，传世月令也与申丰的说法完全吻合。

上引史料中反映的人事与灾异的相关性、因果性，在传世月令文献中有更系统和模式化的表述。申丰从正反两方面来论述落实藏冰之礼的必

---

① 孔颖达：《春秋左传正义》卷四二，阮元校刻：《十三经注疏》，第2033—2034页。
② 高诱：《吕氏春秋注》卷一二，国学整理社：《诸子集成》（六），北京：中华书局，2006年，第114页。

要性。如果"藏之也周、用之也遍"，则"冬无愆阳，夏无伏阴，春无凄风，秋无苦雨，雷出不震，无灾霜雹，疠疾不降，民不夭札"；反之，就会出现"风不越而杀，雷不发而震"这类灾异。在《吕纪》中，每月纪末尾都有一段"违令灾异"，某些月纪篇末还有一两句"顺时嘉祥"。而如此模式，在《管子》的时令文献中就已经存在（详见本章第二节）。这表明，《管子》与《吕纪》所揭时令灾异观念，在春秋时期即已进入鲁国贵族精英的知识系统中了。

3. 行为不应季节

相比于以上两类，这一类史例最为多见。《春秋·隐公七年》曰："夏，城中丘。"《左传》认为《春秋》记录此事的用意在于批评其"不时"。隐公九年（前714），"夏，城郎"，《左传》亦谓"书，不时也"。同类事例还见于定公十三年（前497），"夏，筑蛇渊囿"，《左传》无文，杜预注称："书，不时也。"又，成公十八年（前573），"八月，筑鹿囿"，《左传》曰"不时也"。

以上被裁判为"不时"的例子，都因为在夏月作城或筑苑囿。《左传》没有表明论以"不时"的依据。唯"筑鹿囿"一事，杜预的解释是："非土功时。"鲁八月正好是夏正六月。按《吕纪》要求，季夏"不可以兴土功"，甚至从孟夏开始，就应"无起土功"。

《吕纪》的这一时令规定，在《左传》中还有其他例子可支持。《左传·僖公二十年》载："春，新作南门。书，不时也。凡启塞，从时。"鲁城南门本名稷门，僖公加以翻修，"更令高大，因改名高门"。此举为《左传》所讥，理由是"凡启塞，从时"。门户道桥谓之"启"，城郭墙堑谓之"塞"，二者是官民出入通行的必经之地，故不拘时令，必须随坏随修以保障畅通。僖公新作南门，并非因为毁损，而是为使其更加高大，属于不急之事，"得待土功间月"。经、传未书明此事发生于具体哪月，不过，作为这一年的第一条记录，僖公可能就是在春正月或二月新作南门。《正义》曰："今以日至之后兴造此门，故以土功之制讥之。"冬日至所在的周正月，是夏正仲冬十一月。《吕纪》"仲冬土事无作"的时令，可能就是对春秋时期固有的土功兴作时间惯例的继承。

《左传》书"时"的一系列史例，也与之相印证。《左传·庄公二十九年》曰：

> 冬十二月，城诸及防。书，时也。凡土功，龙见而毕务，戒事也；火见而致用，水昏正而栽，日至而毕。

这段文字提示了“土功”兴作的时节区间。所谓“龙见”，龙星角、亢，二星在清晨见于东方之时，为夏正九月（周十一月）。此时农事已毕，可以从事修补都邑之类的土功，即“戒事”。“火见”指的是心星（大火）晨出东方，相当于夏正十月初。这时可以“致筑作之物”。“水昏正”即初昏时水星营室位于正中，此星象于夏正十月出现，意味着可以从此而“栽”——正墙筑版，这也是“营室”一名的由来。换算成周正，大致十一、十二月为鲁国的土功时间。因此，上文“城诸及防”恰在土功时期，《春秋》书之以褒其“时也”。

同样的事例，《左传·文公十二年》曰：“冬十有二月……季孙行父帅师，城诸及郓。书，时也。”又，《左传·宣公八年》载：“（冬）城平阳。书，时也。”《春秋·成公九年》十一月有“城中城”之记录，《左传》谓之“时也”。《正义》据《长历》推之，该年有闰十一月，故此事可能发生在闰月：“闰月城之，闰月半后即是十二月节，故水昏已正而城之，是得时也。”①这个解释，与前引《左传·庄公二十九年》之文完全一致。襄公十四年（前559）冬，“将早城”。这时，臧武仲提出：“请俟毕农事。”《左传》称之为“礼也”。除了筑城的例子外，建筑苑囿也有符合时节的情况。《左传·昭公九年》曰：

> 冬，筑郎囿。书，时也。季平子欲其速成也，叔孙昭子曰：“《诗》曰：‘经始勿亟，庶民子来。’焉用速成？其以剿民也。无囿犹可，无民其可乎？”②

剿，劳也。农事毕而兴土功，建筑之事不可为速成而劳扰民众，已是鲁国部分贵族具备的时令观念。

通过对比“时”与“不时”的事例，不难知晓，凡是鲁之夏月作城或筑囿的例子，均为“不时”之举；若冬月进行这两项工作，则属于“时”的情况。

---

① 孔颖达：《春秋左传正义》卷二六，阮元校刻：《十三经注疏》，第1905页。
② 孔颖达：《春秋左传正义》卷四五，阮元校刻：《十三经注疏》，第2058页。

战国末年才成书的《吕纪》，与《左传》作者评判土功“时”与“不时”的标准一脉相承。

由《左传》还可知，礼制行为也需遵守时令规范。最具代表性的例子出自“桓公五年”条，其文曰：

> 秋，大雩。书，不时也。凡祀，启蛰而郊，龙见而雩，始杀而尝，闭蛰而烝。过则书。①

上文总共提到了四种须遵时令的礼事：郊、雩、尝和烝。具言之：

启蛰而郊　《夏小正》曰：“正月，启蛰。”《吕纪》曰：“孟春之月，蛰虫始振。”可见“启蛰”是夏历正月的物候。换算成周正，即春三月而“郊”。《春秋》与《左传》中“郊”礼多见，所指礼事不尽相同。参考《左传·襄公七年》孟献子“启蛰而郊，郊而后耕”之语，周鲁春三月之“郊”，当指“郊祀后稷以祈农事”。对照《吕纪》，孟春之月，“天子乃以元日祈谷于上帝”。高诱注曰：“上帝，天帝也。”《孝经·圣治章》有“郊祀后稷”之说，因此《吕纪》所云“祈谷于上帝”，即郊祀后稷以祈谷的意思，与《左传》“启蛰而郊”同义。

龙见而雩　“龙见”指苍龙之宿中的角、亢于黄昏出现在东方。这一星象一般出现在夏正四月。因此，鲁国的雩祭应该在周正季夏六月举行。如史载，桓公“秋，大雩”，显然错过了时月，是谓“不时”。传世月令文本有何规定呢？《吕纪》仲夏有“大雩帝”及“命百县雩祭”之文，说明大雩之祭在夏正五月。通过对比可知，《左传》与《吕纪》对雩祭的时节有着略微不同的规定，二者前后相差一个月。

始杀而尝　按《吕纪》，孟秋之月，“鹰乃祭鸟，用始行戮”“天地始肃，不可以赢。是月也，农乃升谷，天子尝新，先荐寝庙”。由此，《左传》所揭尝新之礼的时节，与《吕纪》相同。

闭蛰而烝　《吕纪》称孟冬之月“闭而成冬”，虫豸早已蛰伏在内，是月当烝祭宗庙。对照《左传》，二者又同。（表 1.1）

---

① 孔颖达：《春秋左传正义》卷六，阮元校刻：《十三经注疏》，第 1748 页。

表 1.1　《左传》与《吕纪》中郊、雩、尝、烝的时节

	《左传·桓公五年》	月		《吕纪》
		周正	夏正	
郊	启蛰	三月＝	正月	蛰虫始振，祈谷于上帝。
雩	龙见	六月	五月	大雩帝。命百县雩祭。
尝	始杀	九月＝	七月	天地始肃。天子尝新，先荐寝庙。
烝	闭蛰	十二月＝	十月	闭而成冬。大饮烝。

综上所述，《春秋》和《左传》虽然不曾提及任何时令文献，我们并不知道《左传》作出“时”或“不时”的评价之际，是否以流行于当时的月令文献作为参考标准。然而，“时”与“不时”史例所体现的《春秋》笔法，却与《吕纪》的观念高度一致。《吕纪》所揭示的时令观念，在《左传》的时代应已存在。

三、《国语》中的“先王之教”

《周语》记载，周定王使单襄公聘于宋，并假道于陈以聘于楚。路经陈国之时，单襄公看到的是“道茀不可行，泽不陂，川不梁，野有庾积，场功未毕”等一系列不堪的景象。于是单子向周王复命时称“陈侯不（必）有大咎，国必亡”，并说明了原因。单子曰：

> 夫辰，角见而雨毕，天根见而水涸，本见而草木节解，驷见而陨霜，火见而清风戒寒。故先王之教曰：“雨毕而除道，水涸而成梁，草木节解而备藏，陨霜而冬裘具，清风至而修城郭。”故《夏令》曰：“九月除道，十月成梁。”其《时儆》曰：“收而场功，偫而畚梮，营室之中，土功其始。火之初见，期于司里。”此先王所以不用财贿而广施德于天下者也。①

① 徐元诰：《国语集解·周语中第二》，北京：中华书局，2002 年，第 63—66 页。

角星晨见于东方，是夏正九月、寒露时节；天根，亢、氐之间，晨见于东方时约寒露后五日；本，氐也，寒露后十日出现于东方；驷，即房星，当霜降之节；火指心星，当夏正十月初。概言之，就是从季秋九月的寒露时节开始雨水渐少，五日后水潦竭涸，再过五日草木零落，霜降随之而来，进入初冬后寒风始至，要警戒人民准备过冬。单子所说的以上内容，应该是当时的惯例，故后面接着称引"先王之教"来证明这样的传统渊源有自。所谓"雨毕而除道，水涸而成梁"云云，显然是基于上述时节物候。

引文中提到了《夏令》和《时儆》，两篇文献早已失传，但表明春秋以前可能就有时令一类的东西。周定王在位的时间（前606—前585）相当于春秋中期，《夏令》的成书年代肯定早于这个时间。从"九月除道，十月成梁"的吉光片羽来看，它可能与传世月令的形式相近，按月序罗列每月之"令"；而《时儆》则可能以"营室"之类的星象为纲。

《时儆》"营室之中，土功其始。火之初见，期于司里"，可与前文提到的《左传》"火见而致用，水昏正而栽"互证。此外，《诗·鄘风》"定之方中，作于楚宫"，[①]也表明土功兴作的起始据定星——营室的位置而确定。

已有研究者指出，《夏令》"九月除道，十月成梁"的记载，能在出土文献中找到类似的内容。[②] 例如，青川秦牍《为田律》曰：

> 二年十一月己酉朔日，王命丞相戊（茂）、内史匽氏臂更修为田律：以秋八月修封捋（埒），正疆畔，及发千（阡）百（陌）之大草。九月，大除道及阪险。十月，为桥，修波（陂）堤，利津梁，鲜草离。非除道之时而有陷败不可行，辄为之。[③]

---

① 孔颖达：《毛诗正义》卷三，阮元校刻：《十三经注疏》，第315页。

② 参看杨振红：《月令与秦汉政治——兼论月令源流》，收入氏著《出土简牍与秦汉社会》，桂林：广西师范大学出版社，2009年，第204—206页。焦天然：《"九月除道，十月成梁"考——兼论秦汉月令之统一性》，《四川文物》2013年第1期，第51页。

③ 李昭和：《青川出土木牍文字简考》，《文物》1982年第1期，第24—27页。李学勤：《青川郝家坪木牍研究》，《文物》1982年第10期，第68—72页。于豪亮：《释青川秦墓木牍》，收入《于豪亮学术文存》，北京：中华书局，1985年，第163页。最新释文将"匽"后一字释为"氏"，"匽氏臂"即姓匽名臂。参看黄文杰：《秦系简牍文字译释商榷（三则）》，《中山大学学报》（社会科学版）1996年第3期，第106页。

又,张家山汉简《二年律令·田律》曰:

> 恒以七月除千(阡)百(陌)之大草;九月大除道及阪险;十月为桥,修波(陂)堤,利津梁。虽非除道之时而有陷败不可行,辄为之。(简 246—247)①

与传世月令对照,《管子·四时》与《吕纪》《月令》,唯季春有与“除道”相关的规定,九月则无此项内容。《淮南子·时则训》却在季秋之月也有开通道路的文字:“通路除道,从境始,至国而后已。”②这能否说明《夏令》的土功习俗一直延续到西汉初年呢?这需要考虑周、秦、汉的“正朔”问题。青川秦牍《田律》中的“九月”“十月”,或许不能不经换算,就直接等同于《夏令》中“九月”“十月”。《为田律》是秦武王二年(前 309)十一月发布的诏命。李学勤的研究表明,《为田律》中的年月是周历,换算成夏历,应表述为“七月除道”“八月成梁”。

虽然“雨毕而除道,水涸而成梁”的先王之教与《吕纪》《月令》的内容不相吻合;但是,《国语》也有一些篇章反映出了与《吕纪》相似的时令观念。《周语上》载,宣王继厉王之后不行籍田礼。虢文公谏曰:

> 是故稷为天官。古者,太史顺时覛土,阳瘅愤盈,土气震发,农祥晨正,日月底于天庙,土乃脉发。先时九日,太史告稷曰:“自今至于初吉,阳气俱蒸,土膏其动。弗震弗渝,脉其满眚,谷乃不殖。”稷以告王曰:“史帅阳官以命我司事曰:‘距今九日,土其俱动,王其祗祓,监农不易。’”王乃使司徒咸戒公卿、百吏、庶民,司徒除坛于籍,命农大夫咸戒农用。先时五日,瞽告有协风至。王即斋宫,百官御事各即其斋三日,王乃淳濯飨醴。及期,郁人荐鬯,牺人荐醴,王祼鬯,飨醴乃行,百吏、庶民毕从。及籍,后稷监

---

① 彭浩、陈伟、工藤元男主编:《二年律令与奏谳书》,上海:上海古籍出版社,2007 年,第 189 页。

② 何宁:《淮南子集释》卷五,北京:中华书局,1998 年,第 420 页。

之，膳夫、农正陈籍礼，太史赞王，王敬从之。王耕一墢，庶人终于千亩。①

天子籍田的礼制传统，时代上限可追溯至西周早期的“令鼎”，其上有“王大藉农于諆田(《集成》2803)”的铭文。② 我们将虢文公描述的周天子籍田礼与《月令》相关文字对比，可见二者非常类似(表 1.2)：

表 1.2 《周语》与《月令》的“籍田礼”

	《周语上》	《月令》
1	日月底于天庙	日在营室
2	王即斋宫，百官御事各即其斋三日	先立春三日，大史谒之天子……天子乃斋
3	百吏、庶民毕从	天子亲载耒耜，措之于参保介之御间，帅三公九卿诸侯大夫，躬耕帝藉
4	王耕一墢，庶人终于千亩	天子三推，公五推，卿诸侯九推

天庙，营室也。所谓“日月底于天庙”，即日月俱至营室。《吕纪》《月令》孟春之月都有“日在营室”的星象标记。礼事举行前三天，由太史来向周天子报告时气，然后天子致斋，《月令》也有同样的安排。行礼当日“王耕一墢，庶人终于千亩”。天子亲耕，只是形式上的重农示范，身份由贵至贱，耕作的象征意味递减。对此，《月令》“天子三推，公五推，卿诸侯九推”的规定，也源于西周礼制。

第二节 早期中国的月令文本

现有月令研究中，島邦男与久保田刚以专著形式，梳理了先秦秦汉时

① 徐元诰：《国语集解 · 周语上第一》，第 15—18 页。
② 中国社会科学院考古研究所：《殷周金文集成》(修订增补本)，北京：中华书局，2007 年，第 1472 页。

期的时令文献。島邦男的研究侧重于五行思想与月令文本成立之间的关系，久保田刚则对时令文献的具体内容有颇为细致的把握。[①] 两位学者的考证虽然十分细密，但考察对象都以传世文献为主，没有涉及出土简帛中的材料。下文胪陈者，涵盖今能得见的先秦秦汉时期传世与出土月令文献。

1.《夏小正》

《夏小正》是以记录动植物征候为主要内容的时令文献，文本结构非常简单。据统计，全篇共记载 64 个物候，“物候历”特征明显。[②] 天文史家根据文中星象推断，《夏小正》的历法较《吕纪》所揭夏历更为古老。《夏小正》正月与《月令》正月的星象完全相同，但从三月开始，《夏小正》的星象就逐渐比《月令》同月星象出现得更早，至六月初，已较《月令》提前一月。换言之，《夏小正》的五个月相当于《月令》的六个月。就十一、十二月内容来看，这两月不仅内容简短，而且互相重复，“陨麋角”一句两月之文俱有。由此，《夏小正》反映的可能是古老的“十月历”，最后两个月的文字或由后人补缀。[③] 李学勤在甲骨卜辞和商代金文中找到了与《夏小正》“雉震呴”“夏有煮祭”及“执陟攻驹”等物候、礼制相关的内容，证明《夏小正》的成书年代不会晚至战国。[④]

综合诸家观点，《夏小正》可能成书于西周至春秋末年之间，[⑤]而它记录的星象、物候和礼俗，或可以追溯到商代。

2.《管子》中的月令文献

《管子》一书包含 5 篇月令文献，几乎每篇都呈现出比较整齐的叙述结构。

---

① 島邦男：《五行思想と禮記月令の研究》，東京：汲古書院，1971 年；久保田刚：《時令說の基礎的研究》，広島：溪水社，2000 年。

② 王利华：《〈月令〉中的节律与社会节奏》，《中国社会科学》2014 年第 2 期，第 189 页；另参看久保田刚：《時令說の基礎的研究》，第 7—47 頁。

③ 陈美东：《论〈夏小正〉是十月太阳历》，《自然科学史研究》1982 年第 4 期。

④ 李学勤：《〈夏小正〉新证》，见氏著《古文献丛论》，北京：中国人民大学出版社，2010 年，第 165—174 页。

⑤ 陈遵妫甚至认为有些内容是夏代流传下来的，其整理者可能是杞国人或居住在夏墟的人。参看氏著《中国天文学史》(上册)，上海：上海人民出版社，2006 年，第 133 页。

(1)《玄宫》

《玄宫》由“违时灾异＋节气/人事＋五行配置”三大部分构成，以春季时令为例：

> 春行冬政肃，行秋政雷，行夏政阉。十二地气发，戒春事。十二小卯，出耕。十二天气下，赐与。十二义气至，修门闾。十二清明，发禁。十二始卯，合男女。十二中卯，十二下卯，三卯同事。
>
> 八举时节，君服青色，味酸味，听角声，治燥气，用八数，饮于青后之井，以羽兽之火爨。藏不忍，行欧养，坦气修通。①

它将一年分为“八举”“七举”“五和”“九和”与“六行”时节（表 1.3），涵盖“地气发”“小郢”与“大寒终”等“三十时”（表 1.4）。

表 1.3　《玄宫》“五行”与“四时”

五和时节	八举时节	七举时节	九和时节	六行时节
	春	夏	秋	冬

表 1.4　《玄宫》四时·五行·三十时

<table>
<tr><th></th><th>三十时</th><th>四时</th><th>五行</th><th></th><th>三十时</th><th>四时</th><th>五行</th></tr>
<tr><td>1</td><td>地气发</td><td rowspan="8">春</td><td rowspan="8">八举时节</td><td>16</td><td>期风至</td><td rowspan="8">秋</td><td rowspan="8">九和时节</td></tr>
<tr><td>2</td><td>小卯</td><td>17</td><td>小酉</td></tr>
<tr><td>3</td><td>天气下</td><td>18</td><td>白露下</td></tr>
<tr><td>4</td><td>义气至</td><td>19</td><td>复理</td></tr>
<tr><td>5</td><td>清明</td><td>20</td><td>始节</td></tr>
<tr><td>6</td><td>始卯</td><td>21</td><td>始酉</td></tr>
<tr><td>7</td><td>中卯</td><td>22</td><td>中酉</td></tr>
<tr><td>8</td><td>下卯</td><td>23</td><td>下酉</td></tr>
</table>

① 黎翔凤：《管子校注》卷三，中华书局，2004 年，第 146—147、150—151 页。

（续表）

	三十时	四时	五行		三十时	四时	五行
9	小郢	夏	七举时节	24	始寒	冬	六行时节
10	绝气下			25	小榆		
11	中郢			26	中寒		
12	中绝			27	中榆		
13	大暑至			28	寒至		
14	中暑			29	大寒之阴		
15	小暑终			30	大寒终		

《玄宫》所揭历法并非后世通行的“十二月历”，“三十时”也不同于二十四节气，因其五行与四时相配伍，李零将之归入“五行时令”系统。①《玄宫》是稷下学派初期的作品，相当于战国早期。② 如此，《玄宫》应是目前所见最早的以“五行”配“四时”的时令文献。

（2）《四时》

该篇同样以五行配四时，内容包含五行、号令、灾异、五政。以春令为例：

> 东方曰星，其时曰春，其气曰风。风生木与骨，其德喜嬴而发出节时。
>
> 其事号令，修除神位，谨祷獘梗。宗正阳，治隄防，耕芸树艺，正津梁，修沟渎，甃屋行水，解怨赦罪，通四方。然则柔风甘雨乃至，百姓乃寿，百虫乃蕃，此谓星德。星者掌发为风。
>
> 是故春行冬政则雕，行秋政则霜，行夏政则欲。是故春三月，以甲乙之日发五政。一政曰：论幼孤，舍有罪。二政曰：赋爵列，授禄位。三政曰：冻解，修沟渎，复亡人。四政曰：端险阻，修封疆，

① 李零：《〈管子〉三十时节与二十四节气——再谈〈玄宫〉和〈玄宫图〉》，《管子学刊》1988年第2期。

② 金谷治：《管子の研究》，東京：岩波書店，1987年，第232頁。

正千伯。五政曰：无杀麑夭，毋蹇华绝芋。五政苟时，春雨乃来。[①]

与《玄宫》一样，"五行时令"的一大问题在于"土行—五和时节"虚设，现实中缺乏与之对应的季节。不同于《玄宫》"五和时节"位居文首、统领全篇，《四时》的"土行"居于夏、秋之间。

(3)《七臣七主》

《四时》时令主要以"宜"的形式表达，而《七臣七主》则以"忌"的形式叙述四时之禁：

四禁者何也？春无杀伐，无割大陵，倮大衍，伐大木，斩大山，行大火，诛大臣，收谷赋。夏无遏水，达名川，塞大谷，动土功，射鸟兽。秋毋赦过释罪缓刑。冬无赋爵赏禄，伤伐五藏。

故春政不禁，则百长不生。夏政不禁，则五谷不成。秋政不禁，则奸邪不胜。冬政不禁，则地气不藏。四者俱犯，则阴阳不和，风雨不时，大水漂州流邑，大风漂屋折树，火暴焚，地燋草，天冬雷，地冬霆。草木夏落而秋荣，蛰虫不藏，宜死者生，宜蛰者鸣，苴多螣蟇，山多虫螟。六畜不蕃，民多夭死，国贫法乱，逆气下生。[②]

这篇文献只讲时禁，未言及五行运作。《七臣七主》的文本结构也由时禁和违令灾异两部分合成，与《四时》《玄宫》相同。

(4)《五行》

《五行》的特点是，将 360 日五等分，每行领 72 日，可见该篇也是典型的"五行时令"。如：

日至，睹甲子木行御。天子出令，命左右士师内御，总别列爵，论

① 黎翔凤：《管子校注》卷一四，第 842—843 页。
② 黎翔凤：《管子校注》卷一七，第 995 页。

贤不肖士吏，赋秘赐赏于四境之内。发故粟以田数，出国衡，顺山林，禁民斩木，所以爱草木也。然则水解而冻释，草木区萌，赎蛰虫，卵菱。春辟勿时，苗足本，不疠雏鷇，不夭麑麇，毋傅速，亡伤繦葆，时则不凋。七十二日而毕。①

它解决了《玄宫》《四时》“土行”虚设的问题，但缺陷是“五行”仍然无法与“四时”相配。木配春、火配夏，“木行御”七十二日尚未进入夏季，而“五行”系统却已进入了“火行御”。虽然每“行”都有相应时令，但该篇的人为设计背离了四时轮转的自然规律。②

（5）《轻重己》

该篇以冬至为起点，以四十六日为单位，依次经历春始、春至、夏始、夏至、秋始、秋至和冬始、冬至八个时节。每一时节都有相应的天子行事和号令（春令、夏禁、秋计、冬禁）。《轻重己》的内容比《四时》《五行》更丰富，除政令之外，还记述了服色、郊祀等天子等级的时节礼仪。例如：

以冬日至始，数四十六日，冬尽而春始。天子东出其国四十六里而坛，服青而絻青，搢玉揔，带玉监，朝诸侯卿大夫列士，循于百姓，号曰祭日，牺牲以鱼。……以冬日至始，数九十二日，谓之春至。天子东出其国九十二里而坛，朝诸侯卿大夫列士，循于百姓，号曰祭星。③

总之，《管子》诸篇时令文献集中呈现出“五行时令”系统的特征，与以月为纲的“四时·十二月”月令分属不同阵营。

3. 长沙子弹库楚帛书

楚帛书幅面外层有十二月神，每神旁都有一章题记。十二章题记与

① 黎翔凤：《管子校注》卷一四，第868—869页。
② 参看白奚：《中国古代阴阳与五行说的合流——〈管子〉阴阳五行思想新探》，《中国社会科学》1997年第5期，第30—31页。
③ 黎翔凤：《管子校注》卷二四，第1529、1533页。

十二月神配伍，记述每月忌宜，例如："曰：女，可以出师筑邑，不可以嫁女取臣妾，不夹(兼)得不憾。"楚帛书中的月名可与《尔雅·释天》对读，"女"即《释天》春二月之名"如"。① 帛书四角还绘有青、赤、白、黑四木。幅面内层写有两段方向颠倒的文字，分别为13行和8行。② 前者是告诫性的文字，要求顺时行事，否则就会造成春夏秋冬节律失常。后者是神话故事，讲述"四时"的产生，包括一年中四个时节(春夏秋冬)的诞生，以及一日之中四个时段(宵、朝、昼、夕)的出现。李零十分敏锐地注意到，13行文字侧重于"岁"，8行的那段侧重于"时"，而十二章题记侧重于"月"，三者是一个有机整体。③

关于帛书性质，陈梦家推测《玄宫》是齐月令，《吕纪》是秦月令，楚帛书则是楚月令。④ 郭沫若、俞伟超、曹锦炎等学者也都倾向于认为楚帛书与《管子·玄宫图》及月令文献性质相似。⑤ 李零参考郭沫若和陈梦家的成果，重新绘制了《玄宫(幼官)图》。经对比，他发现楚帛书的置图方向，恰与《玄宫图》相反；同时指出，楚帛书确实与月令性质相近，较《吕纪》《月令》等形式更为原始，内容也比较单一。⑥

李学勤将十二章题记命名为《月忌》，认为不属于月令范畴。原因是，月令文献的本质特征是政令与时节的呼应；《月忌》主要讲每月的忌讳，属于数术书籍。⑦ 这一观点有一定道理。不过，如果将帛书三篇作为一个整体看待，幅面四角的四色木，具有月令文献的"五行"色彩；十

---

① 邢昺：《尔雅注疏》卷六，阮元校刻：《十三经注疏》，第2608页。

② 楚帛书的图录见于 Noel Barnard, *Scientific Examination of an Ancient Chinese Document as a Prelude to Decipherment, Translation, and Historical Assessment-Chu Silk Manuscript, Revised and Enlarged*, The Australian National University, Canberra, 1972.

③ 李零：《楚帛书研究》(十一种)，上海：中西书局，2013年，第29—31页。李学勤将三篇分别命名为《天象》《四时》和《月忌》。参看氏著《楚帛书研究》，收入氏著《简帛佚籍与学术史》，南昌：江西教育出版社，2001年，第39页。

④ 陈梦家：《战国楚帛书考》，《考古学报》1984年第2期。

⑤ 郭沫若：《古代文字之辨证的发展》，《考古学报》1972年第1期；俞伟超：《关于楚文化发展的新探索》，《江汉考古》1980年第1期；曹锦炎：《楚帛书〈月令〉篇考释》，《江汉考古》1985年第1期。

⑥ 李零：《楚帛书研究》(十一种)，上海：中西书局，2013年，第43页。

⑦ 李学勤：《楚帛书研究》，收入氏著《简帛佚籍与学术史》，第61—62页。

三行告诫性的文字，也与月令文献的"违令灾异"的性质有某些相似性。

4.《吕纪》《淮南子·时则训》《礼记·月令》

三篇文字雷同，《吕纪》与《月令》的重合度相对更高。行文结构也相仿，以《吕纪》孟春月令为例，第一部分叙述当月五行配置与物候：

> 孟春之月，日在营室，昏参中，旦尾中。其日甲乙。其帝太皞，其神句芒。其虫鳞。其音角。律中太蔟。其数八。其味酸。其臭膻。其祀户，祭先脾。东风解冻，蛰虫始振，鱼上冰，獭祭鱼，候雁北。天子居青阳左个，乘鸾辂，驾苍龙，载青旂，衣青衣，服青玉，食麦与羊，其器疏以达。

第二部分内容是主体，记各月之"令"，包括贵族礼制与时节宜忌。如：

> 是月也，以立春。先立春三日，太史谒之天子，曰："某日立春，盛德在木。"天子乃斋。立春之日，天子亲率三公九卿诸侯大夫以迎春于东郊。还乃赏卿诸侯大夫于朝。命相布德和令，行庆施惠，下及兆民，庆赐遂行，无有不当。乃命太史守典奉法，司天日月星辰之行，宿离不忒，无失经纪，以初为常。是月也，天子乃以元日祈谷于上帝。乃择元辰，率三公九卿诸侯大夫躬耕籍田，天子三推，三公五推，卿诸侯大夫九推。反，执爵于太寝。三公九卿诸侯大夫皆御，命曰劳酒。是月也，天气下降，地气上腾，天地和同，草木繁动。王布农事，命田舍东郊，皆修封疆，审端径术，善相丘陵阪险原隰土地所宜，五谷所殖，以教道民，必躬亲之。田事既饬，先定准直，农乃不惑。是月也，命乐正入学习舞。乃修祭典，命祀山林川泽，牺牲无用牝。禁止伐木，无覆巢，无杀孩虫胎夭飞鸟，无麛无卵。无聚大众，无置城郭，掩骼霾髊。是月也，不可以称兵，称兵必有天殃。兵戎不起，不可以从我始。无变天之道，无绝地之理，无乱人之纪。①

---

① 高诱：《吕氏春秋注》卷一，国学整理社：《诸子集成》(六)，北京：中华书局，2006年，第1—3页。

最后一部分警戒统治者，若所行有违当月之令，将遭天灾："孟春行夏令，则风雨不时，草木早槁，国乃有恐。行秋令，则民大疫，疾风暴雨数至，藜莠蓬蒿并兴。行冬令，则水潦为败，霜雪大挚，首种不入。"

三者区别主要有二：首先形式上，《吕纪》十二月令拆散悬于十二纪之首，《时则训》及《月令》则十二月令聚合于一篇。其次内容上，如"改火""五兵"等五行配置，《时则训》有，而其他两篇无；另外，《时则训》篇末还缀有"五位""六合""大制有六度"的文字。所谓"五位"，即东南西北中央之极，如：

> 东方之极，自碣石山过朝鲜，贯大人之国，东至日出之次，榑木之地，青土树木之野。太皞句芒之所司者，万二千里。其令曰：挺群禁，开闭阖，通穷窒，达障塞，行优游，弃怨恶，解役罪，免忧患，休罚刑，开关梁，宣出财，和外怨，抚四方，行柔惠，止刚强。①

"六合"即："孟春与孟秋为合，仲春与仲秋为合，季春与季秋为合，孟夏与孟冬为合，仲夏与仲冬为合，季夏与季冬为合。"所谓"大制有六度"，即"天为绳，地为准，春为规，夏为衡，秋为矩，冬为权"。

以上区别将引出经学史上聚讼不决的问题：是《时则训》《月令》抄合《吕纪》，抑或《吕纪》割裂《月令》？本书第二章将展开讨论。

5. 孔家坡汉简《日书·岁》篇

《岁》大致可分为三段。第一段讲"五行"。文中提到的概念有五方、五色、五味和五音。从"令火胜金，令水胜火，令木胜土，令金胜木，是胃(谓)五胜者"来看，这一段五行配置侧重于"五行相胜"。第二段关于"四时"。第三段分别叙述正月至十二月的气候和时令，印证第二段春生、夏长、秋收、冬藏的主题。

《岁》篇属于《日书》。《日书》的主要功能是指示择日，充满建除、反支、从辰等与时日宜忌相关的内容。《岁》篇却明显不同，它与楚帛书有着

---

① 高诱：《淮南子注》卷五，国学整理社：《诸子集成》(七)，北京：中华书局，2006年，第83—84页。

相似的主题。刘乐贤推测《岁》可能是属于《阴阳五行时令》《四时五行经》一类的阴阳家文献。[①] 从《岁》的结构和内容来看，它与月令文献似乎也有一定程度的相关性。晏昌贵已指出一个文献学上的现象，即郑樵《通志》将谭融所作《日书》三卷收归"礼类"的"续月令"下。[②] 这不仅为《岁》篇存在于《日书》提供了很好的佐证，同时也对《岁》篇的定性提供了依据。

6.《洪范五行传》

清人陈寿祺辑《尚书大传·洪范五行传》，是诸辑本中流行最广者。该篇分为三部分，其中第二、三部分颇类似于月令文献。第二部分文字如下：

> 田猎不宿，饮食不享，出入不节，夺民农时及有奸谋，则木不曲直。弃法律，逐功臣，杀太子，以妾为妻，则火不炎上。治宫室，饰台榭，内淫乱，犯亲戚，侮父兄，则稼穑不成。好攻战，轻百姓，饰城郭，侵边竟，则金不从革。简宗庙，不祷祠，废祭祀，逆天时，则水不润下。[③]

它的主旨是揭示五行失性的事由，与月令文献常见的"违令灾异"性质相似。这一段又被拆分后插入了陈辑本《五行传》的第三部分。第三部分本身就是一篇月令，兹截取"东方之极—孟春之月"文字：

> 东方之极，自碣石东至日出榑木之野。帝太皞，神勾芒司之。自冬日至数四十六日，迎春于东堂，距邦八里，堂高八尺，堂阶八等，青税八乘，旗旐尚青，田车载矛，号曰天之生。倡之以角，舞之以羽，此迎春之乐也。孟春之月，御青阳左个，祷用牡。索祀于艮隅。貌必

---

① 刘乐贤：《孔家坡汉简〈日书〉"岁"篇初探》，收入氏著《战国秦汉简帛丛考》，北京：文物出版社，2010 年，第 104 页。

② 晏昌贵：《孔家坡汉简〈日书·岁〉篇五行配音及相关问题》，《简帛数术与历史地理论集》，北京：商务印书馆，2010 年，第 69 页。

③ 陈寿祺辑：《尚书大传》卷三《洪范五行传》，《四部丛刊》影印《左海文集》本，上海：商务印书馆，1919 年。

恭，厥休时雨。朔令曰：挺群禁，开闭阖，通穹窒，达障塞，待优游。其禁：毋伐林木。

不难看出，它与《淮南子·时则训》“五位元”如出一辙。然则，《洪范五行传》与《时则训》是否有承袭关系？作答前提是把握《五行传》的成书年代。

关于《洪范五行传》的作者，主要有三种说法：(1) 伏生，(2) 夏侯始昌，(3) 刘向。马楠推断，刘向必定不是《五行传》作者，而《汉书·五行志》有云“夏侯始昌通五经，善推《五行传》，以传族子夏侯胜”，可知《五行传》当时已然成书，故夏侯始昌亦非作者。据《汉书·艺文志》，《尚书》有“《传》四十一篇”。因此，《洪范五行传》应是属于《尚书大传》之中的一篇，为济南人伏生所述，伏氏又传此书于张生、欧阳生。①

陈侃理提出不同意见。他认为上引《汉书·五行志》文句当断为：“夏侯始昌通五经，善推五行，传以传族子夏侯胜。”推，乃推演之意，所谓“推《五行传》”不免费解，而“推五行”更为合理，故第一个“传”字应作动词，是“作传”的意思，属下读。如此，整句话是说，夏侯始昌善于推演五行，并为《尚书·洪范》作传，以之传授于族子。② 陈侃理还通过文献排比，发现陈寿祺辑本《洪范五行传》中的第二部分，虽属汉时《五行传》原文，但有整饬《春秋繁露·五行顺逆》的痕迹；而第三部分，即从“东方之极”至“小人乐”，是将《淮南子·时则》十二月令与五位元的部分进行整合并缩编而成，不太可能属于汉代《洪范五行传》原文。③

本文以为陈说可从，《五行传》与月令有思想上的共通之处，但不是一篇原生月令文本。

---

① 马楠：《〈洪范五行传〉作者补证》，《中国史研究》2013 年第 1 期。关于《尚书大传》的辑本及其内容整理，参看谷颖《伏生及〈尚书大传〉研究》，东北师范大学硕士学位论文，2005 年。

② 陈侃理：《〈洪范五行传〉与〈洪范〉灾异论》，袁行霈主编：《国学研究》第 26 卷，北京：北京大学出版社，2010 年，第 100 页。

③ 陈侃理：《〈洪范五行传〉与〈洪范〉灾异论》，袁行霈主编：《国学研究》第 26 卷，第 90—95 页。

7.《逸周书·时训解》

朱右曾指出，该篇原名《时训》，最初无“解”字。① 这篇文献以二十四节气为纲，五日为候，三候成气，六十日为节。陈逢衡谓：“此七十二候所由始也。”②兹仅撷取春季时训如下：

> 立春之日，东风解冻；又五日，蛰虫始振；又五日，鱼上冰。风不解冻，号令不行；蛰虫不振，阴奸阳；鱼不上冰，甲胄私藏。
>
> 雨水之日，獭祭鱼；又五日，鸿雁来；又五日，草木萌动。獭不祭鱼，国多盗贼；鸿雁不来，远人不服；草木不萌动，果蔬不熟。
>
> 惊蛰之日，桃始华；又五日，仓庚鸣；又五日，鹰化为鸠。桃始不华，是谓阳否；仓庚不鸣，臣不□主；鹰不化鸠，寇戎数起。
>
> 春分之日，玄鸟至；又五日，雷乃发声；又五日，始电。玄鸟不至，妇人不□；雷不发声，诸侯□民；不始电，君无威震。③

《逸周书·时则训》所揭物候与《吕纪》《月令》一模一样，且时日划分更加细致。（表1.5）那么二者成书时间谁先谁后呢？

表1.5 《时训解》与《吕纪》春月物候对比

《时训解》		《吕纪》	
立春	东风解冻	孟春之月	东风解冻
	蛰虫始振		蛰虫始振
	鱼上冰		鱼上冰
雨水	獭祭鱼		獭祭鱼
	鸿雁来		鸿雁来
	草木萌动		草木萌动

① 朱右曾：《逸周书集训校释》，《皇清经解续编》第四册，上海：上海书店，1988年，第688页。

② 陈逢衡：《逸周书补注》，见黄怀信、张懋镕、田旭东：《逸周书汇校集注》，上海：上海古籍出版社，2007年，第582页。

③ 黄怀信、张懋镕、田旭东：《逸周书汇校集注》，第583—587页。

（续表）

《时训解》			《吕纪》
惊蛰	桃始华	仲春之月	桃始华
	仓庚鸣		仓庚鸣
	鹰化为鸠		鹰化为鸠
春分	玄鸟至		玄鸟至
	雷始发声		雷乃发声
	始电		始电
清明	桐始华	季春之月	桐始华
	田鼠化为鴽		田鼠化为鴽
	虹始见		虹始见
谷雨	萍始生		萍始生
	鸣鸠拂其羽		鸣鸠拂其羽
	戴胜降于桑		戴胜降于桑

黄怀信考证此篇春秋时期即已流传。① 不过，一般认为，最早完整记录“二十四节气”名称的是《淮南子·天文训》。其文曰：

> 斗指子则冬至，音比黄钟。加十五日指癸则小寒，音比应钟。加十五日指丑则大寒，音比无射。加十五日指报德之维，则越阴在地。故曰距日冬至四十六日而立春，阳气冻解，音比南吕。加十五日指寅则雨水，音比夷则。加十五日指甲则雷惊蛰，音比林钟。加十五日指卯中绳，故曰春分……②

由上，春季的前四个节气是：立春、雨水、惊蛰与春分。郑玄注《月令》

① 黄怀信：《逸周书源流考辨》，西安：西北大学出版社，1992 年，第 115 页。另有学者根据用韵情况，认为《时训》言灾异的部分是汉人所增。参看周玉秀：《〈时令〉、〈时训〉与〈时训解〉——〈逸周书·时训解〉探微》，《兰州大学学报》2004 年第 4 期，第 50 页。

② 高诱：《淮南子注》卷三，国学整理社：《诸子集成》（七），第 41 页。

“蛰虫始振”句提到:“《夏小正》‘正月启蛰’‘鱼陟负冰’。汉始亦以惊蛰为正月中。”郑玄认为,根据《夏小正》揭示的正月物候,汉代对调了雨水与惊蛰的位置,以惊蛰为正月中气,雨水置入二月。蔡邕《月令章句》亦同郑注,即正月、二月的节气依次为:立春、惊蛰、雨水、春分。①

对照《时训解》,春月四节气的排序与《天文训》一致,故可能是成篇于汉代调改节气之前的作品。然而,是否能将撰作时代推前至春秋时期,从该篇如此整齐的结构来看,颇为可疑,或应较《淮南子·时则训》晚出,其物候当从《吕纪》《时则训》抄取。

8. 山东临沂银雀山汉墓阴阳时令竹简

1972年发掘的银雀山一号西汉墓葬中,出土了12种阴阳时令占候类文书。罗福颐、李零对这些文书的主要内容已经作过介绍。② 下文仅就其中的时令文献作一些梳理。

(1)《禁》

此篇将五行与四时相配。内容以时禁为主,每一“时”的禁令,是毋犯当“时”之五行,如:

> 春毋伐木,华苡(葸)生。夏毋犯火,精薪丰。秋毋犯金,当银昭。冬毋犯水,甘泉出。(简1697)③

在这种较为抽象的纲领之下,又规定了适宜于操作的时禁:

> 方长不折,启蛰不杀,不搴荣华……不杀,不尽群,诸侯出邋(猎)不合围,大夫不射麛,士庶人不麛卵……(简1698—简1699)

如果有违时禁,便有灾咎:

---

① 马国翰:《玉函山房辑佚书》(贰),扬州:广陵书社,2005年,第918页。
② 罗福颐:《临沂汉简概述》,《文物》1974年第2期,第32—35页;李零:《读银雀山汉简〈三十时〉》,收入氏著《中国方术续考》,北京:中华书局,2006年,第301—304页。
③ 银雀山汉墓竹简整理小组:《银雀山汉墓竹简》(贰),北京:文物出版社,2010年,释文第208页。

不效天之道，□地之宜，五谷不番（蕃），六畜不遂，草木檮枎，万物果蓏不成。此天道不顺也。故守国无禁，必伤于民。土无禁则年不长，木无禁则百体短，火无禁则物不丰，金无禁则筋……（简 1700—简 1702）

由上，《禁》的文本构成方式，与《管子》中的《四时》《五行》等时令文献类似，包括了简单的五行配置、时禁与休咎。

《禁》还提到“定春”“定夏”“定秋”和“定冬”，据文中的“大暑”“下霜”和“水冰”节气观之，“四定”当指季春、季夏、季秋和季冬。如此，《禁》所反映的时令系统，属于“四时・廿四节气”系统。

(2)《三十时》

银雀山汉简时令中，此文献篇幅最巨。它采用的是五行・三十时的时间系统，“十二日一时，六日一节”（简 1726），同于《玄宫》。虽然历法系统不合于《吕纪》这一系月令文献，但所记物候，多有与后者近同者（表 1.6）。

表 1.6　《三十时》物候与传世月令文献对比

	银雀山汉简《三十时》	传世月令文献	文献篇名
1	日冬至，麋解，巢生	日短至，麋角解	《吕纪》
		日冬至，麋角解，鹊始巢	《天文训》
2	地小乎（罅）	仲冬之月，地始坼	《吕纪》
3	日夏至……闽（蚊）虻不食驹犊，□蚤不螫……蝉鸣	日夏至……蚊虻不食驹犊，鸷鸟不搏黄口。……蝉始鸣	《天文训》
		仲夏之月，蝉始鸣	《吕纪》
4	[・四]时，卌八日，凉风，杀气也	孟秋之月，凉风至	《吕纪》
6	……英华。祠者毋以牝	孟春之月……牺牲无用牝	《吕纪》
7	阴阳争风。不可兴众，不可为百千丈城	仲夏之月，阴阳争	《吕纪》
8	……命曰始闭	孟冬之月……闭塞而成冬	《吕纪》

（续表）

	银雀山汉简《三十时》	传世月令文献	文献篇名
9	民人入室，蛰虫求穴	季秋之月……乃命有司曰……民力不堪，其皆入室	《吕纪》
		日冬至……蛰虫首穴	《天文训》
10	侯(候)燕始下	孟春之月，候燕来	《吕纪》
11	冻始泽(释)	孟春之月，东风解冻	《吕纪》
12	……□始□，韭以生……	正月，囿有见韭	《夏小正》
13	黔首出室，蛰虫……	仲春之月……蛰虫咸动	《吕纪》
14	桃李华	仲春之月……桃始华	《吕纪》
15	……□鸟不鸷。木堇(槿)华	孟夏之月……木堇荣	《吕纪》

整理小组已指出，《三十时》中的“时禁”，较《吕纪》《月令》的适用人群更加广泛。后者是天子时宪，而《三十时》非常贴近基层社会的吏民生活。例如，《三十时》频频出现“不可嫁女、取妇”“可以徙”“不可为啬夫”“不可冠带剑”及“可筑”等忌宜，这些内容与出土秦汉简牍《日书》非常相似。

如前述，李学勤将楚帛书十二章题记视为《月忌》，以之与月令文献相区分。从《三十时》反映的情况来看，“月忌”与“月令”并无截然界限。《三十时》就是融合“时令”与“月忌”的文献。较《三十时》形式古朴简单的楚帛书，也具有同样的特征。①

(3)《四时令》

这篇文字篇幅短小，讲述的是“四孟”之月朔日天子出令的内容：

> ［正月朔日，天子］出令，命东辅入御，令曰：总版，列爵，选贤不宵(肖)，受(授)士……禁斩伐，所以养……□□□蛰虫卬剽。春辟(避)

① 刘信芳认为，楚帛书《丙篇》(即十二章题记)兼具月令与日书的性质。此说甚是，可从。参看氏著《中国最早的物候历月名——楚帛书月名及神祇研究》，《中华文史论丛》第53辑，1994年。

审，物生蘙。

［四月朔日，天子出令，命南辅入御，令曰：］……驰车马，所以发大气也。然［则天无］疾风，草木偃卬（仰），□气□，民不疾，荣华……□□□缓刑□，免罪人，为……□□，草木养长，五谷繁实而英大矣。

七月朔日，天子出令，命西辅入御，令曰：趣赋敛，兴力事，审关市，斩伐勿禁，弋射田猎勿御，然则天为之□寒下霜，草木收敛，五谷成熟而实坚矣。

十月朔日，天子出令，命北辅入御，令曰：擅（缮）甲厉兵，合计为伍，修封四疆□……［所以］责天地之闭臧（藏）也。审关钥，计百官之事，决疑狱，□当死。然则天为下寒合冰，毛虫不犊（殰），蠅妇不消汁，草木根本必美矣。（简 1888—简 1900）①

以上《四时令》"天子出令"内容，多与传世月令文献相合。（表 1.7）

表 1.7　"天子出令"与传世月令文献的"令"

	银雀山汉简《四时令》	传世月令文献	篇名
1	天子出令，令曰：总版，列爵，选贤不宵（肖），受（授）士……禁斩伐	天子出令，命左右士师内御，总别列爵，论贤不肖士吏，赋秘赐，赏于四境之内……禁民斩木	《管子·五行》
2	驰车马，所以发大气也。然［则天无］疾风，草木偃卬（仰），□气□，民不疾，荣华……	君子修游驰以发地气。……然则天无疾风，草木发奋，郁气息，民不疾而荣华蕃	《管子·五行》
3	□缓刑□，免罪人，为……□□，草木养长，五谷繁实而英大矣	睹戊子，土行御。天子出令……宽刑死，缓罪人。……草木养长，五谷蕃实秀大	《管子·五行》
4	趣收敛，兴力事，审关市，斩伐勿禁	仲秋之月，趣民收敛……行罪无疑。……易关市	《吕纪》

① 银雀山汉墓竹简整理小组：《银雀山汉墓竹简》（贰），释文第 224—225 页。

（续表）

	银雀山汉简《四时令》	传世月令文献	篇名
5	弋射田猎勿御	执弓挟矢以猎	《吕纪》
6	擅（缮）甲厉兵，合计为伍，修封四疆□……	睹庚子，金行御。……命左右司马衍组甲厉兵，合什为伍，以修于四境之内	《管子·五行》
7	[所以]责天地之闭臧（藏）也	所以助天地之闭藏也	《吕纪》
8	审关钥，计百官之事	慎管龠	《吕纪》
9	决疑狱，□当死	孟冬之月，趣狱刑，无留罪	《后汉书·陈宠传》引《月令》
10	毛虫不犊（殰），繩妇不消汁，草木根本必美矣	毛胎者不贕，腫妇不销弃，草木根本美	《管子·五行》

由上表，《四时令》的文字与《管子·五行》大致相同。二者的差别在于，由于《五行》属于“五行时令”系统，故将季夏的一部分时令，分拨给了“土行御”。银雀山汉简《四时令》则是明显的“四时时令”，不存在“土行”。另一个区别是，《四时令》的“十月朔令”（冬令），在《五行》中归于“金行御”，相当于秋令。刘梦娇已指出，秋冬皆属阴，性质近似，故造成秋冬政令之间的重复交叉。①

（4）《五令》

德令、义令、惠令、威令和罚令，是为“五令”，配以五虫：“故德令失则羽虫为灾，义令失则毛虫为灾，惠令失则蠃虫为灾，威令失则界（介）虫为灾，罚[令失则鳞虫为灾]。”（简 1910—简 1911）②这一配伍方式，与《管子·玄宫》相同（详见第二章第二节）。

（5）《不时之应》

该篇文献将每“时”（季节）分为 6 个时段，自“一不时”至“六不时”，分

① 刘梦娇：《试说出土文献的“时令”类内容》，《语言研究集刊》第七辑，上海：上海辞书出版社，2010 年，第 306—308 页。
② 银雀山汉墓竹简整理小组：《银雀山汉墓竹简》（贰），释文第 226 页。

述不顺月令的灾异表现。《不时之应》所述灾异，与《吕纪》一系的月令文献，有部分重合（表 1.8）。

表 1.8　《不时之应》“灾异”与《吕纪》比较

	《不时之令》	《吕纪》		《不时之令》	《吕纪》
春三月	一不时，孟种不熟	孟春行冬令，首种不入	秋三月	一不时，多妖言	
	再不时，二种不熟			二不时，多□□□	
	三不时，三种不熟			三不时，多戮死	
	四不时，四种不熟			四不时，四足脊	
	五不时，五种不熟			五不时，疾	孟秋行夏令，民多疟疾
	六不时，不出三岁降如脊			六不时，不出三岁降如脊	
夏三月	一不时，四足脊		冬三月	一不时，则国知风	
	再不时，则四足入邑	孟夏行秋令，四鄙入保		再不时，多螟虫	孟冬行夏令，蛰虫复出
	三不时，则有丧			三不时，旱	仲冬行夏令，则其国乃旱
	四不时，则见血兵	仲夏行冬令，暴兵来至		四不时，则水	季冬行夏令，行夏令，则水潦败国
	五不时，则乱			五不时，初旱后水	
	六不时，不出三岁降如脊			六不时，不出三岁降如脊	

综观银雀山汉简的阴阳时令文献，可以得出两点认识：第一，无论从出土地域来看，还是从内容检视，上述银雀山汉简均具有明显的“齐学”特征，尤其是《四时令》一篇，几乎与《管子・五行》相同。第二，在《吕纪》成篇后的近百年时间内，齐地原先的时令文本，仍在当地流传。

9. 北京大学藏西汉竹书

竹书中未见武帝以后的年号，整理者根据汉隶成熟程度推测竹书抄写年代为武帝后期，下限不晚于宣帝。其中有两篇可归入“月令”范畴的文献。

(1)《阴阳家言》

整理者指出文献内容可归入《艺文志》“诸子略”中的阴阳家，故取篇名为《阴阳家言》。现存简文大致由三部分构成，第一部分说明人君行政若违背时令，就会产生灾异，例如：“宜冬不冬，万物皆奢；宜春不春，万物皆失其伦；其夏甚张，诛杀甚明，万物销亡，公门改行，国有大丧，中冀之殃。”第二部分内容与四时改火有关，其中有“秋食金燧之火”“钻燧易火”等文字。第三部分阐释风、雾、雨等自然现象如何形成。①

文字上，该篇有几处与《管子》及银雀山汉简时令占候类文献相似。“宜藏而不藏，雾气阳阳，宜死者生，宜蛰者鸣”句一字不差地同于《管子·轻重己》所载，《管子·七臣七主》也有与之近似的“蛰虫不藏，宜死者生，宜蛰者鸣”一句。“苴多螣，山多螟”，在《管子·七臣七主》中写作“苴多螣蟆，山多虫螟”。此外，该篇曰“人君好埵炉，反山求金铁……历八时则妃主崩，国妖死，多女丧”“人君好水居渐台，行舟饮酒移居”，也见于银雀山汉简《人君不善之应》：“人君好埵炉橐，抏金卢，反山破石……历八时而国亡。”“人君好水居渐台，极舟饮酒游居。”②

虽然《阴阳家言》与其他月令可互证的文字仅上述三四条，但从“宜×而×”的句式来看，会不会与《管子·轻重己》有共同的祖本？这个祖本在流传过程中，《轻重己》和《阴阳家言》各取所需，使得成文后有一定重合。银雀山汉简《人君不善之应》是一篇相对整齐的文字，它与《阴阳家言》“人君好×”段落的重合部分，似说明二者也有同一个源头。总之，《阴阳家言》应是与《管子》、银简一系的文献。

(2)《节》

简背有墨书篇题。节，即时节。该篇共述八节(二分二至、四立)，两两相隔 46 日：

---

① 北京大学出土文献研究所编：《北京大学藏西汉竹书》(三)下册，上海：上海古籍出版社，2015 年，释文第 231—233 页。

② 同上，第 232 页。

日至卌六日，阳冻释，四海云至，虞土下，雁始登，田修封疆，司空修社稷，乡扫除术，伐枯弃青，天将下享气。又卌六日，虾蟆鸣，燕降，天地气通，司空彻道，令关市轻征赋。又卌六日，阴乃坏降百泉，百泉始广大，利大宫室及道，以小为大。又卌六日，日夏至，草木蕃昌，人主利居高明。又卌六日，凉风至，白露降，令圂彘，枸藩闭。又卌六日，雷戒蛰，燕登，令暴布，儆禁，始言盗贼。收敛会计。又卌六日，天气始并，地气始藏，斩杀击伐，毋有天殃。又卌六日，日冬至，大寒之隆，毋作事，毋动众，天地气绝之时也。（简 1—7）①

《节》篇时节划分方法与《管子·轻重己》相同，所揭时气物候及人事也多合乎《吕纪》（表 1.9）：

表 1.9　北大汉简《节》与《吕纪》文句对比

<table>
<tr><th colspan="2">《节》</th><th colspan="2">《吕纪》</th></tr>
<tr><td rowspan="2">日至卌六日
（立春）</td><td>阳冻释……雁始登</td><td rowspan="2">孟春</td><td>东风解冻。……候雁北</td></tr>
<tr><td>田修封疆</td><td>皆修封疆</td></tr>
<tr><td>又卌六日
（春分）</td><td>燕降</td><td>仲春</td><td>玄鸟至</td></tr>
<tr><td>夏至</td><td>人主利居高明</td><td>仲夏</td><td>可以居高明</td></tr>
<tr><td>立秋</td><td>凉风至，白露降</td><td>孟秋</td><td>凉风至，白露降</td></tr>
<tr><td rowspan="2">秋分</td><td>燕登</td><td rowspan="2">仲秋</td><td>玄鸟归</td></tr>
<tr><td>雷戒蛰</td><td>雷乃始收到，蛰虫俯户</td></tr>
<tr><td>立冬</td><td>斩杀击伐，毋有天殃</td><td>孟冬</td><td>察阿上乱法者则罪之，无有掩蔽</td></tr>
<tr><td>冬至</td><td>毋作事，毋动众，天地气绝之时也</td><td>仲冬</td><td>土事无作，无发盖藏，无起大众，以固而闭</td></tr>
</table>

上引文述时节之“宜”，《节》篇后文还提到每月之“忌”：

---

① 北京大学出土文献研究所编：《北京大学藏西汉竹书》（五），上海：上海古籍出版社，2014 年，第 39 页。

正月毋攻玉石,二月毋隄沟,三月毋置啬夫,四月毋伐木,五月毋高城深池,六月毋行土事,七月毋举火,八月毋燔石流金,九月毋积壤,十月毋为荣华、建文章、始乘车,十一月毋……沟术,十二月毋正地、操绳墨钩枉。①

禁忌的叙述不以“八节”而以月为纲,时间结构上不似传世月令那样整齐。除节气月禁之外,《节》篇还包含阴阳、刑德运行及战争地理形势等内容。② 它们与时令有共同之处,因而抄合在一起。总体来看,《节》的内容要比传世月令复杂。

10. 敦煌悬泉置壁书《使者和中所督察诏书四时月令五十条》(《四时月令诏条》)

元始五年(5) 五月,《四时月令诏条》以太皇太后名义颁行郡国。每月的诏条数目不等:孟春月令最多,共 11 条,季夏、季冬月令最少,各仅 1 条。在所有出土月令文献中,敦煌悬泉置《月令诏条》是与《吕纪》和《礼记·月令》最近似的文献。《月令诏条》与《月令》“令”的部分完全相同。但它的文本结构非常单一,只有“令”的部分。《月令》的五行配置、天子礼仪和违令灾咎,都未在《月令诏条》中出现。换言之,《月令诏条》是《吕纪》《月令》的节本。

综上,史前时代以来,先民就不断积累天文、星象、物候等时间知识,在长期观察中把握时间运行的规律,并使个人起居和集体生活与自然时间相谐。至西周末年,日—月—四时—年的时间框架初步建立,时节礼仪的开展有了明确的时间坐标系,人们也在与自然互动的过程中总结出时节忌宜。春秋战国时期,出现了一批月令文本。它们大多以历法知识与时节忌宜打底,注入阴阳五行理论和灾异学说,站在人君的立场,编排每时每月的仪式与政令。由于成书时间有早晚,思想背景有差异,地域生态有区别,以致先秦月令文献各成体系。在战国末年的激烈兼并战争中,一个统一的帝国呼之欲出。它将建立法式,整齐制度,那些文字、思想各异的月令文献,也将接受挑选与整合。

---

① 北京大学出土文献研究所编:《北京大学藏西汉竹书》(五),第 40 页。

② 北京大学出土文献研究所:《北京大学藏西汉竹书概说》,《文物》2011 年第 6 期,第 54 页;李零:《北大汉简中的数术书》,《文物》2011 年第 6 期。

第二章　战国秦汉月令文献整合

地域文化成熟与思想理论多元，塑造了战国时期不同文本的月令文献。这些月令为天子设计了多种“政治时间”秩序。它们有着不同的五行配置（见本章第一节后附表），文本结构或繁或简，关于时节政令与礼仪的叙述也各不相同。

帝国诞生前夜，在版图与思想上都开启了“定于一”的进程。就时间秩序而言，帝国必须统一纪年、统一历朔，并以这个海内唯一的时间坐标系为基础，规范时节忌宜，制订时节政令和礼仪。面对战国时代互异的月令文本，《吕氏春秋》的撰作者需要选定一个时间框架，配以五行，并整齐文本结构，充实以时禁月政。那么，《吕纪》的成篇，是平地新建了一部“政治时间”方案，抑或整合了先秦已有的月令文本？秦汉时期，《淮南子·时则训》《礼记·月令》是与《吕纪》基本相同的两篇月令文献，那么三者之间是否有承继关系呢？《礼记·月令》的文献归属，显然不同于《吕氏春秋》《淮南子》。那么，一篇内容基本未变的文字为何发生文献性质的转变？这是本章拟探讨的内容。

第一节　“五音”配置所见齐、楚月令源流

“五音”是月令文献的“五行”配置之一。目前已知的传世史料中至少存在三种不同的“五音”配置方式。简帛文献的出土，又增益了可资对比的样本数量。关于这一问题，刘乐贤、晏昌贵和武田時昌等学者都已作过

有益的探索。[①] 学者们似乎倾向于从“历时性差异”来解释“五音”排列顺序的区别。近年晏昌贵又撰文指出，五行搭配五音的不同说法，可能与先秦时期诸子的不同学派有关。[②] 本节试图从“共时性差异”的角度，通过讨论“五音”的配置原理，来观察早期中国月令文献的两大主要源流。

一、“五音”配置及其原理

记录“五音”配置的传世文献主要有：《管子・玄宫》《鹖冠子・泰鸿》《吕纪》《淮南子・时则训》与《礼记・月令》。其中，后三篇结构相同、内容近似。揭示“五音”组合的简牍文献包括：放马滩秦简乙种《日书》、银雀山汉简《迎四时》，以及孔家坡汉简《日书・岁》等。

1.《吕纪》《时则训》《月令》

三篇文献皆记曰：

> （孟/仲/季）春之月，其音角。
> （孟/仲/季）夏之月，其音徵。
> 中央土，其音宫。
> （孟/仲/季）秋之月，其音商。
> （孟/仲/季）冬之月，其音羽。[③]

从汉代开始，文献中的“五音”配置均同上述。

2.《管子》

《管子・玄宫》将一年分为五个时节，配以五音：

---

① 晏昌贵：《孔家坡汉简〈日书・岁〉篇五行配音及相关问题》，收入氏著《简帛数术与历史地理论集》，北京：商务印书馆，2010 年；刘乐贤：《孔家坡汉简〈日书〉“岁”篇初探》，收入氏著《战国秦汉简帛丛考》，北京：文物出版社，2010 年；武田時昌：《五音と五行——音律理论占術のあいだ》，收入《陰陽五行のサイエンス・思想編》，京都：京都大學人文科學研究所，2011 年。

② 晏昌贵：《从出土文献看先秦诸子的五音配置》，《中原文化研究》2015 年第 3 期。

③ 高诱：《吕氏春秋注》，国学整理社：《诸子集成》（六），北京：中华书局，2006 年，第 1、34、55、65、94 页。

五和时节，听宫声。

八举时节，听角声。

七举时节，听羽声。

九和时节，听商声。

六行时节，听徵声。①

同书《地员》篇要求君主掌握五种土地及其泉水的情况，其中也呈现出“五音”与色、味相对应的系统性：

见是土也，命之曰五施，五七三十五尺而至于泉，呼音中角，其水仓，其民强。

见是土也，命之曰四施，四七二十八尺而至于泉，呼音中商，其水白而甘，其民寿。

见是土也，命之曰三施，三七二十一尺而至于泉，呼音中宫，其泉黄而糗。

见是土也，命之曰再施，二七十四尺而至于泉，呼音中羽，其泉咸。

见是土也，命之曰一施，七尺而至于泉，呼音中徵，其水黑而苦。②

“五色”在各种文献中，与五时、五方之间具有恒定的搭配，暂时未见有如“五音”的差异性，不难根据“其水仓”“其水白”和“其泉黄”来确定《地员》中“五音”与五方、五时的对应关系。如此，《地员》的“五音”配置与《玄宫》所示相同。

山东临沂银雀山汉简《迎四时》虽残缺严重，但仍能根据《太平御览》所录《皇览》遗文，补出与“五音”相关的文字：

故距冬日至[四十]六日，天子迎春于东堂……角，舞之以羽狄

① 黎翔凤：《管子校注》卷三，北京：中华书局，2004 年，第 135、150、153、157 页。

② 黎翔凤：《管子校注》卷一九，第 1072—1073 页。

（翟），此迎春之乐也。距春分四十六日，天子迎夏……高七尺，堂……天之□，昌（唱）之以羽，舞之以鼓□，此迎[夏之乐也]（简1880—简1882）。①

已知春—角、夏—羽，而“宫”在各种文献中均与“中”相配，“商”与“西（秋）”也是恒定的配置。如此可推知，在《迎四时》中，“徵”与冬相配。五音系统与《玄宫》相同。

3.《鹖冠子·泰鸿》

《汉书·艺文志》收录《鹖冠子》一篇，并言其作者为隐居深山的楚人。《风俗通义》《隋书·经籍志》亦如是说。② 自柳宗元起，直至钱穆，多主张该著为伪书。③ 然而，从马王堆M3帛书可见，其中不少内容与《鹖冠子》相同，因此该书不尽伪，成书年代也应在秦始皇焚书以前。其中《泰鸿》所揭“五音”曰：

东方者，万物立止焉，故调以徵；南方者，万物华羽焉，故调以羽；西方者，万物成章焉，故调以商；北方者，万物录臧焉，故调以角；中央者，太一之位，百神仰制焉，故调以宫。④

天水放马滩秦简及随州孔家坡汉简中的“五音”配置，与《泰鸿》完全一致。前者乙种《日书》有相当篇幅论述五音与十二律。晏昌贵对整理者的释文进行刊误，认为正确的释读如下：

① 银雀山汉墓竹简整理小组：《银雀山汉墓竹简》（贰），北京：文物出版社，2010年，释文第223页。

② 《汉书》卷三〇《艺文志》，北京：中华书局，1962年，第1730页；王利器：《风俗通义校注》“佚文”，北京：中华书局，2010年，第554页；《隋书》卷三四《经籍志》，北京：中华书局，1973年，第1001页。

③ 柳宗元反驳当时存在的贾谊赋引《鹖冠子》之说，认为后者大部分文辞鄙浅，唯贾谊所引用为美，因此断定为伪书。参见《柳河东集》，上海：上海人民出版社，1974年，第72页。钱穆从《鹖冠子》有赵悼襄王问赵将冯（庞）煖一事推论，指出若此事成立，则庞煖当时应已八十多岁，不可能为将，故《鹖冠子》是伪书。参看钱穆：《先秦诸子系年》“庞煖剧辛考”，北京：商务印书馆，2001年，第555页。

④ 黄怀信：《鹖冠子汇校集注》卷中，北京：中华书局，2004年，第239—241页。

[宫，土，戊、己]……人殹，色黄，所执者□[殹，司土。]

[徵，]木，甲、乙，卯、未、亥，主东方，时平旦，色青，主人殹，所执者规殹，司木。

[羽，]火，丙、丁，午、戌、寅，客殹，时日中，色赤，主南方，所执者矩殹，司火。

[商，]金，庚、辛，酉、丑、巳，主西方，时日入，主人，白色，所执者权殹，司金。

角，水，壬、癸，子、申、辰，主北方，时夜半，客殹，色黑，所执者绳殹，司水。

[宫，]丙辰，丙戌，丁巳，丁亥，戊寅，戊申，己卯，己酉，庚子，庚午，辛丑，辛未。

[徵，]甲辰，甲戌，乙巳，乙亥，丙寅，丙申，丁酉，丁卯，戊子，戊午，己丑，己未。

羽，壬辰，壬戌，癸巳，癸亥，甲寅，甲申，乙卯，乙酉，丙子，丙午，丁丑，丁未。

商，庚辰，庚戌，辛巳，辛亥，壬寅，壬申，癸卯，癸酉，甲子，甲午，乙丑，乙未。

角，戊辰，戊戌，己巳，己亥，庚寅，庚申，辛卯，辛酉，壬子，壬午，癸丑，癸未。（简 196 壹—205 壹）①

晏昌贵根据残泐较少的后三段分析，羽、商、角对应的干支按五行纳音编写，于是可推补前两支简以宫、徵起头。然后，简 196 壹至 199 壹的五音亦可确定。

第一章已述，孔家坡汉简《日书・岁》本身就是一篇月令文献。里面再一次出现了与《泰鸿》及放马滩秦简《日书》相同的"五音"配置：

---

① 甘肃省文物考古研究所：《天水放马滩秦简》，北京：中华书局，2009 年，第 97 页；晏昌贵：《放马滩秦简乙种〈日书〉有关五音的简文》，简帛网（http: //www.bsm.org.cn/），2009 年 9 月 22 日发布。

东方徵，南方羽，西方商，北方角，中央宫，是胃（谓）五音。①

通览诸篇，"五音"配置形态可归纳为如下三种（表 2.1）：

表 2.1 早期文献中的"五音"配置

	篇　名	东	南	中	西	北
1	《吕纪》《月令》	角	徵	宫	商	羽
2	《管子·玄宫》	角	羽	宫	商	徵
	银雀山汉简《迎四时》	角	羽	[宫]	[商]	[徵]
3	《鹖冠子·泰鸿》	徵	羽	宫	商	角
	放马滩秦简乙种《日书》	徵	羽	宫	商	角
	孔家坡汉简《日书·岁》	徵	羽	宫	商	角

由上表，宫、商的五行配伍从无争议。第二种与第三种配置的区别在于角与徵恰成对调格局；而第一种与第二种的差异，又恰巧是羽和徵互换位置。对此，晏昌贵与武田時昌看法一致，他们推测《鹖冠子·泰鸿》的年代最早，《管子·玄宫》次之，《吕纪》一系的主流月令成书最晚；三者之间的演变过程是：《玄宫》在《鹖冠子》的基础上交换了徵和角的位置，从而确定了角音配东方（木），之后，《玄宫》羽和徵的位置又被对调，于是形成《吕纪》的配置形态。②

这一猜想可能存在的问题是，无法判断文献成书的绝对时间。根据《鹖冠子》一书中的记事，只能推知其成书年代的下限或许在公元前 236 至前 228 年之间，③但书中各篇的撰作时间跨度很大，故无法定位《泰鸿》的确切成书时代。李学勤摘取《泰鸿》中"天明三以定一"的一段文字，认

① 湖北省文物考古研究所、随州市考古队：《随州孔家坡汉墓简牍》，北京：文物出版社，2006 年，第 184 页。

② 参看晏昌贵：《孔家坡汉简〈日书·岁〉篇五行配音及相关问题》，《简帛数术与历史地理论集》，第 76 页；武田時昌：《五音と五行——音律理论占術のあいだ》，第 28 頁。

③ 参看黄怀信：《鹖冠子汇校集注》前言，第 6—8 页。

为它本于马王堆帛书《黄帝书》中的《经法・论》;①唐兰认为《经法・论》可能是战国早中期之际的作品,②加之楚人鹖冠子的活动年代大约是战国晚期,那么《泰鸿》的成篇也可能相当于战国晚期。至于《管子・玄宫》,金谷治将之与同书《四时》《五行》《轻重》诸篇比较,认为是公元前 300 年前后完成的作品。③ 还有学者补充说,作为稷下学者之一的邹衍,以五德终始说及大九州学说闻达于诸侯,但在《管子》一书中尚未见这两大思想学说,因此,《管子・玄宫》成立于战国中期以前,④反而要早于《鹖冠子・泰鸿》的成篇年代。

此外,既然《鹖冠子》是楚系文献,《泰鸿》代表了楚人的"五音"配置,那么,作为阴阳五行学说策源地和盛行地的齐文化区,为何要以楚地的知识系统作为自己调整"五音"配置的知识底本?这种可能性似乎不大。同时,与《鹖冠子》相同的"五音"配置为何会出现在秦人发祥地天水的放马滩竹简《日书》中,亦无法得到解释。总之,从"历时性差异"的角度来解释"五音"配置的区别,或许尚有不尽如人意之处。职是之故,下文拟从配置原理来思考。

与"五音"排列密切相关的原理,一是三分损益法,另一是五音十二律旋相为宫。关于三分损益法的最早记载,见于《管子・地员》,其文曰:

> 凡将起五音,凡首先主一而三之,四开以合九九,以是生黄钟小素之首成宫。三分而益之以一,为百有八,为徵。不无有,三分而去其乘,适足以是生商。有三分而复于其所,以是成羽。有三分去其

---

① 李学勤:《马王堆帛书与〈鹖冠子〉》,《江汉考古》1983 年第 2 期;《〈鹖冠子〉与两种帛书》,收入氏著《李学勤文集》,上海:上海辞书出版社,2006 年,第 388—398 页。

② 唐兰:《马王堆出土〈老子〉乙本卷前古佚书的研究》,《考古学报》1975 年第 1 期。

③ 金谷治分析《玄宫》反映的应是比较初期的时令与五行结合情形。参看氏著《管子の研究》,東京:岩波書店,1987 年,第 232、248、335 頁。

④ 徐复观:《〈吕氏春秋〉及其对汉代学术与政治的影响》,见氏著《两汉思想史》(第二卷),上海:华东师范大学出版社,2001 年,第 6 页;白奚:《中国古代阴阳与五行说的合流——〈管子〉阴阳五行思想新探》,《中国社会科学》1997 年第 5 期,第 33 页。白奚与金谷治有同样的看法,即《管子・玄宫》是时令与五行相结合的最初尝试。(见同文第 28 页)

乘，适足以是成角。①

引文讲述的是以宫为母音的生律定音方法。黄钟为宫，其律管长九寸，中空周长九分（所有律管的中空周长均为九分），故宫之律数为八十一(9×9)。② 徵音律数的得出，由宫上生而来，即"三分而益之以一"(81×4/3=108)，故徵的律数是"百有八"。以此类推，商数七十二，羽数九十六，角数六十四。郑玄注《月令》云："数多者浊，数少者清。"律数越高，音高越低；反之，则音高越高。据此，将五音的音高从低至高排序，则如下所示：

徵	羽	宫	商	角
108	96	81	72	64

这一顺序，恰是表2.1中《鹖冠子·泰鸿》、孔家坡汉简《日书·岁》和放马滩秦简《日书》的"五音"配置顺序。简言之，这些文献首先以三分损益法确定"五音"的音调高低，然后再将从低音到高音的次序，分别与东、南、中、西、北"五方"相配。

五音十二律旋相为宫的原理基础也是三分损益法。《吕氏春秋·音律》曰：

> 黄钟生林钟，林钟生太簇，太簇生南吕，南吕生姑洗，姑洗生应钟，应钟生蕤宾，蕤宾生大吕，大吕生夷则，夷则生夹钟，夹钟生无射，无射生仲吕。三分所生，益之一分以上生。三分所生，去其一分以下生。③

放马滩秦简《日书》所揭"十二律表"，生律法与《吕氏春秋·音律》

---

① 黎翔凤：《管子校注》卷一九，第1080页。

② 《月令》郑玄注曰："律，候气之管，以铜为之……凡律空为九分。"阮元校刻：《十三经注疏》，北京：中华书局，1980年，第1354页。

③ 高诱：《吕氏春秋注》，国学整理社：《诸子集成》（六），第56页。

完全相同。[1] 参考《通典》的说法，以黄钟为宫，按三分损益法，宫生徵，同时在十二律相生系统中，黄钟生林钟，林钟为徵。接下来，林钟生太蔟为商，太蔟生南吕为羽，南吕生姑洗为角。[2] 一律生五音，故十二律可生六十音。

旋相为宫的原理与“五音”配置有什么关系呢？《史记·律书》曰：“商八，羽七，角六，宫五，徵九。”这样的配数，颇不同于《吕纪》《月令》之商九、羽六、角八、宫五、徵七。对此，《史记索隐》不详其故，云：“此文似数错。”[3] 其实，《律书》并无错处，清代学者钱唐引《淮南子·天文训》证其不缪。[4]《天文训》曰：

> 甲子，中吕之徵也；丙子，夹钟之羽也。戊子，黄钟之宫也；庚子，无射之商也；壬子，夷则之角也。[5]

结合上文的说明，这段文字可用下表（表2.2）展现：

表2.2　十二律旋相为宫·黄钟之宫（黄钟之调）

宫	徵	商	羽	角	《天文训》
黄钟	林钟	太簇	南吕	姑洗	戊子，黄钟之宫
戊子	己丑	庚寅	辛卯	壬辰	
应钟	蕤宾	大吕	夷则	夹钟	

① 孙占宇：《放马滩秦简日书整理与研究》，西北师范大学博士学位论文，2008年，第182页；程少轩：《放马滩简所见式占古佚书的初步研究》，《中研院史语所集刊》第83本第2分，2012年，第260页。程先生认为，放马滩秦简的简199“中吕十三万一千七十，下生（清）黄”，无法回到黄钟初始之数，而是到比黄钟高一个八度的清黄钟。这是因为，古人推算律数时，所得若非整数，则作取整处理，而并不保留小数。这一计算方式会带来很大的误差。

② 《通典》卷一四三《乐三·五声十二律旋相为宫》，北京：中华书局，1988年，第3638—3640页。

③ 《史记》卷二五《律书》，北京：中华书局，1959年，第1251页。

④ 钱大昕：《廿二史考异》卷三，上海：上海古籍出版社，2004年，第36—37页。

⑤ 高诱：《淮南子注》卷三，国学整理社：《诸子集成》（七），第47页。

（续表）

宫	徵	商	羽	角	《天文训》
癸巳	甲午	乙未	丙申	丁酉	
无射	中吕	**黄钟**	林钟	大簇	庚子，无射之商
戊戌	己亥	**庚子**	辛丑	壬寅	
南吕	姑洗	应钟	蕤宾	大吕	
癸卯	甲辰	乙巳	丙午	丁未	
夷则	夹钟	无射	中吕	**黄钟**	壬子，夷则之角
戊申	己酉	庚戌	辛亥	**壬子**	
林钟	太簇	南吕	姑洗	应钟	
癸丑	甲寅	乙卯	丙辰	丁巳	
蕤宾	大吕	夷则	夹钟	无射	
戊午	己未	庚申	辛酉	壬戌	
中吕	**黄钟**	林钟	太簇	南吕	甲子，中吕之徵
癸亥	**甲子**	乙丑	丙寅	丁卯	
姑洗	应钟	蕤宾	大吕	夷则	
戊辰	己巳	庚午	辛未	壬申	
夹钟	无射	中吕	**黄钟**	林钟	丙子，夹钟之羽
癸酉	甲戌	乙亥	**丙子**	丁丑	
太簇	南吕	姑洗	应钟	蕤宾	
戊寅	己卯	庚辰	辛巳	壬午	
大吕	夷则	夹钟	无射	中吕	
癸未	甲申	乙酉	丙戌	丁亥	
5	**9**	**8**	**7**	**6**	

那么，"商八，羽七，角六，宫五，徵九"这些数值又是如何得出的呢？《太玄·玄数》曰："甲己之数九，乙庚八，丙辛七，丁壬六，戊癸五。"①其实，

① 司马光：《太玄集注》卷八《玄数》，北京：中华书局，2013年，第235页。

《太玄》之说甚至早在放马滩秦简乙种《日书》中即已存在：

甲九木，乙八木，丙七火，丁六火，戊五土，己九土，庚八金，壬六水，癸五水。（简 180—186，188—189）①

对照表 2.2，第一纵列的天干非戊即癸，第二列是甲或己，第三列是乙或庚，第四列是丙或辛，第五列则为丁或壬。之所以如此两两搭配，是因为将十天干分成两个集合：(A)甲乙丙丁戊；(B)己庚辛壬癸。两个集合一一映射，形成五组天干。甲，一元也。"一为三，三为九，而数究焉"，②故甲数为九。后面的乙、丙、丁、戊逐一降减，分别为八、七、六、五。己与甲同组，故己数亦为九，其后四天干也依次递减。以上便是"甲己之数九"云云的来历。五组天干分别与宫、徵、商、羽、角对应，即可与上引《太玄》文字同符合契。

据表 2.2 底行"宫五、徵九、商八、羽七、角六"，若按数值从小到大排列，即为：

五　六　七　八　九
宫　角　羽　商　徵

《管子·玄宫》正是以这一次序为基准，再与时节相搭配。那么，《吕纪》《淮南子·时则训》和《礼记·月令》的配置是何原理呢？武田時昌已经指出，这一配置形式可能与"五行相生"与"五行配数"有关。③

以上，《管子·玄宫》的"五音"，按"玄数"由小至大的顺序排列，并配以时节和其他"五行"项目。《鹖冠子·泰鸿》、放简乙种《日书》和孔简《日书·岁》采用的是"三分损益法"中的"先损后益"之法，按音调从低到高排列。放马滩秦简出土于秦人故地，有学者将其与九店楚简《日书》进行对

① 甘肃省文物考古研究所：《天水放马滩秦简》，第 96 页。
② 司马光：《太玄集注》卷八《玄数》，第 235 页。
③ 武田時昌：《五音と五行——音律理论占術のあいだ》，第 26—29 頁。

比，发现二者几乎不存在共同点，可以确认放马滩秦简是典型的秦系文献，[①]其“五音”配置形式受到楚文化影响的可能性很小。之所以会与楚系文献《鹖冠子》、孔家坡汉简《日书·岁》有相同的“五音”组合，或许主要缘于二者采用了同样的音乐原理。

二、同源异流：楚月令与齐月令

从学术思想的地域性来看，《鹖冠子》与孔简《日书·岁》揭示的是楚地的音律传统，而随州曾侯乙墓所出编钟也可补证这一点，钟铭便是徵、羽、宫、商、角的排序。[②]《管子》一书作为齐国稷下学派的作品也鲜有争议。当然，《管子》各篇出自众家之手是不争的事实，稷下学宫里的学者也流派纷呈，例如，“慎到、田骈学派”“管仲学派”等。[③] 尽管内容驳杂，但在成书过程中，众家各派的思想大多经历了“折衷的混融”，故《管子》从整体而言呈现出统一的色调。《管子》里的篇章揭示的并非稷下个别学者的思想，而是稷下学的整体性格。[④]《管子·玄宫》的齐文化特征更毋庸置疑，“三十时”的系统不见于其他地域文献，与之相配合的五行模式本就以齐人为宗。总之，《管子·玄宫》与银简《迎四时》显示的“五音”配置，反映的是齐地的知识结构。

放眼目前已知的先秦、秦汉之际的月令文献，似亦大致可分为“楚月令”与“齐月令”两支。孔家坡汉简《日书·岁》的内容与长沙子弹库楚帛书相似。楚帛书的性质，与月令非常相近，陈梦家等学者认为楚帛书就是“楚月令”的一种。孔家坡汉简《日书·岁》的出土，表明西汉初年之时，楚

---

① 刘乐贤：《楚秦选择术的异同及影响——以出土文献为中心》，原载《历史研究》2006年第6期，后收入氏著《战国秦汉简帛丛考》，第215—216页。

② 黄翔鹏：《曾侯乙钟、磬铭文乐学体系初探》，《音乐研究》1981年第1期。

③ 参看裘锡圭：《马王堆〈老子〉甲乙本卷前后佚书与“道法家”——兼论〈心术上〉〈白心〉为慎到田骈学派作品》，收入《裘锡圭学术文集》（古代历史、思想、民俗卷），上海：复旦大学出版社，2012年，第271—285页；张岱年：《中国哲学史史料学》第一章，北京：三联书店，1982年。

④ 参看金谷治：《管子の研究》，第302頁。

月令仍在楚地流传；而包括《迎四时》在内的银雀山汉简诸篇阴阳时令文献，则显示《管子》一系的“齐月令”也仍具有相当的生命力。

随着简帛文献频仍出土及讨论不断深入，研究者注意到《吕纪》与“齐月令”的内在关联，以及齐、楚月令的共同渊源。李学勤已观察指出，楚帛书与《洪范五行传》应出同源，二者之间不仅有字句重合，而且楚帛书“四木”与《洪范五行传》所谓“四方之极”，亦有相通之处。① 李零将楚帛书的图像与《管子・玄宫》对较，发现前者的置图方向，恰与《玄宫图》相反。② 以上现象说明，“楚月令”与“齐月令”并非截然两分的地域性文献，它们相似的宇宙论，可以追溯至新石器时代即已出现的式图时空思维。③

“楚月令”与“齐月令”虽有共同的源头，但最终呈现出不同的发展道路。“楚月令”侧重于阐述“四时”等时间概念的产生原理及岁时宜忌。楚帛书幅面中间的两段文字，其中八行文字记述了“四时”诞生的神话故事。战国中晚期的郭店楚简《太一生水》，讲述的也是一个从太一至天地、神明、阴阳、四时的各个“成岁”阶段。直至西汉初期，出土于楚地的孔家坡汉简《日书・岁》，仍在第一段文字中揭示了“令日当月，令月当岁，各十二时”的“成岁”过程。此外，《日书・岁》篇论及“五行”时，用的是“树之以木，谓之青”“树之以火，谓之赤”的表达方式，与楚帛书四角的“四木”一脉相承。相比于“齐月令”，“楚月令”的月忌内容，多为“不可以嫁女取臣妾”“不可以筑室”“不可以出师”一类，与《日书》的相似程度更高。

在“齐月令”内部，《管子・玄宫》《四时》《五行》及银雀山所出多种阴阳时令文献，都设计有一套整齐“四时・五行”配伍系统和相应的灾异哲学阐释体系。与此同时，从《玄宫》开始，“齐月令”的各个版本多有为“天子立法”的色彩，时忌、月忌多从天子政令的视角阐发。《管子・轻重己》所揭“五行时令”，以及每一时的天子服色、郊祭以朝诸侯等时令礼仪，也

① 李学勤：《楚帛书研究》，收入氏著《简帛佚籍与学术史》，南昌：江西教育出版社，2001年，第44、51—54页。
② 李零：《楚帛书研究》（十一种），上海：中西书局，2013年，第42页。
③ 李零：《中国方术正考》，北京：中华书局，2006年，第101—115页。

可视为汉代月令礼制的理论雏形。而"楚月令"则在西汉中期以后日渐式微。

附表：

传世月令文献的"五行"配置

五行	《玄宫》	木	火	土	金	水
	《吕纪》	木	火	土	金	水
	《时则》	木	火	土	金	水
	《月令》	木	火	土	金	水
五色	《玄宫》	青	赤	黄	白	黑
	《吕纪》	青	赤	黄	白	黑
	《时则》	青	赤	黄	白	黑
	《月令》	青	赤	黄	白	黑
五方	《幼官》	东	南	中	西	北
	《吕纪》	东	南	中	西	北
	《时则》	东	南	中	西	北
	《月令》	东	南	中	西	北
五数	《玄宫》	八	七	五	九	六
	《吕纪》	八	七	五	九	六
	《时则》	八	七	五	九	六
	《月令》	八	七	五	九	六
五味	《玄宫》	酸	苦	甘	辛	咸
	《吕纪》	酸	苦	甘	辛	咸
	《时则》	酸	苦	甘	辛	咸
	《月令》	酸	苦	甘	辛	咸
五臭	《玄宫》					
	《吕纪》	膻	焦	香	腥	朽
	《时则》	膻	焦	香	腥	腐
	《月令》	膻	焦	香	腥	朽

（续表）

五气	《玄宫》	燥	阳	和	湿	阴
	《吕纪》					
	《时则》					
	《月令》					
五兵	《玄宫》	矛	戟		剑	胁盾
	《吕纪》					
	《时则》	矛	戟	剑	戈	铩
	《月令》					
五帝	《玄宫》					
	《吕纪》	太皞	炎帝	黄帝	少皞	颛顼
	《时则》					
	《月令》	太皞	炎帝	黄帝	少皞	颛顼
五神	《玄宫》					
	《吕纪》	句芒	祝融	后土	蓐收	玄冥
	《时则》					
	《月令》	句芒	祝融	后土	蓐收	玄冥
五祀	《玄宫》					
	《吕纪》	户	灶	中霤	门	行
	《时则》	户	灶	中霤	门	井
	《月令》	户	灶	中霤	门	行
五祭	《玄宫》					
	《吕纪》	脾	肺	心	肝	肾
	《时则》	脾	肺	心	肝	肾
	《月令》	脾	肺	心	肝	肾
五虫	《玄宫》	鳞	羽		毛	介
	《吕纪》	鳞	羽	倮	毛	介
	《时则》	鳞	羽	蠃	毛	介
	《月令》	鳞	羽	倮	毛	介

（续表）

五音	《玄宫》	角	羽	宫	商	徵
	《吕纪》	角	徵	宫	商	羽
	《时则》	角	徵	宫	商	羽
	《月令》	角	徵	宫	商	羽

第二节 《吕纪》成篇与“齐月令”的胜利

《吕纪》之前的时令文献，结构与内容各不相同：

1.《夏小正》：主记物候。

2.《玄宫》：违时灾异＋节气、人事＋五行配置。

3.《四时》：顺时行事＋违时灾异＋五政。

4.《七臣七主》：时禁＋违令灾异。

5.《五行》：五行时令。

6.《轻重己》：顺时行事与四时时令。

7. 长沙子弹库楚帛书：甲篇十三行《天象》，乙篇八行《四时》，丙篇《月忌》。

以上文献主要来自齐、楚两地。其中，五篇出自《管子》(2—6)。以《管子》为代表，齐地的时令多属“五行时令”系统；以子弹库楚帛书为代表，楚地的时令属于十二月忌。不同系统、文本的月令，反映的是不同地域的时间秩序。先秦诸侯各自为政的局势，以及各国历法水平发展的不平衡，都是导致时间秩序差异的原因。然而，兼并战争的指归是实现天下一统，齐、楚、秦恰是战国晚期最具统一可能的三大诸侯。无论谁胜出，在吞食他国土地的同时，都势必将本国的制度与文化在更大版图内推广。众所周知，最终由秦完成了统一之业。战国秦汉之际，月令文献之间，从诸本并行至《吕氏春秋》“十二纪首”写成，再至《月令》一篇被收入《礼记》，也经历了竞争、淘汰与整合。本节着眼于文本结构与内容，从五行系统、时令忌宜与灾异设置等方面，追寻《吕纪》的知识来源。

一、五行系统

《夏小正》未记有五行相关文字，《管子·四时》《七臣七主》《轻重己》等篇也无系统的五行配置内容，可供对比的主要是《管子·玄宫》与《吕纪》。《吕纪》孟春月令有云：

> 其帝大皞，其神句芒，其虫鳞，其音角，律中太簇。其数八，其味酸，其臭羶，其祀户，祭先脾。

1. 五虫

《吕纪》曰："其虫鳞。"《管子·玄宫》曰："以羽兽之火爨。"看似不同，实则一致。《玄宫》的逻辑与临沂银雀山汉简《五令》亦相同。后者曰：

> 德令失则羽虫为灾，义令失则毛虫为灾，惠令失则嬴虫为灾，威令失则界(介)虫为灾，罚[令失则鳞虫为灾。](简 1910—简 1911)①

德、义、惠、威、罚"五令"，分别对应于春、夏、中、秋、冬，"鳞虫"与春(德)令配伍，以此类推，可见是以五行相生的顺序配置五虫。这应是黄河下游地区，尤其是齐地的知识系统。《五令》虽出自西汉早期墓葬，但所揭示内容的成立时代应该早于汉初，可上溯至《管子·玄宫》。《玄宫》八举时节"以羽兽之火爨"，与"春—鳞虫"意同。如此，《吕纪》的五虫配置实与《玄宫》无异。

2. 五数·五味

目前所见上古时令中，《玄宫》是唯一五色、五数、五味配置俱全的文献。显然，《吕纪》的这些配置，与《玄宫》所谓"八举时节，君服青色，味酸

---

① 银雀山汉墓竹简整理小组：《银雀山汉墓竹简》(贰)，北京：文物出版社，2010 年，释文第226 页。

味，听解声，治燥气，用八数”完全相同。

3. 五祀·五脏

新蔡葛陵楚简、包山M2楚简、九店M56楚简与睡虎地M11秦简等均有“五祀”祭祷内容。《吕纪》户、灶、中霤、门、行“五祀”名称及组合，在战国中期以前当已存在并固定。① 睡虎地秦简乙种《日书》提到“祠五祀日”“丙丁灶，戊己内中土，甲乙户，壬癸行，庚辛门”的选择术，将十天干划分为五组，依次配以“五祀”。睡简《日书》的年代虽然晚于《吕纪》，但这一配置形式可能早在战国时期就已有之，与《吕纪》应出同源。②

“五脏”祭祀在睡虎地秦简《法律答问》中出现了心、肾两项：

> 今或盗一肾，盗一肾赃不盈一钱，何论？祠固用心肾及它肢物，皆各为一具，一具之赃不盈一钱，盗之当耐。（简25—26）③

彭浩指出，简文中的“心肾”，或即《月令》“脾、肺、心、肝、肾”的省称。④ 此说虽无十足证据，出土文献亦尚未见“五脏”完整组合，但据秦简推测，五脏祭祀可能确有传统，《吕纪》“五脏”配置当非虚造。

二、月政时禁

十二月之政令与时禁是《吕纪》的主干。既然《吕纪》在文本结构与五行配伍方面多承袭《管子》，那么时令部分是否与《管子》也有关联呢？我们以《吕纪》春令为例，与《管子》诸篇时令文本进行对比（表2.3）。

① 宋华强：《新蔡葛陵楚简初探》，武汉：武汉大学出版社，2010年，第234—235页。

② 杨华：《“五祀”祭祷与楚汉文化的继承》，见氏著《古礼新研》，北京：商务印书馆，2012年，第395页。彭浩认为，睡虎地秦简乙种《日书》的“祠五祀日”已体现了“五祀”与“四季”的互配。参看彭浩：《睡虎地秦简“王室祠”与〈齋律〉考辨》，《简帛》第1辑，上海：上海古籍出版社，2006年，第242页。

③ 睡虎地秦墓竹简整理小组：《睡虎地秦墓竹简》，北京：文物出版社，1990年，第99页。

④ 彭浩：《睡虎地秦简“王室祠”与〈齋律〉考辨》，《简帛》第1辑，第242页。

表 2.3 《吕纪》《管子》"春令"对比

《吕纪》	《管子》
赏卿诸侯大夫于朝	二政曰：赋爵列，授禄位（《四时》）
王布农事，命田舍东郊	十二小卯，出耕（《玄宫》）
皆修封疆，审端径术	四政曰：端险阻，修封疆，正千伯（《四时》）
禁止伐木	春无……伐大木，行大火（《七臣七主》）
无覆巢，无杀孩虫、胎夭、飞鸟，毋麛毋卵	五政曰：无杀麑夭（《四时》）
安萌芽，养幼少，存诸孤	一政曰：论幼孤（《四时》）
命有司省囹圄，去桎梏，无肆掠，止狱讼	一政曰：舍有罪（《四时》）
乃修阖扇	十二义气至，修门闾（《玄宫》）
无竭川泽，无漉陂池，无焚山林	春无……斩大山（《七臣七主》）
修利隄防，导达沟渎。开通道路，无有障塞	治堤防，正津梁，修沟渎，甃屋行水（《四时》）
修除祠位（《淮南子·时则训》）	修除神位（《四时》）

上表最后一条"修除祠位"乃《吕纪》所无，出现在《淮南子·时则训》中，而《时则训》是与《吕纪》内容基本相同的时令文本，姑且将此句纳入《吕纪》一系参与对比。不难看出，《吕纪》的春令与《管子·四时》多有雷同。而夏秋冬三时政令也是如此，可见前者应是对后者的损益，至少二者有共同的知识来源。

三、灾异与嘉祥

《吕纪》之前，设置有违令灾异与顺令嘉祥部分的时令文本只有《管子》诸篇。这些时令文本按四时论说灾异，文字比"月令"相对简略。以春令文为例（表 2.4）：

表 2.4　《吕纪》与《管子》春月“违令灾异”比较

《吕纪》		《管子》
孟春	行夏令，则风雨不时，草木早槁，国乃有恐。行秋令，则民大疫，疾风暴雨数至，藜莠蓬蒿并兴。行冬令，则水潦为败，霜雪大击，首种不入	春行冬政肃，行秋政雷，行夏政阉(《玄宫》)
仲春	行秋令，则其国大水，寒气总至，寇戎来征。行冬令，则阳气不胜，麦乃不熟，民多相掠。行夏令，则国乃大旱，暖气早来，虫螟为害	春行冬政则雕，行秋政则霜，行夏政则欲(《四时》)
季春	行冬令，则寒气时发，草木皆肃，国有大恐。行夏令，则民多疾疫，时雨不降，山陵不收。行秋令，则天多沈阴，淫雨早降，兵革并起	春政不禁，则百长不生。(《七臣七主》)

《管子》时令文本的逻辑非常简单。春行冬政，故肃杀之冬气于春时显现；阴气凌阳则雷动霜降，故春行秋令，或雷或霜。《七臣七主》的逻辑更易理解：春主生长，不禁杀伐则百物不生。而《吕纪》的违令灾异按孟、仲、季三月分配，比《管子》统称“春政”“夏政”的提法更细致，但二者逻辑并无区别。

《吕纪》每月文末不仅述灾异，亦表“嘉祥”，这在《管子》中也有所见。例如，季春月令有“行之是令，而甘雨至”的文字，而《管子·四时》则曰：“五政苟时，春雨乃来。”二者的逻辑与文字表述如出一辙，《吕纪》的灾祥文字可能也是从《管子》衍化而来。

《吕纪》与《管子》的最大区别在于时间系统。这一差异使《管子》时令文本的“首月”概念并不清晰，《玄宫》以“五和时节”为首，但它在自然时间中并不存在；《四时》《五行》《七臣七主》皆以春为岁首，但历法中“春日至”与“正月初一”之间往往有数日之差；而《轻重己》的时令则以冬至为起首。

四、物候变“化”

检视先秦时期的其他月令，《夏小正》与楚帛书是以正月孟春为岁首的文本，《吕纪》的时间系统与此相近。此外，《吕纪》所载的物候变化也多能从《夏小正》中找到(表 2.5)。

表 2.5　《夏小正》与《吕纪》中的物候变"化"

《夏小正》		《吕纪》	
时　间	物　　候	时　间	物　　候
正月	鹰则为鸠	仲春之月	鹰化为鸠
三月	田鼠化为鴽	季春之月	田鼠化为鴽
五月	鸠为鹰		
		季夏之月	腐草为萤
九月	雀入于海为蛤	季秋之月	爵入大水为蛤
十月	玄雉入于淮为蜃	孟冬之月	雉入大水为蜃

《国语·晋语》记载赵简子曾提到"雀入于海为蛤,雉入于淮为蜃",① 虑及晋用夏正,这些物候描述似长期流传于晋地,《吕纪》中关于物候变化的叙述可能来源于《夏小正》或夏墟的传统知识。

正如郭沫若等学者所谓,《吕纪》与《管子》的关系最为密切。②《吕纪》"五行+月政+灾祥"的文本结构承自《管子》,《吕纪》五行配置与《管子·玄宫》大致相同,《吕纪》月政与《管子·四时》篇尤其相像。(表 2.6)

表 2.6　《吕纪》的知识来源(以"孟春"为例)

《吕纪》	来　　源	
孟春之月,日在营室	《国语·周语上》	日月底于天庙(营室)
	公元前 620±100 年的星象记录③	
昏参中,旦尾中	《夏小正》	初昏参中
其日甲乙,其帝太皞,其神句芒		
其虫鳞	《管子·玄宫》	(冬)以鳞兽之火爨。(春)以羽兽之火爨

---

① 徐元诰:《国语集解》,北京:中华书局,2002 年,第 452 页。
② 郭沫若:《管子集校(一)》,北京:人民出版社,1984 年;胡家聪:《〈管子·幼官篇〉新考》,《社会科学战线》1981 年第 2 期;刘宗迪:《古代月令文献的源流》,《节日研究》第 2 辑,2010 年,第 108 页。
③ 能田忠亮:《禮記月令天文攷》,京都:東方文化學院京都研究所,1938 年,第 90 頁。

（续表）

《吕纪》	来　源	
其音角，律中太簇	《管子·玄宫》	听角声
	《洪范五行传》	助天生倡之以角
其数八，其味酸，其臭羶	《管子·玄宫》	味酸味，用八数
其祀户，祭先脾	战国中期以来的固定“五祀”组合	
东风解冻，蛰虫始振，鱼上冰，獭祭鱼，侯雁北	《夏小正》	启蛰。雁北乡。鱼陟负冰。獭献鱼
天子居青阳左个，乘鸾路，驾苍龙，载青旂，衣青衣，服青玉，食麦与羊，其器疏以达	《管子·玄宫》	君服青色
是月也，以立春先立春三日，太史谒之天子，曰某日立春，盛德在木。天子乃斋	《国语·周语上》	（先时三日）王即斋宫
立春之日，天子亲率三公九卿诸侯大夫以迎春东郊	《管子·轻重己》	以冬日至始，数四十六日，冬尽而春始。天子东出其国四十六里而坛
还，乃赏卿诸侯大夫于朝。命相布德和令，行庆施惠，下及兆民，庆赐遂行，无有不当。	《管子·四时》	二政曰：赋爵列，授禄位
乃命太史守典奉法，司在日月星辰之行，宿离不忒，无失经纪，以初为常		
是月也，天子乃以元日祈谷于上帝，乃择元辰，天子亲载耒耜……躬耕帝籍田。……九推	《国语·周语上》	除坛于籍。……及籍……王耕一墢，庶人终千亩
反执爵于太寝。三公九卿诸侯大夫皆御，命曰劳酒		
是月也，天气下降，地气上腾，天地和同，草木繁动。王布农事，命田舍东郊	《管子·玄宫》	十二小卯，出耕
皆修封疆，审端径术	《管子·四时》	四政曰：端险阻，修封疆，正千伯

（续表）

《吕纪》	来　源	
善相丘陵阪险原隰土地所宜、五谷所殖……农乃不惑。是月也，命乐正入学习舞		
乃修祭典，命祀山林川泽，牺牲无用牝	《管子·四时》	修除神位
禁止伐木	《管子·七臣七主》	春无……伐大木
无覆巢，无杀孩虫、胎夭、飞鸟，毋麛毋卵	《管子·四时》	五政曰：无杀麑夭
无聚大众，无置城郭	《左传》	凡土功，龙见而毕务，戒事也；火见而致用，水昏正而栽，日至而毕
是月也，不可以称兵，称兵必有天殃。兵戎不起，不可以从我始。无变天之道，无绝地之理，无乱人之纪		
行夏令，则风雨不时，草木早槁，国乃有恐。行秋令，则民大疫，疾风暴雨数至，藜莠蓬蒿并兴。行冬令，则水潦为败，霜雪大击，首种不入	《管子·玄宫》	春行冬政肃，行秋政雷，行夏政阉
	《管子·四时》	春行冬政则雕，行秋政则霜，行夏政则欲

综之，在战国末期兼并战争中胜出的是秦国，但《吕纪》却整体继承了《管子》时令文本的结构与内容。《吕纪》的知识来源中，齐地的思想占有相当大的比重。容肇祖甚至认为，《吕纪》一系月令就是齐人邹衍的遗作。① 島邦男也推测《管子·四时》篇的祖本为邹衍所作。② 邹衍是否作月令，暂无法考实，但在涉及农事的内容中，秦人竟不以自己的农业生产和法令为样本，而选择适用于青州地区的时令纂入《吕纪》，更加表明了齐学对《吕纪》的绝对影响。

齐人是阴阳五行学说最得力的制作者和推行者。阴阳五行不仅盛行于齐地，而且辐射燕、鲁、楚、秦各国。齐人邹衍“深观阴阳消息而作怪迂

①　容肇祖：《月令的来源考》，《燕京学报》第18期，1935年。

②　島邦男：《五行思想と礼记月令の研究》，東京：汲古書院，1971年，第44頁。

之变……王公大人初见其术，惧然顾化”。所到梁、赵、燕诸国，均给予邹衍隆重接待，“见尊礼如此，岂与仲尼菜色陈蔡，孟轲困于齐梁同乎哉！”① 阴阳五行学说在邹衍的制作和加工下，引人入胜，很能蛊惑王公诸侯。

《吕纪》对“齐学”的继承，是秦人吸收东方思想、信仰的缩影。齐地的知识系统在秦汉政教中具有突出地位。一方面，从秦朝开始，五德终始学说成为解释政权更迭的最重要理论。《史记·封禅书》载：“自齐威宣之时，邹子之徒论著终始五德之运。及秦帝而齐人奏之，故始皇采用之。”② 另一方面，秦帝国建立后，还努力求得自身信仰与东方神祇的互相认同。秦始皇的五次巡狩，有三次东游齐地。东巡的目的不仅在于震慑东方臣民、威服海内，也出于整合东方神祇的考虑。③ 周振鹤比较秦和齐的祭祀，指出秦人以天帝为中心的日月星辰诸神主要集中在雍城；相反，齐人的“八神”祭祀地却是分散的。④ 按《史记·封禅书》，八神的名称及分布为：

> 一曰天主，祠天齐。天齐渊水，居临淄南郊山下者。二曰地主，祠泰山梁父。盖天好阴，祠之必于高山之下，小山之上，命曰“畤”。地贵阳，祭之必于泽中圜丘云。三曰兵主，祠蚩尤。蚩尤在东平陆监乡，齐之西境也。四曰阴主，祠三山。五曰阳主，祠之罘。六曰月主，祠之莱山。皆在齐北，并勃海。七曰日主，祠成山。成山斗入海，最居齐东北隅，以迎日出云。八曰四时主，祠琅邪。琅邪在齐东方，盖岁之所始。⑤

鹤间和幸实地考察“八神”所在地，证实了周振鹤的说法。他同时揭示出，分散立神的形式恰是齐人的独特思维，表现了天地日月阴阳之气的空间性动态循环。这与秦人“上帝一元论”的思维模式存在很大差别。⑥

---

① 《史记》卷七四《孟子荀卿列传》，第 2344—2346 页。
② 《史记》卷二八《封禅书》，第 1368 页。
③ 杨华：《秦汉帝国的神权统一——出土简帛与〈封禅书〉〈郊祀志〉的对比考察》，《历史研究》2011 年第 5 期。
④ 周振鹤：《秦汉宗教地理略说》，《中国文化研究集刊》第 3 辑，上海：复旦大学出版社，1986 年，第 70—72 页。
⑤ 《史记》卷二八《封禅书》，第 1367 页。
⑥ 鶴間和幸：《秦帝国の形成と地域》第三章《秦帝国の形成と東方世界》，東京：汲古書院，2013 年，第 77—110 頁。

"齐八主"中就包含"四时主",可见齐人确实重视"四时",将其作为神祇祭祀,这种态度可与《管子》多录时令文献的情况呼应。秦始皇祭祠"四时主",表明他试图将包括时间神在内的齐地神祇统摄于新兴帝国的信仰体系。这种寻求认同的心态,也反映出齐地思想的地位及价值。

相比于现存其他月令文本,《管子》诸篇结构整齐、内容充实、理论完备,这些特征使"齐月令"脱颖而出,成为当时最佳的"王官月令"底本和参照。然而,《吕纪》并没有成为秦朝的时间规范。《吕氏春秋》兼收并蓄的杂家思想最终让位于"一决于法"的法家理论。没有史料表明《吕纪》中的历法制度与时节礼仪被秦朝实践。秦始皇诏令天下以十月为岁首,秦朝最高规格的上帝祭祀仍是"雍四畤"。青川秦牍《为田律》有"秋八月修封埒,正疆畔,及发阡陌之大草。九月大除道及阪险,十月为桥"的内容,睡虎地秦简中与月令相关的月禁,如"春二月,毋敢伐材木及壅堤水。不夏月,毋敢夜草为灰,取生荔",①同样出现在《田律》中。这说明,从秦国至秦朝,关于农事的月禁,是以国家法令的形式、而不是"月令"的形式颁布的。秦朝在现实中的时间统一,并无明显的"齐制"或"楚制"色彩,而是通过诏令和律令,将固有的"秦制"最大化地推广到六国故地。

第三节　《月令》入《礼》

《吕纪》对先秦月令文本的整合、秦朝的时间制度统一,并未一举消灭六国月令的余绪。临沂银雀山汉简《禁》《三十时》《四时令》《五令》《不时之令》都是由秦入汉之后仍然存活于齐国故地的时令文本。② 湖北随州孔家坡汉简《日书·岁》篇与时令文献有一定相关性,但内容与《吕纪》一系"王官月令"重合度很低。总之,秦汉之际的月令文本呈现出"王官月令"与地域性月令并存的状态。虽然主次已明,但主流与支系之间的竞争尚

① 睡虎地秦墓竹简整理小组:《睡虎地秦墓竹简》,北京:文物出版社,1990 年,释文第 20 页。

② 相关研究参看李零:《〈管子〉三十时节与二十四节气——再谈〈玄宫〉和〈玄宫图〉》,《管子学刊》1988 年第 2 期;刘梦娇:《试说出土文献中的"时令"类内容》,《语言研究集刊》第 7 辑,上海:上海辞书出版社,2010 年。

未结束。与之对应，在秦楚、楚汉战争过后，“战国”局面死灰复燃，西汉初期的王国不奉汉法，并时有挑战皇帝的动作，一旦挑战成功，地域性的时令文本及时间秩序很可能颠覆为汉所承的秦制。

王国对皇帝的挑战最终无一成功，“王官月令”的主流地位也未被撼动。汉代之时，齐学在国家学术中依然昌盛。有学者认为，今古文经学之争，就是齐秦儒学与楚鲁儒学之间的对峙。① 伏生传《尚书》，辕固生传《齐诗》，《春秋》学中也是齐学《公羊》家独盛。

《吕纪》的知识渊源主要是齐学。西汉中期以前，《吕纪》一系的月令对政治的影响并不明显。然而，《明堂月令》及与之性质类似的《易阴阳》，已大大方方地出现在朝廷重臣的奏议中。《汉书·魏相传》称：

> （魏相）数表采《易阴阳》及《明堂月令》奏之，曰：“臣相幸得备员，奉职不修，不能宣广教化。阴阳未和，灾害未息，咎在臣等。……天地变化，必由阴阳，阴阳之分，以日为纪。日冬夏至，则八风之序立，万物之性成，各有常职，不得相干。东方之神太昊，乘《震》执规司春；南方之神炎帝，乘《离》执衡司夏；西方之神少昊，乘《兑》执矩司秋；北方之神颛顼，乘《坎》执权司冬；中央之神黄帝，乘《坤》《艮》执绳司下土。兹五帝所司，各有时也。”②

引文中太昊、炎帝等五方之神，与《吕纪》《月令》的配伍完全一致，而可能来自《易阴阳》的“乘《震》”“乘《兑》”之说，与《洪范五行传》相同（表2.7，图2.1），这三种文献应出同源，均属“齐学”。

表2.7 《洪范五行传》十二月卦位

孟春之月	艮隅	孟夏之月	巽隅	孟秋之月	坤隅	孟冬之月	乾隅
仲春之月	震正	仲夏之月	离正	仲秋之月	兑正	仲冬之月	坎正
季春之月	巽隅	季夏之月	坤隅	季秋之月	乾隅	季冬之月	艮隅

① 王葆玹：《今古文经学新论》，北京：中国社会科学出版社，1997年，第20页。
② 《汉书》卷七四《魏相传》，第3139页。

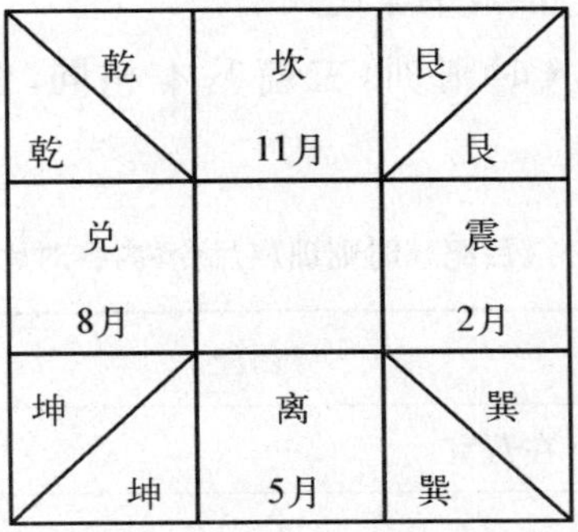

乾 乾	坎 11月	艮 艮
兑 8月		震 2月
坤 坤	离 5月	巽 巽

图 2.1　八卦位与十二月

魏相随后回顾了高祖时的一段往事：

> 高皇帝所述书《天子所服第八》曰：……相国臣何、御史大夫臣昌谨与将军臣陵、太子太傅臣通等议：春夏秋冬天子所服，当法天地之数，中得人和。……中谒者赵尧举春，李舜举夏，兒汤举秋，贡禹举冬，四人各职一时。……制曰：可。

由这段回忆可知，明堂阴阳类的月令思想已经得到最高统治阶层的认可。萧何、叔孙通等人所谓“春夏秋冬天子之服”，应该就是《玄宫》“君服青色”、《吕纪》“衣青衣，服仓玉”云云。同时，选择名字分别是尧、舜、汤、禹的中谒者来“各职一时”，似是比附《尧典》中帝尧分命羲仲、羲叔、和仲、和叔四人各正一季、敬授民时的典故。魏相最后的建议是：“愿陛下选明经通知阴阳者四人，各主一时，时至明言所职，以和阴阳，天下幸甚！”①所谓“时至明言所职”，应该类似于向皇帝上奏“毋田猎”“毋伐大木”之类月令忌宜。西汉中期以前，虽不似之后的时期那样尊奉月令，明堂阴阳的学说也不属于儒家经典，但不可否认，这类学说始终在政治文化中颇具存在感。随着儒学化的深入，月令最终与儒学合流。

月令文献儒学化的标志，是《月令》被编入《礼记》。这一过程如何展

① 《汉书》卷七四《魏相传》，第 3139—3140 页。

开？我们首先从《月令》的成书年代入手。

《月令》与《吕纪》《时则训》三篇基本相同，但仍有差异，如下表（表2.8）：

表2.8 《吕纪》《时则训》《月令》内容对比情况

	《时则训》	《吕纪》	《礼记·月令》
1	招摇指寅	日在营室	日在营室
2	服八风水，爨萁燧火。东宫御女青色衣，青采，鼓琴瑟。其兵矛	无	无
3	无	还，乃赏卿诸侯大夫于朝	还反，赏公卿诸侯大夫于朝
4	修除祠位，币祷鬼神，牺牲用牡	牺牲无用牝	牺牲无用牝
5	无	命相布德和令，行庆施惠，下及兆民，庆赐遂行，无有不当。乃命大史守典奉法，司天日月星辰之行，宿离不忒，无失经纪，以初为常。是月也，天子乃以元日祈谷于上帝。乃择元辰，天子亲载耒耜措之，参于保介之御间，率三公九卿诸侯大夫躬耕帝籍田。天子三推，三公五推，卿诸侯九推。反执爵于太寝。三公九卿诸侯大夫皆御。命曰劳酒。是月也，天气下降，地气上腾，天地和同，草木繁动。王布农事，命田舍东郊，皆修封疆，审端径术。善相丘陵、阪险、原隰、土地所宜，五谷所殖，以教道民，必躬亲之。田事既饬，乃先定准直，农乃不惑。是月也，命乐正入学习舞，乃修祭典。命祀山林川泽，牺牲毋用牝	同《吕纪》
6	无	命有司，省囹圄，去桎梏，无肆掠，止狱讼	同
7	无	是月也，玄鸟至，至之日，以大牢祠于高禖。天子亲往，后妃帅九嫔御，乃礼天子所御，带以弓韣，授以弓矢于高禖之前	同

（续表）

	《时则训》	《吕纪》	《礼记·月令》
8	无	是月也，耕者少舍，乃修阖扇，寝庙毕备	同
9	无	天子乃献羔开冰，先荐寝庙	同
10	无	上丁，命乐正入舞，舍菜。天子乃帅三公九卿诸侯亲往视之。中丁，又命乐正入学习舞	同
11	从国始，至境止	无	无
12	无	蚕事既登，分茧称丝效功，以共郊庙之服，无有敢惰	同
13	无	百工咸理，监工日号，无悖于时。无或作为淫巧以荡上心	同
14	无	牺牲驹犊，举书其数	同
15	无	乃命乐师，习合礼乐	同
16	举孝悌	举长大	同
17	无	是月也，天子始絺	同
18	无	无发大众	同
19	无	是月也，聚蓄百药	同
20	无	乃命百县雩祭，祀百辟卿士有益于民者，以祈谷实。农乃登黍	同
21	存鳏寡，振死事		同
22	令滂人，入材苇	命虞人，入材苇	同
23	令吊死问疾，存视长老，行稃鬻，厚席蓐，以送万物归也	无	无
24	无	乃命司服具饬衣裳，文绣有常，制有小大，度有短长，衣服有量，必循其故，冠带有常	同
25	无	以给郊庙之事，无有所私	同

（续表）

	《时则训》	《吕纪》	《礼记·月令》
26	禁外徙，闭门闾，大搜客。断刑罚，杀当罪	无	无
27	无	征鸟厉疾，乃毕行山川之祀。及帝之大臣、天地之神祇	同

通过对比可知：第一，《时则训》将《吕纪》的星象观测提升了一步，以“招摇”指向取代日在宿次的表示方法；《月令》则与《吕纪》所记相同。招摇指向是平均变化的，一年十二月，每月移动30°角。要得知这一点，就必须在每月某一固定日期、固定时刻进行观测。据学者研究，《时则》记录的招摇所指，应是每月月中的星象；昏、旦中星的记录方式则与《吕纪》《月令》相同，是月初星象。①

第二，在“中央土”的问题上，《吕纪》和《月令》的做法一致，将其插入夏、秋之间。《时则训》明显不同，它将整个季夏之月配与“中央土”。

第三，《时则训》大量删减关于天子礼制的文字。杨振红又发现，与汉律不合的项目也被删除。② 另外，《时则训》据汉代制度改写了《吕纪》原有的部分内容，如，《吕纪》孟夏之月“举长大”，《时则》改为“举孝悌”。总之，三篇大同小异的月令文献之间，《礼记·月令》与《吕纪》的重合度更高。

关于《月令》与《吕纪》之间的渊源，有“割裂说”与“抄合说”两种。郑玄《礼记目录》云：

> 名曰《月令》者，以其记十二月政之所行也，本《吕氏春秋》“十二月纪”之首章也，以礼家好事抄合之。③

郑注、孔疏均主“抄合说”。顾颉刚却以“疑古”的眼光看待文献，试图证明

① 参见陈美东：《月令、阴阳家与天文历法》，《中国文化》第12期，1995年，第186—189页。
② 杨振红：《月令与秦汉政治》，收入氏著《出土简牍与秦汉社会》，桂林：广西师范大学出版社，2009年，第209页。
③ 孔颖达：《礼记正义》卷一四，阮元校刻：《十三经注疏》，第1352页。

《吕纪》的内容不可能出现在先秦时期。顾先生说：

> 《月令》全篇文字皆王莽时所作，盖以《吕氏春秋》名"春秋"，喜其可以利用，乃升十二纪于首，遂敷陈理想中之明堂制度，剿袭《夏小正》之文，而作十二月的月令，冠于《十二纪》之首。又录入《淮南子》，为《时则训》。后来又录入《逸周书》，为《月令解》。后来又为马融编入《小戴礼记》，为《月令》。①

他怀疑《月令》全篇皆为王莽时所作，然后分别被故意窜入《吕氏春秋》《淮南子》与《礼记》之中。不过，顾颉刚的"割裂说"问题在于，不易解释各文本之间差异——为何录入《时则训》时要删除大量天子礼制，而录入《吕纪》时却将这些内容保留？为何录入《吕纪》时用的是"日在营室"，而录入《时则训》则用"招摇"？

杨宽也主"割裂说"，但不似顾颉刚那样激进。他认为，"《月令》一篇早有成说，吕不韦宾客乃割裂十二月为十二纪之首章"，②即《月令》成篇于《吕纪》之前。理由是，《吕氏春秋·季夏纪·音律篇》的几个文字不同于《吕纪》，却与《月令》相同。例如，《音律》作"岁且更始"，《月令》亦作"岁且更始"，而《吕纪》作"岁将更始"，等等。杨宽据此推断，《音律》之文乃强行割裂《月令》字句，而编成四字句之韵语。然而，就杨宽提出比对的《音律》《吕纪》和《月令》类同文字而言，《吕纪》与《月令》的相似程度，远高于《音律》与《月令》的相似度(表 2.9)。

表 2.9　《音律》《吕纪》《礼记·月令》类同文字对比(选取杨宽文中列表的一部分)

1	《音律》	阳气始生，草木繁动，令农发土，无或失时
	《吕纪》	地气上腾，草木繁动，王布农事，命田舍东郊
	《月令》	地气上腾，草木萌动，王命布农事，命田舍东郊

① 顾颉刚：《中国上古史研究讲义》，北京：中华书局，2002 年，第 209 页。

② 杨宽：《月令考》，见氏著《杨宽古史论文选集》，上海：上海人民出版社，2003 年，第 494 页。

（续表）

<table>
<tr><td rowspan="3">2</td><td>《音律》</td><td>宽裕和平，行德去刑，无或作事，以害群生</td></tr>
<tr><td>《吕纪》</td><td>命有司省囹圄，去桎梏，无肆掠，止狱讼，无作大事，以妨农功</td></tr>
<tr><td>《月令》</td><td>命有司省囹圄，去桎梏，无肆掠，止狱讼，无作大事，以妨神农之事</td></tr>
<tr><td rowspan="3">3</td><td>《音律》</td><td>达道通路，沟渎失利，申之此令，嘉气趣至</td></tr>
<tr><td>《吕纪》</td><td>导达沟渎，开通道路，行之是令，而甘雨至三旬</td></tr>
<tr><td>《月令》</td><td>导达沟渎，开通道路</td></tr>
</table>

第1组《音律》“阳气始生”，以及第2组中的“宽裕和平，行德去刑”，既不见于《吕纪》，也不见于《时则训》与《月令》。若按杨宽的观点，《音律》的韵文是根据《月令》改编，那么既然《月令》与《吕纪》基本相同，则《音律》完全可能根据《吕纪》而改写，而未必非据《月令》不可。

另一个值得注得的现象是，《吕纪》与《时则训》均有零星“顺令嘉祥”的文字，[①]而《礼记·月令》全无（表2.10）。

表2.10 《吕纪》与《时则训》中的“嘉祥”

	《吕纪》	《时则训》
季春之月	行之是令，而甘雨至	行是月令，甘雨至三旬
孟夏之月	行之是令，而甘雨至	
季夏之月	行之是令，是月甘雨三至	
孟秋之月	行之是令，而凉风至	行是月令，凉风至三旬
季冬之月	行之是令，此谓一终	

《吕纪》每月文字后都附有违令灾异，但并非每篇都述及嘉祥。《吕纪》孟夏、季夏和季冬的“嘉祥”文字，至《时则训》已脱落。而且，从仅剩的两条来看，《时则训》对“嘉祥”的书写似乎要较《吕纪》整齐，似乎经过作者修饰。据此推测，《月令》的作者亦有可能出于保持结构整齐的考虑，删除了“嘉祥”，保留了“灾异”。按一般的文献传成规律考察，则《月令》的成书

① 王梦鸥已注意到这一点，参看氏著《礼记月令校读后记》，《孔孟学报》第14期，1967年。

时间应晚于《时则训》。

此外，郑玄《礼记目录》还提到："后人因题之名曰《礼记》，言(《月令》)周公所作，其中官名时事多不合周法。"①宗周的郑玄，若能找到丝毫证据，很可能将《月令》一篇的成书时代追溯得更远。然而他否定了周公作《月令》一说，并主张《月令》抄合《吕纪》，要么是因为比《吕纪》更早的版本已不为郑玄所见，要么是因为《吕纪》本就是早于《月令》的文本。

司马谈论"六家要旨"曰：

> 阴阳之术，大祥而众忌讳，使人拘而多所畏；然其序四时之大顺，不可失也。……阴阳四时、八位、十二度、二十四节各有教令，顺之者昌，逆之者不死则亡，未必然也，故曰"使人拘而多畏"。夫春生夏长，秋收冬藏，此天道之大经也，弗顺则无以为天下纲纪，故曰"四时之大顺，不可失也"。②

由引文"二十四节各有教令"推测，《管子·玄宫》《五行》两篇所揭"五行·三十时"的时令系统，至西汉中前期，在阴阳家学说中已不再是主流，《吕纪》这一类才是"阴阳之术"的代表。按"六家"分类标准，《吕纪》一类月令文献无疑是阴阳家言。今本《礼记》中的《月令》一篇与《吕纪》内容相同，未进入《礼记》之前，原本也应是阴阳学著作。

最近，汤勤福撰文指出，《吕纪》《月令》的原始创制者，肯定不属于儒家，也不是阴阳家、道家，"《月令》属于政令性文献，是'官方文书'"。③ 本文支持"非儒家"说，但其余论断或可商：第一，汤先生认为只有蕴含五德终始历史观的文献、用阴阳五行解释万物生成演化规律的作品，以及具有哲学体系的内容，才能归入邹衍一派的阴阳家。然而司马谈《六家要旨》明确揭示，西汉前期的知识精英对"阴阳之术"的理解，并不局限于五德终

---

① 孔颖达：《礼记正义》卷一四，阮元校刻：《十三经注疏》，第1352页。

② 《史记》卷一三〇《太史公自序》，第3289—3290页。

③ 汤勤福：《〈月令〉祛疑——兼论政令、农书分离趋势》，《学术月刊》2016年第10期，第137页。

始的历史观，《吕纪》《月令》“序四时之大顺”“阴阳四时各有教令”，完全符合秦汉时人对阴阳家思想的描述。西汉晚期刘向《别录》也将《月令》归入“明堂阴阳记”，《吕纪》《月令》的阴阳家属性无须怀疑。第二，先秦时期，《吕纪》《月令》一类不是官方文书。汤先生以《月令》多称“王命”而谓之为“政令”，①有以偏概全之嫌。《吕纪》《月令》记载的“王命”，确有很大可能出现在先秦周天子或诸侯的诏令、法令之中，但这只能说明月令文本是对先秦君王部分诏令、禁令的收录、归纳与剪裁，不能就此论证《月令》整篇都是官方颁布的行政文书。前文已述，与时令相关的禁令往往出现在《田律》中，然而我们尚未在西汉中期以前的《田律》及其他律令中见到完整的、成篇的、与《吕纪》《月令》内容基本一致的律文。简言之，《吕纪》与律令（如《田律》）分属不同的文献系统，前者是思想理论作品，后者才是官方政令。对《吕纪》《月令》文献性质的考察，不能割裂五行配置、月政与违令灾异三者，仅就其中一项而遽下结论。总之，《吕纪》《月令》仍应归入阴阳家，此类文献是上古时期“宇宙论”哲学体系高度发达的产物。

《月令》何时被收入《礼记》呢？通行的看法是，东汉学者马融在校定《月令》后将其编入。《隋书·经籍志》载称：

> 又得《明堂阴阳记》三十三篇、《孔子三朝记》七篇、《王史氏记》二十一篇、《乐记》二十三篇，凡五种，合二百十四篇。戴德删其烦重，合而记之，为八十五篇，谓之《大戴记》。而戴圣又删大戴之书，为四十六篇，谓之《小戴记》。汉末马融，遂传小戴之学。融又定《月令》一篇、《明堂位》一篇、《乐记》一篇，合四十九篇；而郑玄受业于融，又为之注。②

对此，清人王鸣盛直指“不知何所本”，并且提出有力辩驳：

---

① 汤勤福：《〈月令〉祛疑——兼论政令、农书分离趋势》，《学术月刊》2016年第10期，第135页。

② 《隋书》卷三二《经籍志》，北京：中华书局，1973年，第925—926页。

> 考《后汉·桥玄传》："七世祖仁从同郡戴德学，著《礼记章句》四十九篇，号曰桥君学。成帝时，为大鸿胪。"仁，即班固所云"小戴授梁人桥仁季卿"者也。疏于《乐记》下云："按《别录》，《礼记》四十九篇，《乐记》第十九。"然则桥仁当成帝时亲受业于小戴，其篇已四十九，刘向当成帝时校秘书，著《别录》，所载《小戴礼记》亦已四十九篇，三篇非马融所增入明矣。①

概言之，《月令》一篇最晚在成帝时就已被编入《小戴礼记》。《吕纪》一系的"王官月令"最终由阴阳而入礼，完成了儒家经典化的路径。此时，既是儒术独尊初启的时代，也是儒生与方士合流的时代。武帝时起，"公羊学"甚嚣尘上。《公羊春秋》的核心思想之一即"大一统"，而实现"大一统"的必要途径就是"改正朔、易服色"，②整齐时间秩序。太初元年，武帝颁布新历，改行夏正，对秦朝以来的时间制度进行了一场意义深刻的变革。《月令》在西汉中期跻身儒家经典之列，或亦可视为大一统进程中的片段。

《月令》的儒家经典化，是它参与行政运转的前提。《月令》进入《礼记》之际，诏令越来越多地提到"时禁""四时月令""时月之令"。（详第五章第三节）至元始五年，朝廷颁布《月令诏条》，《月令》又进一步成为汉家法令。

《月令》确立经典地位之后，与之文字相似的版本也在流行，这些文本统称为"今月令"。郑玄注《礼记·月令》时，多次将经文与"今月令"对比。二者文字上的差异，如下表所示（表2.11）：

表2.11　《月令》与"今月令"

	《月令》	"今月令"	郑玄《礼记·月令》注
1	鸿雁来	候雁来	今月令"鸿"皆为"候"
2	田猎罝罘、罗罔毕翳	田猎罝、罗罔毕弋	今月令无"罘"，"翳"为"弋"

① 王鸣盛：《蛾术编》卷六《说录六》"小戴非删大戴，三篇非马融所增"条，上海：上海书店出版社，2012年，第97页。

② 苏舆：《春秋繁露义证》卷七，北京：中华书局，1992年，第185页。

（续表）

	《月令》	“今月令”	郑玄《礼记·月令》注
3	淫雨蚤降	众雨蚤降	今月令曰“众雨”
4	王瓜生	王萯生	今月令云“王萯生”
5	毋休于都	毋伏于都	今月令“休”为“伏”
6	处必掩身，毋躁。	处必掩身，欲静	今月令“毋躁为欲静”
7	百官静，事毋刑	百官静，事毋径	今月令“刑”为“径”
8	命渔师伐蛟	命榜人伐蛟	今月令“渔师”为“榜人”
9	命四监大合百县之秩刍	命田监大合百县之秩刍	今月令“四”为“田”
10	寒热不节，民多疟疾	寒热不节，民多疾疫	今月令“疟疾”为“疾疫”
11	执弓挟矢以猎	执弓挟矢以射	今月令““猎”为“射”
12	乘玄路	乘轸路	今月令曰“乘轸路”，似当为“袗”字之误也
13	命大史衅龟筴占兆	命大史衅祠龟筴占兆	今月令曰“衅祠”
14	固封疆	固封玺	今月令“疆”或为“玺”
15	天子命有司祈祀四海、大川、名源、渊泽、井泉	天子命有司祈祀四海、大川、名源、深泽、井泉	今月令“渊”为“深”
16	冰方盛，水泽腹坚	冰方盛，水泽腹	今月令无“坚”
17	乃命四监收秩薪柴，以共郊庙及百祀之薪燎	乃命四监收秩薪柴，以共郊庙	今月令无“及百祀之薪橑”

《礼记正义》对“今月令”的看法是：“入《礼记》者为古，不入《礼记》者为今，则《吕氏春秋》是也。”即，“今月令”是见于《吕纪》、而不见于《礼记》的文字。这个看法或有逻辑问题。郑注、孔疏均认为《月令》抄合《吕纪》，则《吕纪》在前为古，《月令》后出为新；既如此，《吕纪》怎么反倒成了“今月令”呢？除此说之外，还有两种观点：第一，“今月令”即《明堂月令》；第二，“今月令”是“汉月令”。对于第一点，杨宽的反驳证据是，郑玄注《祭法》时

所引《明堂月令》文字,与《礼记·月令》全部相同。若《明堂月令》与"今月令"是同一部书,那么郑玄不可能自乱体例,在《祭法》注中称"《明堂月令》",而于《礼记·月令》注中称"今月令"。再者,郑玄已注意到《礼记·月令》与"今月令"的异文,为何独引"今月令"而不引"《明堂月令》"? 由此推测,《明堂月令》与《礼记·月令》内容雷同,只是篇名有别。对于第二种观点,杨宽认为东汉流行的月令文本不只一种,各本之间内容有差异。从郑玄注对"今月令"的说明,也可印证"汉月令"不唯一种的观点。上表第1条郑注曰:"今月令'鸿'皆为'候'。"其中,"皆"字表明"今月令"有多种;上表第14条郑注曰:"今月令'疆'或为'玺'。""或",也说明"今月令"的各文本有的作"玺",有的亦同于《礼记·月令》作"疆"。杨宽的结论是,郑注所谓"今月令",是汉代通行的各种月令文本的泛称,而不是某篇唯一的月令文献。① 杨宽先生所言甚是。

可略作补证的是,《后汉书·陈宠传》记载,陈宠在奏疏中称:"《时令》曰:'诸生荡,安形体。'……《月令》曰:'孟冬之月,趣狱刑,无留罪。'……又,'仲冬之月,身欲宁,事欲静。'"②陈宠引述的《时令》之文,与《礼记·月令》所谓"安形性",仅一字之差,但他所引《月令》孟冬之文,却与传世《礼记·月令》有关键性差异,后者将"趣狱刑,无留罪"一句系于季秋之月。陈宠生活的时代,饱读经典之士满朝,一旦错引,必受指摘,况且陈宠当时所处的辩论情境本就被动,若是出错,更无胜算。然而竟无一人指出问题,可见陈宠看到的《时令》《月令》,即属东汉时期流行的"今月令",与《礼记·月令》稍有出入。

《礼记·月令》与诸本"今月令"共存的情状,与秦汉之际"王官月令"和地域性时令文本共存的现象有本质不同。后者在文字内容、篇章结构上差异显著,而《礼记·月令》与"今月令"之间属于同一系统,不存在竞争关系。

与《月令》儒家经典化几乎同时,"图谶成于哀平之际"。③ 谶纬依附儒

① 杨宽:《〈今月令〉考》,收入氏著《杨宽古史论文选集》,第511—518页。
② 《后汉书》卷四六《陈宠传》,北京:中华书局,1965年,第1551页。
③ 《后汉书》卷五九《张衡列传》,第1912页。

学经义，月令理论与一些文句也渗入谶纬。

首先，谶纬灾异论中，包含与月令文献“违令灾异”部分类似的文字。《易乾元序制记》有两见：

(1) 常风，寒不时，所威不得其人。秋不霜，行春令，缓刑罚。冬不冰，行秋令，免有罪。春冻不解，必有受命所亡。

(2) 雨不时，特妄赏赐也。霜不时，杀无罪。风不时，令妄出也。冬不冰，行春令，免有罪也。春冻不解，行冬令，执无罪也。西风至，作威也。南风至，免有罪也。北风至，执无罪。①

这是一种回溯式的灾异解说模式，②有别于《管子》《月令》“春行冬政肃”“行冬令，则水潦为败”的陈述逻辑。内容上，与传世诸月令文本出入较大，而且一篇之内的两段意义重复，文字有重合之处，也缺乏《管子》《月令》的韵律之美，可能未经整齐处理，或出于多人之手。然而，《乾元序制记》既然提到“春令”“秋令”“冬令”，应该受到月令灾异论的影响。

《乾元序制记》与《月令》尚有一定距离，而《易通卦验》所述物候，则与《月令》几乎完全相同：

冬至广莫风至，兰射干生，麋角解，曷旦不鸣。……小寒合冻，虎始交，祭蛇垂首，曷旦入空……大寒雪降，草木多生心，鹊始巢。

立春雨水降，条风至，雉雊鸡乳，冰解，杨柳樟。……雨水，冻冰释，猛风至，獭祭鱼，仓鶊鸣，蝙蝠出。……惊蛰，雷候应北，……春分明庶风至，雷雨行，桃始花，日月同道。……清明，雷鸣，雨下，清明风至，元鸟来。……谷雨，田鼠化为鴽。

立夏，清明风至而暑，鹄声蜚，电见早出，龙升天。……小满，雀

① 安居香山、中村璋八：《纬书集成》，石家庄：河北人民出版社，1994 年，第 269、274 页。第一段起始，《集成》作“寒不时所威，不得其人”，意颇难解。今据赵在翰辑《七纬》改（钟肇鹏、萧文郁点校，北京：中华书局，2012 年，第 121 页）。

② 关于“回溯式”与“预言式”的灾异论说模式，参看陈侃理：《儒学、数术与政治：灾异的政治文化史》，北京：北京大学出版社，2015 年，第 175—189 页。

子蜚，蝼蛄鸣，赤而饶。……芒种，蚯蚓出。……夏至景风至，暑且湿，蝉鸣，螳螂生，鹿解角，木茎荣。……小暑，云五色出，伯劳鸣，虾蟆无声。……大暑，雨湿，半夏生。

立秋凉风至，白露下，虎啸，腐草为嗌，蜻蚓鸣。……处暑雨水，寒蝉鸣。……白露，云气五色，蜻蛚上堂，鹰祭鸟，燕子去室，鸟雌雄别。……秋分，风凉惨，雷始收，鸷鸟击，元鸟归，昌盍风至。……寒露，霜小下，秋草死，众鸟去。……霜降候雁南向，豺祭兽，霜大下，草禾死。

立冬不周风至，始冰，荠麦生，宾爵入水为蛤。……小雪，阴寒，熊罴入穴，雉入水为蜃。……大雪，鱼负冰，雨雪。……天所以照四方，因以立定二十四节。始于冬至，终于大雪。①

这篇文字在叙述卦气时，将《月令》天气物候系于二十四节、八风。所揭二十四节气与《淮南子・天文训》同，广莫风、明庶风等"八风"之名异于《天文训》而同于《白虎通》。此文应较《月令》晚出，糅合"易阴阳""风角"占术与"月令"而成。

与月令"时政"相关的内容，集中出现于《尚书考灵曜》(表 2.12)：

表 2.12 《考灵曜》与《月令》"时政"对比

	《考灵曜》	《月令》
1	气在于春纪，可以观农桑，禁斩伐，以安国家	王命布农事。……禁止伐木。……不可以称兵
2	如是则岁星得度，五谷滋矣。政失于春，星不居其常	
3	春佩苍璧，乘苍马以出游	乘鸾路，驾仓龙，载青旗，衣青衣，服仓玉
4	发令于外，春行仁政，顺天之常，以安国也	命相布德和令，行庆施惠，下及兆民

① 安居香山、中村璋八：《纬书集成》，第 220—245 页。

（续表）

	《考灵曜》	《月令》
5	气在初夏，其纪荧惑，是谓发气之阳，可以毁消金铜，与气同光，使民备火，皆盛以甕，是谓敬天之明，必勿行武	百官静，事毋刑
6	衣赤，与季夏同期。如是则荧惑顺行，甘雨时矣	乘朱路，驾赤马，载赤旗，衣朱衣，服赤玉
7	居正殿，安处	君子齐戒，处必掩身，毋躁，止声色，毋或进，薄滋味，毋致和，节耆欲，定心气
8	举有道之人，与之虑国人以顺式，时利以布大德，修礼义	赞桀俊，遂贤良，举长大，行爵出禄，必当其位。……用礼乐
9	不可以行武事，可以赦罪人，与德相应	决小罪，出轻系。……挺重囚，益其食
10	（季夏）其礼衣黄	
11	秋纪太白，是谓大武，用时治兵得功	赏军帅武人于朝，天子乃命将帅，选士厉兵，简练桀俊，专任有功，以征不义，诘诛暴慢，以明好恶，顺彼远方

《考灵曜》是论说日月星辰运行规律的谶纬，故有五星配五时，“其纪荧惑”“秋纪太白”之语乃《月令》所无。《考灵曜》所谓“佩苍璧”，与《月令》“服仓玉”无甚区别；“如是则荧惑顺行，甘雨时矣。”也与《吕纪》“行之是令，而甘雨至”相似。但《考灵曜》的“时政”，应非抄自《管子》《月令》等传世文本，否则不会有如此之大的文字出入。一种可能是，《尚书考灵曜》参考了《吕纪》《月令》，并附以星纪，自作改编。另一可能是，《考灵曜》“时政”的底本不在我们上章列举的月令文献之列。它被《考灵曜》吸收，说明主流以外的月令文本仍在流传；但后世不得见，又说明这个文本最终在《月令》一系垄断王官月令的背景下亡佚。

回顾本章所述，《吕纪》之前的月令文献包含“五行时令”与“十二月令”两大类。《管子》诸篇属于前者，以四时—五行为纲；《夏小正》、子弹库楚帛书等属于后者，按月出令。不同地域、内容的月令文献显示出先秦时间秩序多元的特征。“五行时令”与“十二月令”并非始终分道独行，《吕纪》的成立打通了两大系统。从时间划分来看，《吕纪》属于名副其实的“月令”，但它的文本结构却承袭自《管子》，五行配置、月政时禁及关于违令灾异的描述，也以《管子》为主要来源。然而，为帝制张目的《吕纪》并未成为秦朝时间秩序的蓝本。早期中国的首次时间统一，是战国以来固有“秦制”的推广，深受“齐学”影响的《吕纪》没有发挥显著作用，与农事有关的时禁也依靠《田律》等行政法令得到贯彻，而非通过颁布“月令”保障实施。

汉初，地域性的时令文本仍在故地流传，但《吕纪》一系已确立“王官月令”的地位。《淮南子·时则训》与《月令》可能都以《吕纪》为底本稍作增删。汉武帝尊儒术、改正朔、易服色，一系列举措加速了帝国时间秩序的大一统。在此进程中，地域性的月令文本逐渐凋零，而《月令》被编入《礼记》，成为儒家经典之一。与《礼记·月令》文字略有出入的文本，时人统称为“今月令”。“今月令”与《礼记·月令》之间不存在时间秩序设计上的抗争，类似于“嫡庶”之别，非“敌我”对立。《月令》经典化之后，其思想迅速为依附经书的谶纬消化，并参与到汉代行政与制礼中去。

第三章 层累的“明堂”

西汉元始四年(4),是中国礼制史上一个里程碑式的时间坐标。是年,在长安南郊,王莽奏立的明堂拔地而起。诸生欢悦,群臣鼓舞,以为堕废千载的制度,经安汉公之手二旬毕成,于是“唐虞发举,成周造业,诚亡以加”的溢美之词纷至沓来。①

汉代诸生之所以谓明堂之制堕废千载,是因为他们将明堂的起源追溯至周公。周人明堂的形制与性质,是经学史上一大悬案。在长安明堂建成后,围绕周代明堂的争议也未曾停息。上古典籍中的明堂记载只有寥寥数语,而经学家的阐述却踵事增华。从东汉郑玄、蔡邕,到唐宋颜师古、朱熹,再至明清惠栋、阮元与近人王国维、刘师培,以及现当代学者顾颉刚、徐复观、藤川正数、金子修一,②历代最负盛名的学者都探讨过明堂

---

① 《汉书》卷九九上《王莽传上》,北京:中华书局,1962年,第4069页。

② 唐代“明堂”之议,见《通典》卷四四《礼四·沿革四·吉礼三》“大享明堂”,北京:中华书局,1988年,第1221—1229页。宋儒诸说见于卫湜:《礼记集说》卷七八、卷七九,长春:吉林出版集团,2005年。清人研究成果尤多,参见戴震:《戴震文集》卷二《明堂考》,北京:中华书局,1980年;阮元:《揅经室集》卷三《明堂论》,北京:中华书局,1993年;黄以周:《礼书通故》卷一五《明堂礼通故》,北京:中华书局,2007年;汪中:《述学·明堂通释》,李金松:《述学校笺》,北京:中华书局,2014年;王鸣盛:《蛾术编》卷六六《说制四》,上海:上海书店出版社,2012年,第973—975页;李慈铭:《越缦堂读书记》“月令”条,北京:中华书局,2006年,第88页,等等。另见,王国维:《明堂庙寝通考》,收入《观堂集林》,北京:中华书局,1959年,第123—144页;刘师培:《周明堂考》,收入《刘申叔遗书》,南京:江苏古籍出版社,1997年,第1314—1316页;顾颉刚:《明堂》,收入《史林杂识初编》,北京:中华书局,1963年;徐复观:《〈吕氏春秋〉及其对汉代学术与政治的影响》,收入《两汉思想史》第2卷,上海:华东师范大学出版社,2001年;藤川正数:《明堂制について》,见《漢代における礼学の研究》,東京:風間書房,1985年;金子修一:《古代中国と皇帝祭祀》,東京:汲古書院,2001年,第111—118頁;黄金山:《汉代“明堂”考析》,《中国史研究》1991年第1期;张一兵:《明堂制度研究》,北京:中华书局,2005年;《明堂制度源流考》,北京:人民出版社,2007年;林克:《方技的視點から見た明堂論序說》,《大東文化大学漢学会誌》53,2014年。

制度。然而，这些明堂经解均有难以自圆之处，终究未能完美揭示文献中周代明堂的本义，他们对明堂的形制复原、位置判断也因此难以成功。20世纪中后期，西安大土门遗址与洛阳南郊礼制建筑遗址先后得到考古发掘。[①] 汉代明堂的复原、周人明堂的形制推测及宇宙论思想，再度成为热点。[②] 不过，这些研究成果仍无法与经学话语中的“明堂”对应起来。

确认经学文献中“明堂”的本义，既是复原周人明堂的前提，也是观察汉代明堂制度演变的参照。东汉大儒郑玄与蔡邕是明堂经学研究的发轫者，二人又恰是观点对立的双方，下文的考述就从郑、蔡的明堂议论出发。

第一节　周公故事中的“明堂”

上古文献中的“明堂”多与两个“周公故事”相涉：一是“周公朝诸侯于明堂”，见于《礼记·明堂位》《逸周书·明堂解》；二是“周公宗祀文王于明堂”，见于《孝经·圣治章》《毛诗诂训传》。郑玄与蔡邕的争议，即围绕这些文献展开。郑玄认为：（1）明堂乃周公所作；（2）明堂是“亞”式形制建筑；（3）明堂位于南郊；（4）明堂与宗庙分离；（5）明堂兼具朝礼、宗祀与布政（颁月令）等多种职能。[③] 蔡邕的核心观点是：（1）周明堂即天子太庙；

---

① 目前关于大土门遗址定名主要有三种意见：（1）明堂；（2）辟雍；（3）明堂辟雍一体。由于学者普遍认可明堂与辟雍形制相同，因此定名争议并不影响长安明堂的形制复原。参见中国社会科学院考古研究所：《西汉礼制建筑遗址》，北京：文物出版社，2003年；《汉魏洛阳故城南郊礼制建筑遗址》，北京：文物出版社，2010年。黄展岳、王世仁、杨鸿勋和刘庆柱等均参与定名讨论。刘瑞对各方意见作了整理与分析，参见氏著《汉长安城的朝向、轴线与南郊礼制建筑》，北京：中国社会科学出版社，2011年，第70—121页。

② 李学勤：《黄帝与河图洛书》，《古文献丛论》，北京：中国人民大学出版社，2010年；巫鸿：《中国古代艺术与建筑中的“纪念碑性”》，上海：上海人民出版社，2009年，第231—245页；詹石窗：《明堂思想考论》，《中国哲学史》2000年第4期；等等。

③ 包括郑玄、高诱在内的东汉学者多有“明堂，布政之堂”之说。他们所谓“布政”，特指颁布十二月令。如，郑玄注《玉藻》云：“明堂在国之阳，每月就其时之堂而听朔焉。”（孔颖达：《礼记正义》卷二九，阮元校刻《十三经注疏》，北京：中华书局，1980年，第1473页）高诱注《淮南子·泰族训》：“明堂，布令之宫，有十二月之政令也。”（国学整理社：《诸子集成》七，北京：中华书局，2006年，第351页）

(2) 明堂位于都城之中;(3) 明堂是集辟雍、太学于一体的万能建筑。① 至于形制与礼仪功能,蔡说同郑。(表3.1)郑、蔡的解读是否符合经文原意?以下基于经学逻辑分别剖析两个“周公故事”中的“明堂”性质。

表3.1 郑玄、蔡邕的“明堂”论异同

	始建者	性　质	形制	选址	功　能
郑玄	周公	独立建筑,非宗庙	亞形	南郊	朝觐、宗祀、颁月令
蔡邕	√	太庙、辟雍、太学一体	√	城中	√

一、“周公朝诸侯于明堂”

《礼记·明堂位》称,周公摄政时曾在“明堂”大朝诸侯,在场人物的陈列之位,依亲尊递杀而自内向外扩散:

> 昔者周公朝诸侯于明堂之位,天子负斧依南乡而立。三公,中阶之前,北面东上。诸侯之位,阼阶之东,西面北上。诸伯之国,西阶之西,东面北上。诸子之国,门东,北面东上。诸男之国,门西,北面东上。九夷之国,东门之外,西面北上。八蛮之国,南门之外,北面东上。六戎之国,西门之外,东面南上。五狄之国,北门之外,南面东上。九采之国,**应门**之外,北面东上。四塞,世告至。②

这座“明堂”位于何处?蔡邕认为此即文王太庙,位于城中。郑玄却强调

① 蔡邕:《明堂论》,严可均辑:《全上古三代秦汉三国六朝文》第1册《全后汉文》卷八〇,北京:中华书局,1958年,第902页。

② 孔颖达:《礼记正义》卷三一,阮元校刻:《十三经注疏》,北京:中华书局,1980年,第1487—1488页。《逸周书·明堂解》与此基本一致,具体细节表述得更为清晰。《礼记》“门东”、“门西”,《逸周书》记作“门内之东”、“门内之西”。(黄怀信、张懋镕、田旭东:《逸周书汇校集注》,上海:上海古籍出版社,2007年,第709—715页)

“周公摄王位，以明堂之礼仪朝诸侯也。不于宗庙，辟王也”，又曰：“(明堂)在国之阳。”①孔颖达疏不驳注，多数宋儒亦一仍郑说。② 杨甲所绘礼图也将“明堂”置于南郊“国门”附近。③ 此后，清人王鸣盛、焦循、阮元等同样反复强调明堂在国都南郊。④

然而，《明堂位》提供的信息，既不指向太庙，也不指向南郊。关键性细节就在于引文末尾的“应门”。在经学文献中，“应门”没有异义，可以作为判断“明堂”位置的绝对参考系。首先，“应门”是宫城中“天子五门”之一。(图 3.1)按《明堂位》，“应门”是明堂最外围的一道界限，九采之国的使者面北立于此处，可知明堂在“应门”之北。“应门”既在宫城之内，则“明堂”不可能在南郊。其次，“应门”是朝堂正门。《诗·大雅·绵》“应门将将”郑笺云：“朝门曰应门。”⑤《尔雅·释宫》李巡注曰：“应，是当也，以当朝正门，故谓之应门。”⑥包含“应门”在内的“天子五门”，皆位于宫城中轴线上。⑦ “明堂位”的中心是周天子，立于“应门之外”的九采之国只有朝北正对天子，才能呈现出以天子为中心、诸侯四面围拱的朝仪，故“明堂”也在中轴线上。(图 3.2)对此，各代经学家也无异议，他们所绘“周公明堂图”，九采之国的使臣与天子均处于南北一线。⑧

① 孔颖达：《礼记正义》卷三一，阮元校刻：《十三经注疏》，第 1487 页。
② 卫湜：《礼记集说》卷七八，第 1630、1638、1640 页。
③ 杨甲撰、毛邦翰补：《六经图》卷八《周公明堂图》，《景印文渊阁四库全书》第 183 册，台北：台湾商务印书馆，1986 年，第 387 页。
④ 王鸣盛：《蛾术编》卷六六《说制四》，第 973 页；焦循：《群经宫室图》下《明堂图一》，《续修四库全书》，上海：上海古籍出版社，第 173 册，2001 年，第 651—652 页；阮元：《揅经室集》卷三《明堂论》，第 64、66、67 页；汪中：《述学·明堂通释》，李金松校笺：《述学校笺》，第 29 页；黄以周：《礼书通故》卷一五《明堂礼通故》，第 709 页。
⑤ 孔颖达：《毛诗正义》卷一六，阮元校刻：《十三经注疏》，第 511 页。
⑥ 孔颖达：《礼记正义》卷三一引李巡《尔雅注》，阮元校刻：《十三经注疏》，第 1488 页。
⑦ 这一观点得到了考古学支撑。秦雍城马家庄三号建筑遗址“由五个曲城组成。每座曲城的南墙正中部位筑门，共计五门，同处一中轴线上”。韩伟进一步指出，这五门就是礼经所谓路、应、雉、库、皋。参见陕西省雍城考古队：《秦都雍城钻探试掘简报》，《考古与文物》1985 年第 2 期；韩伟：《秦公朝寝钻探图考释》，《考古与文物》1985 年第 2 期。
⑧ 参看杨甲撰、毛邦翰补：《六经图》卷八《周公明堂图》，《景印文渊阁四库全书》第 183 册，第 387 页；汪中著，李金松校笺：《述学校笺·明堂通释》，第 74 页。

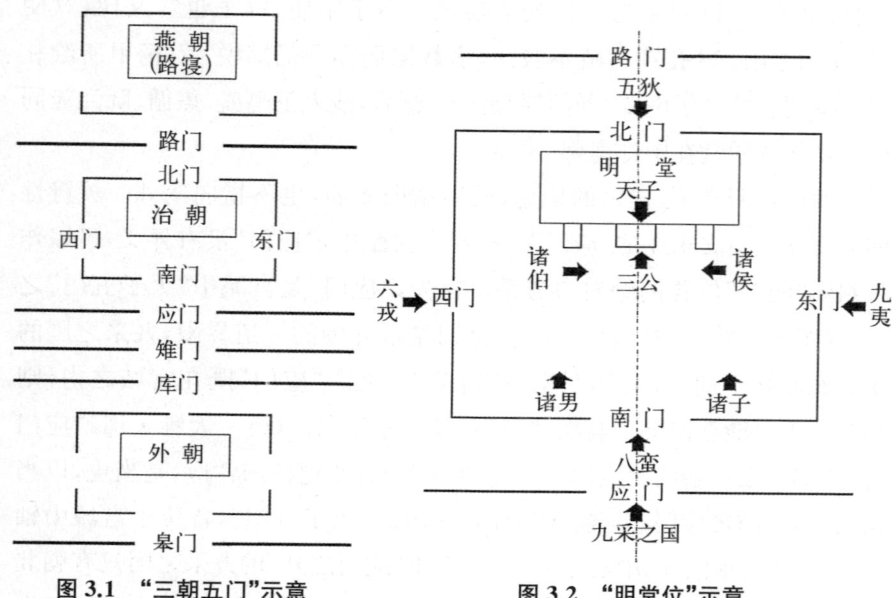

图 3.1 “三朝五门”示意

图 3.2 “明堂位”示意

于是，“应门”之内、以“应门”为中轴的只有一座建筑，那就是朝堂正殿，《周礼》谓之“治朝”。①《明堂位》未必是西周史实录，但按照经学逻辑，它提供的信息足以证明文中周公朝诸侯的“明堂”就是“治朝”。

“明堂南郊”论者如何调解“应门”与“南郊”的矛盾呢？《明堂位》注疏的做法，是将“应门”泛化为“正门”。《礼记正义》曰：“明堂既无路寝，故无路门及以外诸门，但有应门耳。”②他们认为“应门”不止一处。这种解释缺乏证据支撑。天子只有一处“路寝”，故“路门”唯一；只有一个“治朝”，故“应门”唯一。“应门”向来特指“治朝”的正门。因此，不能将“应门”的含义泛化。

治朝为什么可称之为“明堂”呢？治朝，是日常议事理政的朝堂。③

---

① 贾公彦：《周礼注疏》卷二，阮元校刻：《十三经注疏》，第650页。李学勤、马楠通过小盂鼎铭文论证西周“三朝五门”制度的存在。参见李学勤：《小盂鼎与西周制度》，《当代学者自选文库·李学勤卷》，合肥：安徽教育出版社，1999年；马楠：《西周“五门三朝”刍议》，载清华大学出土文献研究与保护中心编：《出土文献》第1辑，上海：中西书局，2010年，第140—143页。

② 孔颖达：《礼记正义》卷三一，阮元校刻：《十三经注疏》，第1488页。

③ 贾公彦《周礼注疏》卷三，阮元校刻：《十三经注疏》，第655页。

《说文解字》曰：“堂，殿也。”《太平御览》引《释名》曰：“明堂，犹堂堂，高显貌也。”[①]朝堂宽敞明亮，天子南面向明而治天下，用“明堂”形容“治朝”，词义上并无不通。汪宁生依据民族学材料指出，明堂即“敞开式的大房子”。王震中也认为“明堂”之“明”主要是就敞亮而言，他同时提出，偃师商城宫室F2、F9可能都是没有分间的殿堂，采光度非常高，或为早商时期的“明堂”。[②]

除日常议政的功能之外，治朝也是天子接受诸侯朝觐的场所。《礼记·曲礼下》云：“天子当宁而立，诸公东面，诸侯西面，曰朝。”按郑注、孔疏，此“朝”的意思，是在“治朝”觐见天子。[③]《尚书·康王之诰》提供了一个更好的例证：

> 王出在应门之内，太保率西方诸侯，入应门左，毕公率东方诸侯，入应门右。……王若曰：“……今予一二伯父，尚胥暨顾，绥尔先公之臣服于先王。虽尔身在外，乃心罔不在王室，用奉恤厥若，无遗鞠子羞。”[④]

此处也提到了“应门”。据之判断，东西方诸侯是在“应门”之内的“治朝”朝觐康王。此次朝觐，发生在成王既崩、康王即位的特殊时刻，颇有更新君臣关系的内涵。王诰的主旨是要求诸侯“心罔不在王室”。联系《明堂位》的叙事背景，管蔡之叛甫平，周公大朝诸侯，亦为昭示“诸侯咸服宗周”。[⑤] 两次诸侯朝觐的政治意图异曲同工，故两次朝礼的举行地点也具有可比性，周公在“治朝”会见诸侯的可能性完全存在。

① 许慎：《说文解字》卷一三下，北京：中华书局，1963年，第287页。《太平御览》卷五三三《礼仪部一二》，北京：中华书局，1960年，第3册，第2421页。
② 汪宁生：《释明堂》，《文物》1989年第9期；《中国考古发现中的“大房子”》，《考古学报》1983年第3期。王震中：《商代都邑》，北京：中国社会科学出版社，2010年，第109—110页。
③ 孔颖达：《礼记正义》卷五，阮元校刻：《十三经注疏》，第1265页。
④ 孔颖达：《尚书正义》卷一九，阮元校刻：《十三经注疏》，第243—244页。
⑤ 《史记》卷三三《鲁周公世家》，北京：中华书局，1959年，第1518页。

总之，从经文所揭建筑位置来看，“明堂”与“治朝”重合；从礼制功能来看，“治朝”完全能够承担大朝诸侯的政治职能。

将治朝称为“明堂”的例子，也见于其他先秦文献。《左传·文公二年》载，晋国狼瞫被免去“车右”一职后，友人劝他杀掉政敌先轸。狼瞫不欲为此，援引《周志》曰：“勇则害上，不登于明堂。”①《周志》云云即《逸周书·大匡解》“勇知害上，则不登于明堂。明堂所以明道。明道惟法”。② 杜预注谓：“明堂，祖庙也。”③然而，观察“明道惟法”之语，似与祖庙无涉。结合《左传》纪事情境，狼瞫的意思是，如果因蛮勇而危害主上，必将遭到罢黜，更没有资格担任“车右”一职。为某一“职位”寻找适宜人选，是“治朝”的行政内容之一。据《周礼·司士》，司士负责群臣名籍，“岁登下其损益之数”。郑注：“损益，谓用功过黜陟者。”掌治群臣官籍的司士，正是掌管“治朝”朝仪之位的人。④ 因此，《左传》《大匡》中的“明堂”，应作“治朝”理解。

《逸周书·作洛解》曰：

> 乃设丘兆于南郊……乃建大社于周中……乃位五宫：大庙、宗宫、考宫、路寝、明堂，咸有四阿、反坫。……应门、库台玄阃。⑤

从南郊丘兆到周中大社，再到五宫，是由南向北的叙述顺序。因此，作为“五宫”之一的“明堂”，不可能与丘兆同在南郊。孔晁注谓“明堂，在国南者”，显然忽视了原文叙述逻辑。而且，《作洛》同样有“应门”这一位置提示，故“明堂”当在洛邑宫城之中。《作洛》“明堂”的性质，可由“五宫”中其他建筑推知。据孔晁注，“大庙”是后稷庙，“宗宫”是周文王庙，“考宫”是武王庙。庙主与成王的关系由疏至亲，在成王之世，不会有比武王更亲的先王宗庙，故“明堂”不是宗庙。“五宫”已含路寝，故“明堂”亦非路

① 孔颖达：《春秋左传正义》卷一八，阮元校刻：《十三经注疏》，第1838页。
② 黄怀信、张懋镕、田旭东：《逸周书汇校集注》，第367—368页。
③ 孔颖达：《春秋左传正义》卷一八，阮元校刻：《十三经注疏》，第1838页。
④ 《周礼》“（司士）正朝仪之位”，郑注：“此王日视朝事于路门外之位。”既云“路门外”，可知是“治朝”之礼。
⑤ 黄怀信、张懋镕、田旭东：《逸周书汇校集注》，第533—542页。

寝。于是，宫城核心建筑群中，能与宗庙、路寝相提并论的只有“治朝”。因此，这里的“明堂”应是“治朝”。“五宫”位序，从宗庙至路寝、再至明堂（治朝），神圣性递减，世俗性递增。而“明堂”与“路寝”联言，也符合“后寝前朝”的宫室通制。

《管子·桓公问》和《楚辞·谬谏》中的“明堂”，亦与“治朝”同义。《桓公问》曰：“黄帝立明台（堂）之议者，上观于贤也。……禹立建鼓于朝，而备讯唉。”①黄帝“明堂”与大禹之“朝”是互文修辞，均指议政纳谏的朝堂。据传为东方朔所作的《楚辞·谬谏》，有“直士隐而避匿兮，谗谀登乎明堂”一句，②意即本该直士林立的“明堂”，却为谗谀小人充斥。此处“明堂”也应释为“朝堂”。

由上可见，称“治朝”为“明堂”的传统源远流长，非《明堂位》一家之言。需略作解释的是《孟子·梁惠王下》中的“明堂”：

> 齐宣王问曰：“人皆谓我毁明堂，毁诸已乎？”孟子对曰：“夫明堂者，王者之堂也。王欲行王政，则勿毁之矣。”③

赵岐注谓：“泰山下明堂，本周天子东巡狩朝诸侯之处也，齐侵地而得有之。”齐宣王欲毁之，是出于“诸侯不用明堂”的考虑。问题是，既如此，孟子的劝阻岂非陷齐王于僭越吗！顾颉刚早有质疑，进而提出《孟子》中的“明堂”是《吕氏春秋·骄恣》中的齐宣“大室”，宣王“毁明堂”是为表示自己不再穷奢极欲。④ 但若事实如此，孟子为何要反对？顾颉刚的推论似无法令人信服。而蔡邕、杜预“明堂即太庙”之说在此亦不能解释，群臣不大可能劝齐王毁宗庙。⑤

---

① 黎翔凤：《管子校注》卷一八，北京：中华书局，2004 年，第 1047 页。

② 《太平御览》卷四五七《人事部九八·谏诤七》，第 2 册，第 2104 页；洪兴祖：《楚辞补注》，北京：中华书局，1983 年，第 253—254 页。

③ 孙奭：《孟子注疏》卷二，阮元校刻：《十三经注疏》，第 2676 页。

④ 顾颉刚：《史林杂识初编》，北京：中华书局，1963 年，第 146 页。另参胡家聪：《〈管子·幼官篇〉新考——兼论〈吕氏春秋·十二纪〉的年代》，《社会科学战线》1981 年第 2 期。

⑤ 王葆玹：《今古文经学新论》，北京：中国社会科学出版社，1997 年，第 357 页。

予人启发的是阎若璩的观点。《四书释地续》称,至齐宣王时,周天子已不复东巡四百四十年,人皆谓毁明堂,“无王愈可知”。① 天子巡狩时会建造行宫。《左传·僖公二十八年》记载,鲁公至“践土王宫”朝见周王,“王子虎盟诸侯于王庭”。② 可见,诸侯往往会至行宫朝见天子。由于齐宣君臣欲毁周王行宫,显露出“无王”倾向,孟子才予以反对。从这个角度理解,《孟子》中的“明堂”,可能曾经是周王东巡时朝会诸侯的行宫。

综上,《明堂位》《作洛》等文献中的“明堂”,俱是“治朝”美称。这是前代学者未曾指出的新观点。郑玄的“明堂南郊论”、蔡邕的“明堂太庙论”,均无法与上述文献所揭信息同符合契。既然“明堂”是一个美称,那么除指称治朝之外,是否还有其他含义呢?

二、“宗祀文王于明堂”

《礼记·明堂位》在叙述完周公朝诸侯于明堂之事后,再次提到“明堂”:

> (鲁)太庙,天子明堂。

鲁国的太庙显然不能与周天子的“治朝”相比附,那么这里的“天子明堂”是何物呢?

“周公故事”语境下的另一种“明堂”,是祭祀周文王之所。《毛诗诂训传》(下文简称《毛传》)曰:“《我将》,祀文王于明堂也。”③蔡邕据此指出,“明堂,天子太庙”。而郑玄否定了这个意见。《郑志》载赵商向郑玄发问:“明堂即文庙邪?”郑玄答:“明堂主祭上帝,以文王配耳。”④郑玄坚持认为明堂是政祭合一的南郊建筑,孔颖达《正义》则进一步将“宗祀文王”与“朝诸侯”事迹串联在一起。《毛诗正义》曰:

---

① 焦循:《孟子正义》卷四,北京:中华书局,1987年,第131页。
② 孔颖达:《春秋左传正义》卷一六,阮元校刻:《十三经注疏》,第1826页。
③ 孔颖达:《毛诗正义》卷一九,阮元校刻:《十三经注疏》,第588页。
④ 《南齐书》卷九《礼志一》引《郑志》,北京:中华书局,1972年,第119页。

《明堂位》曰“昔周公朝诸侯于明堂之位”，谓在洛邑也。《孝经》曰：“昔者周公郊祀后稷以配天，宗祀文王于明堂以配上帝。”然则朝诸侯、郊祀，皆摄政六年所为。①

如上，周公于同一年之内，在同一个“明堂”，先后举行朝诸侯与祀文王两个仪式。这一见解，并未引起后世学者质疑，当代学者亦多服膺郑注、孔疏。② 然而，经史文献无法支持《正义》的论断。《明堂位》“朝诸侯”一事并不发生在洛邑。《逸周书·明堂解》直接表明，“宗周明堂之位也”。③《明堂位》则称“(摄政)六年朝诸侯于明堂”。按《竹书纪年》与“何尊”铭文：“唯王初迁，宅于成周。……唯王五祀。”成王迁都洛邑的时间是周公归政后五年。④ 由此，周公摄政六年之时尚在镐京。《明堂位》与《我将》所述两事，不可能同年同地举行。

如此，《我将》所述“祀文王”一事在何处举行呢？原诗云：

我将我享，维羊维牛，维天其右之。
仪式刑文王之典，日靖四方。
伊嘏文王，既右飨之。
我其夙夜，畏天之威，于时保之。

---

① 孔颖达：《毛诗正义》卷一九，阮元校刻：《十三经注疏》，第581页。

② 汪中著，李金松校笺：《述学校笺·明堂通释》，第28—30页。王世仁论文开篇即云：“春秋战国及这以前，明堂是天子召见诸侯颁布政令，并兼祭祀祖宗的场所。”（王世仁：《明堂形制初探》，《中国文化研究集刊》第4辑，第2页）沈聿之认为，明堂“集天子祭天、布政于一体”。（沈聿之：《西周明堂建筑起源考》，《自然科学史研究》1995年第4期）张鹤泉指出，先秦时期“国家确实设有明堂，并使之成为祭祀与施政的场所”。（张鹤泉：《东汉明堂祭祀考略》，《咸阳师范学院学报》2011年第1期）张一兵亦称“在祭祀神祇之地朝觐诸侯，有借天之神圣威灵来展示自己王位合法性、权威性的目的”。（张一兵：《明堂制度源流考》，第17页）

③ 黄怀信、张懋镕、田旭东：《逸周书汇校集注》，第715页。

④ 《竹书纪年》，《四部丛刊》初编，上海：商务印书馆，1919年，第86册，第4页；中国社会科学院考古研究所：《殷周金文集成》(修订增补本)6014，第5册，北京：中华书局，2007年，第3703页。相关研究参见唐兰：《何尊铭文解释》，《文物》1976年第1期，第61页；李峰：《西周的灭亡》，上海：上海古籍出版社，2007年，第76页注释③。

这是祭祀者向文王神灵进荐牛羊的“大享”场景。“大享”即“大飨”，“祫祭宗庙也”。[①] 所谓祫祭，就是“未毁庙之主，皆升，合祭于大祖”。于周公、成王而言，太祖之庙即文王庙。因此，《我将》述说的是文王太庙中的祫祭仪式。

《毛传》的作者没有揭示“明堂”的含义，但我们可作一些推测。同样的句子，还出现在申公的《鲁诗故》中。[②] 被发现于孔子旧宅的古文《孝经》也有“宗祀文王于明堂”一句。值得说明的是，《礼记·明堂位》“成王以周公为有勋劳于天下”之后的内容，皆为鲁国的郊庙之礼。清人汪师韩已敏锐地指出，此为“鲁人僭礼而增益之词”。[③] “(鲁)大庙，天子明堂”一句，就出现在这一部分经文中。由《明堂位》“祀周公于大庙”可知，鲁国的太庙即周公庙。周公虽未就国，但名义上是鲁国首任封君。文王虽未及灭商而卒，但伐纣之前已始称“王”，“周”随之宣告脱离商的统治。周公之于鲁，如同文王之于周，都是政权始建者。因此，鲁周公太庙所比附的“天子明堂”，当为文王太庙。由上，“宗祀文王于明堂”的说法与鲁地学术关系密切，而鲁学素有称太庙为“明堂”的传统。《毛传》是鲁人毛亨作品。从学术地域性传承推测，《毛传》所谓“明堂”，很可能也指文王太庙。

《毛传》称太庙为“明堂”的原因，或与“大享”在太庙之“堂”举行有关。宗庙祭祀有“馈食于堂”的规则。[④]《礼记·礼器》曰：“太庙之内敬矣！……设祭于堂。”故《我将》“维羊维牛”的“馈食”仪节应在“堂”上进行。太庙之堂同样朝南向明，称“明堂”亦无不可。以“明堂”代称太庙的用例，还见于《礼记·乐记》，其文称武王克商后“祀乎明堂，而民知孝”。[⑤] 告捷于庙是古礼通制，郑玄、孔颖达也不得不承认，《乐记》所谓“明堂”即文王庙，但囿于“周公作明堂”的执念，怀疑武王时期尚无“明堂”，遂以“文王庙如明堂之制”来曲解。由“文王庙”之意引申而出，“明堂”也泛指“宗

---

① 孔颖达：《礼记正义》卷二四，阮元校刻：《十三经注疏》，第 1439 页。
② 马国翰：《玉函山房辑佚书》(壹)，扬州：广陵书社，2005 年，第 490 页。
③ 黄怀信、张懋镕、田旭东：《逸周书汇校集注》，第 709 页。
④ 贾公彦：《周礼注疏》卷二〇，阮元校刻：《十三经注疏》，第 775 页。
⑤ 孔颖达：《礼记正义》卷三九，阮元校刻：《十三经注疏》，第 1543 页。

庙”。《淮南子·主术训》:“神农之治天下也,以时尝谷,祀于明堂。”[①]新谷收获之后,必先请祖灵“尝新”。《逸周书·尝麦解》载:“王初祈祷于宗庙,乃尝麦于太祖。”[②]由此,《主术训》中的“明堂”即宗庙之义。

“明堂”所祭神祇,是考察明堂制度不可回避的问题。《孝经·圣治章》曰:

昔者周公郊祀后稷以配天,宗祀文王于明堂以配上帝。[③]

经学争议的焦点在于“上帝”的内涵。郑注孔疏认为“上帝”是“五帝”,即灵威仰、赤熛怒、含枢纽、白招拒和汁光纪“五天帝”。[④] 但现有研究表明,郑说源于纬书,商周秦汉的现实制度中均无“五天帝”祭祀,[⑤]故《孝经》“上帝”另有所指。

《孝经》引文可概括为“后稷+天”与“文王+上帝”两组神祇。前者令人联想到《国语·鲁语上》“周人禘喾而郊稷”的记载。[⑥] 若“郊祀后稷以配天”与《国语》“郊稷”同义,则“宗祀文王于明堂以配上帝”有无可能就是“禘喾”呢?首先,“禘”乃宗庙之礼。《春秋公羊传》称“禘于太庙”。[⑦] 岛邦男等学者也利用甲骨卜辞与青铜铭文,证实“禘”为宗庙祭祀。[⑧] 其次,《孝经》“宗祀文王以配上帝”的形式,颇类同于《礼记·大传》所谓“王者禘其祖之所自出,以其祖配之”。[⑨] 那么,“禘”能否与“上帝”勾连起来?陈梦家

---

① 高诱:《淮南子注》卷九,《诸子集成》七,第128页。
② 黄怀信、张懋镕、田旭东:《逸周书汇校集注》,第720页。
③ 邢昺:《孝经注疏》卷五,阮元校刻:《十三经注疏》,第2553页。
④ 孔颖达:《毛诗正义》卷一九,阮元校刻:《十三经注疏》,第588页。
⑤ 对前人研究的综述及最新研究成果,参见宁镇疆:《郑玄、王肃郊祀立说再审视》,《历史研究》2014年第5期。
⑥ 徐元诰:《国语集解》,北京:中华书局,2002年,第160页。
⑦ 徐彦:《春秋公羊传注疏》卷一一,阮元校刻:《十三经注疏》,第2252页。
⑧ 島邦男:《殷墟卜辞研究》,東京:汲古書院,1958年,第211頁;刘雨:《西周金文中的祭祖礼》,《考古学报》1989年第4期;詹鄞鑫:《神灵与祭祀——中国传统宗教综论》,南京:江苏古籍出版社,1992年,第345—348页;刘源:《商周祭祖礼研究》,北京:商务印书馆,2004年,第76页;宁镇疆:《郑玄、王肃郊祀立说再审视》,《历史研究》2014年第5期,第36页。
⑨ 孔颖达:《礼记正义》卷三四,阮元校刻:《十三经注疏》,第1506页。

发现，卜辞中“帝”本有“禘”的用法，且卜辞“宾于帝”的内容便是先公先王以宾客之礼接待上帝。胡厚宣则直接指出，“宾于帝”即“配于帝”。①《礼记・大传》以祖配“祖之所自出”的“禘”祭，可能正由“宾于帝”演化而来，至少是礼家以殷商“宾于帝”礼制为基础而构拟的周制。

商人的“上帝”是本氏族专有的祖宗神型最高神，具体所指不明。周人灭商后，以天命所归来诠释政权更迭，遂将“上帝”解释为超氏族的万民神。② 春秋战国时期，周人族群为团结各地的商、周邦国贵族，并标榜自身在华夏族群中的核心地位，又刻意制造出商周同族的传说系统，将“帝”的身份赋予喾，视其为商、周共同的始祖。③《国语・鲁语上》“商人禘喾而祖契，郊冥而宗汤；周人禘喾而郊稷，祖文王而宗武王”，正是经过周人“整理”的祀典。成书时间晚于春秋末期的《孝经》，很可能受到新造的帝喾传说影响，而将帝喾视为周人“上帝”。

郑玄认为明堂“主祭上帝”。④ 然而，无论“上帝”是指“五帝”抑或帝喾，先秦文献并无“五帝庙”“帝喾庙”或“上帝庙”之说。⑤ 结合“宾于帝”卜辞可知，上帝并不单独立庙，而是在先王宗庙中一并受祀。《孝经》“以配上帝”，可理解为在文王庙中祭祀文王，以配上帝喾。这与“宾于帝”卜辞及“禘其祖之所自出，以其祖配之”的礼文能够形成互证。

上述推测还可从汉代王莽的明堂礼制中获得一丝线索。《孝经》“宗祀”云云是王莽明堂礼的关键性依据。职是之故，王莽的祭祀对象，暗含着他对《孝经》“上帝”的态度。史载，王莽以人祖配祀“皇始祖考虞帝”，即以虞舜作为新朝的“上帝”。这一举措意味着王莽是以周人的“始祖考”帝喾，来对应《孝经》中“上帝”的。此举未曾引起儒生攻击，似表明王莽的这种理解，在儒生群体中已有广泛共识，甚至在儒学传承中由来已久。

---

① 陈梦家：《殷虚卜辞综述》，北京：中华书局，1988 年，第 562、573 页；胡厚宣：《殷卜辞中的上帝和王帝》（下），《历史研究》1959 年第 10 期，第 89 页。

② 徐旭生：《中国古史的传说时代》，桂林：广西师范大学出版社，2003 年，第 235 页；许倬云：《西周史》，北京：三联书店，2012 年，第 118 页。

③ 王明珂：《华夏边缘：历史记忆与族群认同》，杭州：浙江人民出版社，2013 年，第 153 页。

④ 《南齐书》卷九《礼志一》引《郑志》，第 119 页。

⑤ 《礼记正义》卷四六引王肃之说云“周人立后稷庙，不立喾庙”。（第 1587 页）“五帝庙”的首次出现，是汉文帝所立渭阳五帝庙，“五色帝”同宇合祀。

与《明堂位》一样,《孝经》"宗祀"之文更像是春秋末期以后儒生的构想。本文无意于证实经文的历史真实性,而更关心文献本身的经学逻辑,以此对照汉代经解,探察注疏与经文之间的距离。以上,就《毛传》《乐记》《孝经》等文献中的"明堂"而言,蔡邕"太庙论"可以成立;郑玄一派"明堂南郊祀五天帝之所"的论断,依然无法获得支持。

综上所述,上古时期的"明堂"含义不止一种。在不同的"周公故事"语境下,"明堂"的概念具有单纯性和唯一性。周公朝诸侯的"明堂"是"治朝";宗祀文王的"明堂"是太庙(表 3.2)。先秦文献中不存在兼具朝礼、宗祀与颁布时令等多项礼制的"明堂"。郑玄与蔡邕对经典的解读,皆存在不同程度的偏差。

表 3.2　"明堂"含义类聚

<table>
<tr><th></th><th>文献出处</th><th>原　　文</th><th>含　义</th></tr>
<tr><td>1</td><td>《礼记・明堂位》</td><td>周公朝诸侯于明堂</td><td rowspan="8">治朝
(朝堂)</td></tr>
<tr><td>2</td><td>《逸周书・明堂解》</td><td>大朝诸侯明堂之位</td></tr>
<tr><td>3</td><td>《逸周书・作洛解》</td><td>五宫:大庙、宗宫、考宫、路寝、明堂</td></tr>
<tr><td>4</td><td>《逸周书・大匡解》</td><td>勇知害上,则不登于明堂</td></tr>
<tr><td>5</td><td>《左传》文公二年</td><td>勇则害上,不登于明堂</td></tr>
<tr><td>6</td><td>《孟子・梁惠王下》</td><td>人皆谓我毁明堂</td></tr>
<tr><td>7</td><td>《管子・桓公问》</td><td>黄帝立明堂之议</td></tr>
<tr><td>8</td><td>《楚辞・谬谏》</td><td>直士隐而避匿兮,谗谀登乎明堂</td></tr>
<tr><td>9</td><td>《毛诗诂训传》</td><td>宗祀文王于明堂</td><td rowspan="6">文王太庙
(宗庙)</td></tr>
<tr><td>10</td><td>《孝经・圣治章》</td><td>宗祀文王于明堂以配上帝</td></tr>
<tr><td>11</td><td>《礼记・明堂位》</td><td>(鲁)太庙,天子明堂</td></tr>
<tr><td>12</td><td>《礼记・乐记》</td><td>(武王)祀乎明堂,而民知孝</td></tr>
<tr><td>13</td><td>《淮南子・主术训》</td><td>以时尝谷,祀乎明堂</td></tr>
<tr><td>14</td><td>《尸子》</td><td>周公旦践东宫,履乘石,祀明堂</td></tr>
</table>

第二节 《考工记》“周人明堂”形制复原

《考工记》曰：

> 周人明堂，度九尺之筵，东西九筵，南北七筵，堂崇一筵。五室，凡室二筵。

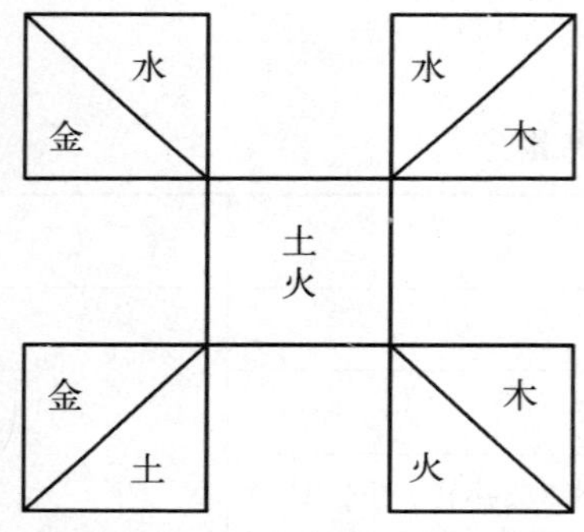

图 3.3 郑玄“亞”式明堂方案

从汉代开始，学者就尝试复原《周礼·考工记》中的“周人明堂”形制。郑玄《驳五经异义》曰：“水木用事，交于东北；木火用事，交于东南；火土用事，交于中央；土金用事，交于西南；金水用事，交于西北。周人明堂五室，帝一室，合于数。”[①]由此，郑玄阐述的“周人明堂”，有着“亞”形的宫室布局。（图 3.3）

后世学者的复原延续了郑玄的思路，几乎都将“五室”集中布于“堂”上。在“亞”形结构前提下，还存在“四正”与“四隅”之争。俞樾和王国维支持前者，戴震、阮元、孙诒让等主张后者。[②]（图 3.4、图 3.5）当代学者复原的“周人明堂”仍都是“亞”式形制。[③]按这种方法，“九筵”与“七筵”的规格中，便包含了三室的边长，以致“堂”

① 陈寿祺、皮锡瑞：《五经异义疏证·驳五经异义疏证》，北京：中华书局，2014 年，第 104 页。

② 戴震：《戴震全书》（五），合肥：黄山书社，1995 年，第 438 页；阮元：《揅经室续集》卷一《明堂图说》，北京：中华书局，1985 年，第 8—9、15 页；焦循：《群经宫室图》卷下《明堂图五》，《续修四库全书》，第 173 册，第 660 页；王国维：《明堂庙寝通考》，《观堂集林》，第 143 页。

③ 田中淡：《先秦時代宮室建築序説》，《東方学報》52，1980 年；王世仁：《明堂形制初探》，《中国文化研究集刊》第 4 辑，第 4 页；杨鸿勋：《破解“周人明堂”的千古之谜——“周人明堂”的考古学研究》，《杨鸿勋建筑考古学论文集》（增订版），北京：清华大学出版社，2008 年，第 162 页；张一兵：《明堂制度研究》，第 381 页。

的进深非常逼仄：东西二“堂”进深各为 1.5 筵，合今制 3 米；南北二“堂”各 0.5 筵，仅 1 米。贾公彦、孔颖达均注意到这一不合理之处，[1]然而只是以《书传》“九雉”“七雉”之数偷换《考工记》“九筵”“七筵”的概念。这无益于问题的解决。

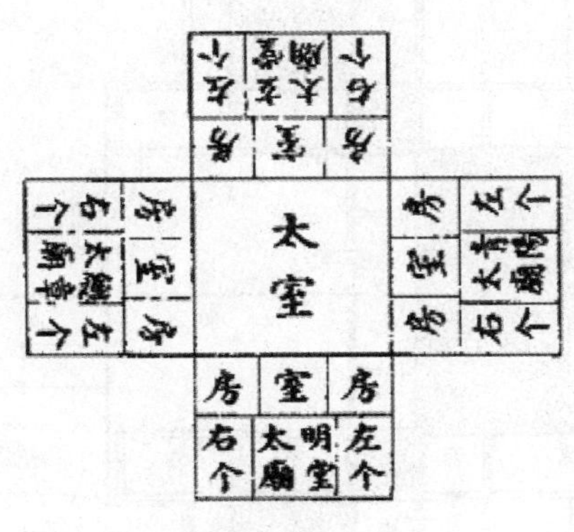

图 3.4 “四正”说

（王国维《观堂集林·明堂庙寝通考》）

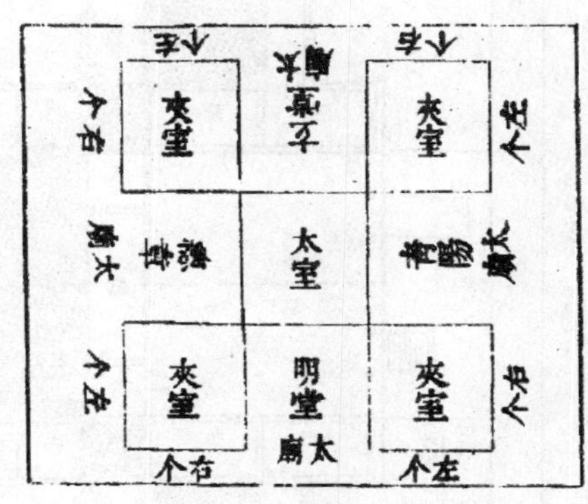

图 3.5 “四隅”说

（《戴震全书·考工记图》）

杨鸿勋受阮元、孙诒让启发，提出“九筵”“七筵”针对的仅是单一方向的堂之面阔（广）和进深（脩）。他进而指出，“五室”不可能尺寸一样，其中四室相同，另有一个大体量的“大室”位于中央墩台之上。[2]（图 3.6）

杨先生的复原方案有一个问题，即：忽视了《考工记》的方向性指示。“南北”和“东西”是绝对方向，不能简单地用“广”和“脩”来替换。[3]如图 3.6，以“西堂”为例，杨鸿勋谓其“广（面阔）九筵”“脩（进深）七筵”，则应记作“南北九筵”“东西七筵”。这便与《考工记》“南北七筵、东西九筵”不合了。

值得重视的是汪中的复原。他将《考工记》“周人明堂”复原为：堂后

---

① 贾公彦：《周礼注疏》卷四一，阮元校刻：《十三经注疏》，第 928 页。

② 杨鸿勋：《破解“周人明堂”的千古之谜——“周人明堂”的考古学研究》，《杨鸿勋建筑考古学论文集》，第 161—162 页。

③ 《考工记》描述“夏人世室”和“殷人重屋”时，用“广”和“脩”计量堂的尺寸；但描述“周人明堂”时则改用“南北”和“东西”，可见《考工记》有意区分这两组概念。

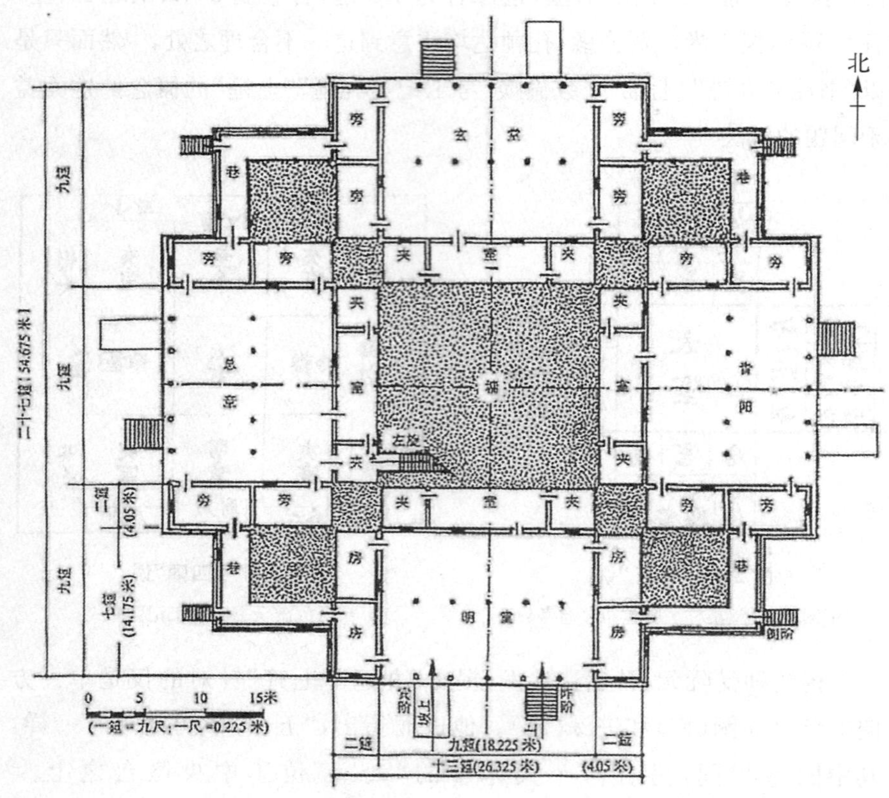

图 3.6　杨鸿勋"周人明堂"复原图

（《杨鸿勋建筑考古论文集》，第 162 页）

正中有一"大室"，"大室"左右是东西"房"，房侧各有一"夹"，此即"五室"；"凡室二筵"是就进深而言。① 汪中的复原，仍将室的尺寸包含在"九筵""七筵"之中，但此说提供了一种新的思考方向。

细审《考工记》，参照西周建筑遗址的考古发掘，"亞"式形制着实可疑。从《考工记》的叙述逻辑来看，"匠人营国"的职掌可分出如下层次（表 3.3）：

① 汪中：《明堂通释》，见汪中著，李金松校笺：《述学校笺》，第 64—65、72 页。

表 3.3　《考工记》“匠人营国”叙述次序与层次

<table>
<tr><td>1</td><td>左祖右社，面朝后市</td><td>总格局</td></tr>
<tr><td>2</td><td>市、朝一夫</td><td>面朝后市</td></tr>
<tr><td>3</td><td>夏后氏世室，殷人重屋，周人明堂</td><td rowspan="2">左祖</td></tr>
<tr><td>4</td><td>庙门容大扃七个，闱门容小扃参个</td></tr>
<tr><td>5</td><td>路门不容乘车之五个</td><td rowspan="4">后寝
前朝</td></tr>
<tr><td>6</td><td>应门二彻参个</td></tr>
<tr><td>7</td><td>内有九室，九嫔居之；外有九室，九卿朝焉</td></tr>
<tr><td>8</td><td>王宫门阿之制五雉</td></tr>
</table>

经文依次描述了国都中的核心建筑群。考虑到“内有九室”指“路寝”，“外有九室”指“治朝”，再联系“庙门”“闱门”云云，“周人明堂”是宗庙（“左祖”）的可能性很大。更直接的证据是，许慎《五经异义》曰：“古《周礼》《孝经》说：明堂，文王之庙。夏后氏世室，殷人重屋，周人明堂。东西九筵，筵九尺；南北七筵，堂崇一筵。五室，凡室二筵，盖之以茅，周公所以祀文王于明堂以昭事上帝。”[①]许慎所见“古《周礼》”较今本《考工记》多出的文字有三处：（1）“明堂，文王之庙”；（2）“盖之以茅”；（3）“周公所以祀文王于明堂以昭事上帝”。（1）与（3）逻辑贯通，明确揭示了“周人明堂”的性质——文王庙。

先秦宫室考古发现，无一例是“亞”形建筑。从西安半坡 F1、秦安大地湾仰韶大房子遗址 F901，至偃师二里头 2、3、4、5 号宫殿遗址，再至周原岐山凤雏甲组建筑基址、扶风云塘 F1、齐镇 F4，以及秦雍城马家庄一号宗庙、三号朝寝遗址，[②]一方面，这些遗址均符合文献“前堂后室”的记载；另

① 陈寿祺：《五经异义疏证》，第 103 页。

② 西安半坡博物馆：《西安半坡》，北京：文物出版社，1963 年；甘肃省文物工作队：《甘肃秦安大地湾 901 号房址发掘简报》，《文物》1986 年第 2 期；中国社会科学院考古研究所：《偃师二里头》，北京：中国大百科全书出版社，1999 年；陕西周原考古队：《陕西岐山凤雏村西周建筑基址发掘简报》，《文物》1979 年第 10 期；周原考古队：《陕西扶风县云塘、齐镇西周建筑基址 1999～2000 年度发掘简报》，《考古》2002 年第 9 期；陕西省雍城考古队：《凤翔马家庄一号建筑群遗址发掘简报》，《文物》1985 年第 2 期；《秦都雍城钻探试掘简报》，《考古与文物》1985 年第 2 期。

一方面,基本印证了朝、庙、寝"同制"的说法。因此,无论以上遗址是庙是寝是朝,①都可作为复原《考工记》"周人明堂"的参照。

仅就西周建筑遗址而言,凤雏甲组建筑修建于先周时期,与中原商代宫殿多有共性,在目前发现的西周建筑遗址中属于孤例。云塘 F1、齐镇 F4,则是西周宫室的常态。② 从建筑规格看,《简报》称凤雏基址的"堂"面阔 17.2 米,③非常接近《考工记》"东西九筵"(18 米)的记载。④ 云塘 F1 与齐镇 F4 中心建筑的比例及堂、室布局,与《考工记》更加贴近。云塘 F1 的堂,"东西长约 12、南北宽约 9 米",⑤长宽比例为 1.3∶1。据齐镇 F4 主台基柱础坑间距推算,其堂东西约 12.6、南北 7.6 米,⑥比例为 1.6∶1。《考工记》"东西九筵,南北七筵"之比则约为 1.3∶1,与 F1、F4 近似。

回顾《考工记》,经文并未表示"五室"必须集中于"堂"上。"堂上为五室"的复原方法,属于郑玄及后学的过度解释。对比云塘 F1、齐镇 F4"堂"的长宽比例,本文推测《考工记》所谓"九筵"和"七筵",仅是"堂"的尺寸,而不包含室的尺寸在内。这是本文与诸家复原不同的地方。据《简报》,齐镇 F4 堂广 5 间(图 3.7)。刘瑞指出,此即文献所谓"五室"。⑦ "五室"与"堂"处于同一大台基上,呈现"前堂后室"格局,并无特殊之处。据此,《考工记》"周人明堂"的形制基本明了。(图 3.8)

另外,古《周礼》提到"盖之以茅",《吕氏春秋·恃君览·召类》亦曰"明堂茅茨蒿柱,土阶三等"。《简报》称 F1 五处台阶"每处现存三级";

① 考古发掘者与不少学者认为凤雏甲组基址及云塘 F1、齐镇 F4 均为宗庙遗址,但近年这些观点已受到质疑。参见刘瑞:《陕西扶风云塘、齐镇发现的周代建筑基址研究》,《考古与文物》2007 年第 3 期;郭明:《周原凤雏甲组建筑"宗庙说"质疑》,《中国国家博物馆馆刊》2013 年第 11 期。

② 杜金鹏:《周原宫殿建筑类型及相关问题探讨》,《考古学报》2009 年第 4 期,第 447—456 页;郭明:《商周时期大型院落式建筑比较研究》,《考古与文物》2014 年第 5 期。

③ 陕西周原考古队:《陕西岐山凤雏村西周建筑基址发掘简报》,第 30 页。

④ 王恩田:《岐山凤雏村西周建筑群基址的有关问题》,《文物》1981 年第 1 期,第 78 页。

⑤ 徐良高、王巍:《陕西扶风云塘西周建筑基址的初步认识》,《考古》2002 年第 9 期,第 29 页。

⑥ 周原考古队:《陕西扶风县云塘、齐镇西周建筑基址 1999～2000 年度发掘简报》,第 11 页。

⑦ 刘瑞:《陕西扶风云塘、齐镇发现的周代建筑基址研究》,第 44 页。

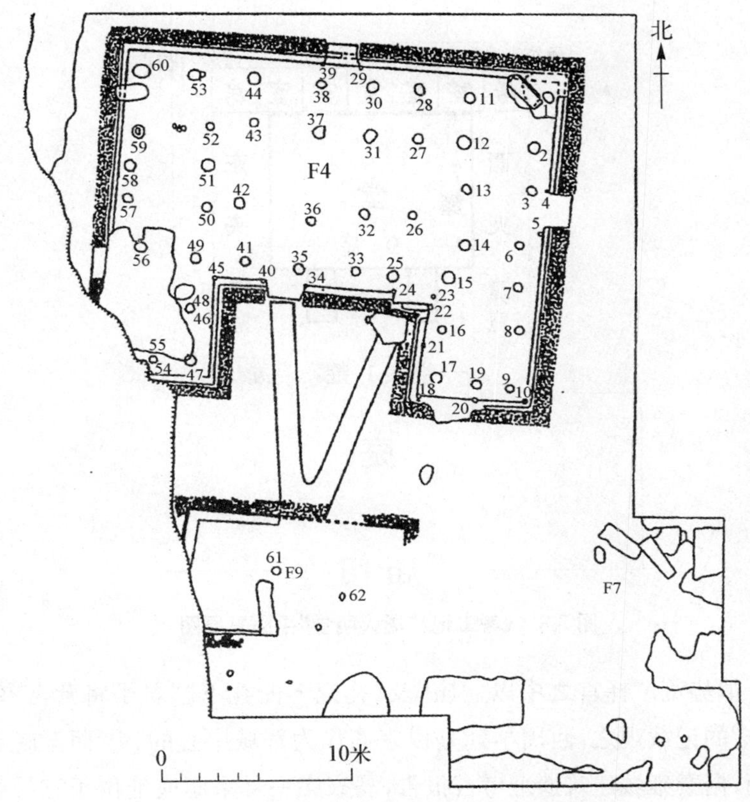

图 3.7 齐镇 F4 基址平面图

（《陕西扶风县云塘、齐镇西周建筑基址 1999～2000 年度发掘简报》，第 12 页）

F1～F3、F5 及 F8 台基外围，有瓦砾堆积遗迹，①唯独 F4 不见瓦砾堆积。②徐良高将这一情况与文献中"茅茨"的描述联系起来，以之作为推测 F4 为宗庙建筑的证据之一。由是观之，古《周礼》对"周人明堂"的定性，以及"盖之以茅"的细节描述，大致可信。

《考工记》"周人明堂"作为"左祖"，是以正中的王宫为参考系的。而这一建筑格局并非自古而然。从《诗·大雅·绵》先述"作庙翼翼"、《吕氏

① 周原考古队：《陕西扶风县云塘、齐镇西周建筑基址 1999～2000 年度发掘简报》，第 4、9—10 页。

② 徐良高、王巍：《陕西扶风云塘西周建筑基址的初步认识》，第 33 页。

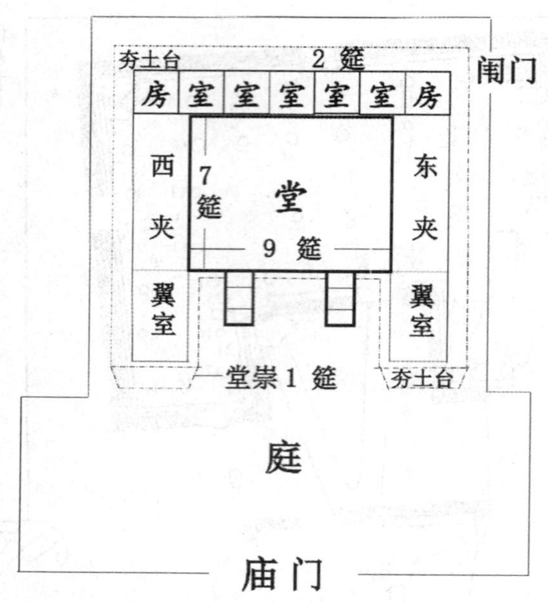

图 3.8 《考工记》“周人明堂”平面复原图

春秋・慎势览》“择宫之中以立庙”及《礼记・曲礼下》“君子将营宫室，宗庙为先”的记载观之，西周早期是以宗庙作为都城中心的。① 而至晚到春秋中期，据秦雍城建筑遗址考古报告，马家庄一号宗庙遗址位于三号朝寝遗址以东 500 米处，②可知“左祖”格局已经形成。《考工记》的“周人明堂”位置，应是春秋战国时期都城建筑格局的反映。

行文至此，郑玄对“周人明堂”的种种阐释，包括位置、性质、职能与形制，都无法与经文本身形成互证。那么，郑玄为何认为“周人明堂”是南郊礼制建筑？郑玄与蔡邕为何都认为“明堂”是“亞”式形制？他们又何以得

① 佐川英治：《宗庙与禁苑——中国古代都城的神圣空间》，陈金华、孙英刚编：《神圣空间：中古宗教中的空间因素》，上海：复旦大学出版社，2015 年，第 109—111 页。鲁国都城曲阜的考古发掘显示，今称为“周公庙”的区域位于城址中央制高点，东西长 550、南北长 500 米。巫鸿推测或为鲁宗庙遗址。参见山东省文物考古研究所：《曲阜鲁国故城》，济南：齐鲁书社，1982 年，第 12 页；巫鸿：《中国古代艺术与建筑中的“纪念碑性”》，第 107—109 页。

② 陕西省考古研究院、宝鸡市考古研究所、凤翔县博物馆：《秦雍城豆腐村战国制陶作坊遗址》，北京：科学出版社，2013 年，第 16 页。

出祀天享亲、朝诸侯、颁月令咸在明堂的观点呢?

第三节 "明堂月令"与汉代明堂礼

综览上古文献,"明堂"理论主要有两大知识系统:[①]一是前述"周公明堂";二是月令文献所揭特殊建筑"明堂",为方便计,以下简称"月令明堂"。后者最初是先秦阴阳五行家的发明,出现在《管子·玄宫》《吕氏春秋》"十二纪首"、《明堂月令》及《礼记·月令》等文献中,特点非常鲜明,表现在建筑性质、形制与礼仪功能三方面:

第一,"月令明堂"是一座独立专门建筑。《礼记·月令》曰,天子每月居明堂一室,又曰"赏公、卿、诸侯、大夫于朝",可知明堂不是"治朝";《月令》还提到"寝庙毕备""执爵于大寝",则明堂亦非宗庙与路寝。

第二,"月令明堂"为"亞"式形制。《管子·玄宫》和业已亡佚的《玄宫图》描绘了一室居中、东西南北四方宫室合围的建筑形态。[②]《月令》中的"明堂"形制更为清晰:(1)"太室"居中;(2)青阳、明堂、总章与玄堂按东南西北的次序,排布于"太室"四周;(3)每"堂"两侧有"左个"与"右个",凡八"个"。

第三,"月令明堂"被设想为天子颁布十二月令的神圣空间,是一座用"空间"来表达"时间"的特殊建筑。每月天子进入相应的那间宫室,颁布当月的时节政令,周而复始,岁而循环。"月令明堂"不具有"朝诸侯"与"宗祀文王"的功能。

迄今为止,先秦考古尚未发现"亞"形建筑遗迹。然而,"月令明堂"理论却频频现身于上古图书。长沙子弹库楚帛书、周家台秦简《二十八宿

---

① 其实还有一类理论,即方技思想中的"明堂"。但由于它对汉代礼制的影响并不深刻,本文不拟探讨。相关研究参见澀沢尚:《昆侖と祭祀壇——"明堂"との関係において》,《学林》26,1997年;林克:《方技的視點から見た明堂論序說》,《大東文化大学漢学会誌》53,2014年。

② 李零对《玄宫图》有很好的复原,参见氏著《楚帛书研究》,上海:中西书局,2013年,第40页。

占》、马王堆帛书《刑日》与《式图》，以及孔家坡汉简《日廷》、江苏仪征刘集联营 M10 式盘等出土简帛、文物，都具有“亞”形结构，[①]反映出“五行”配伍模式。

如前述，文献与考古均无法证实周代存在以“明堂”为专名的建筑。然而降至汉代，以“明堂”为专名的建筑在现实中出现了，两汉先后修建汶上明堂、长安明堂与洛阳明堂。下文拟探讨的是，三座明堂的理论渊源分别是什么？“周公明堂”与“月令明堂”两大理论如何在汉代的明堂建设中发挥影响？郑玄与蔡邕误解“周人明堂”的原因何在？

一、汶上明堂

汶上明堂建成以前，曾有两次失败的提议。汉文帝时，贾山奏请“定明堂，造太学，修先王之道”，[②]不见下文。武帝初年，又有儒生赵绾、王臧“欲立明堂以朝诸侯”，还特意迎请申公来京谋划，但最终人废事息。[③]不论结果，这些事件至少表明，在参与国家礼制规划的汉初学者看来，“明堂”是区别于朝堂、宗庙的独立建筑。放眼西汉多次筹议明堂，似未见有学者提出明堂与宗庙一体的论调。[④]

明堂的首次成功营建，是汶上明堂的成立。《史记·封禅书》载：

> 初，天子封泰山，泰山东北阯古时有明堂处，处险不敞。上欲治

---

① 李零：《楚帛书研究》，第 218 页；湖北省荆州市周梁玉桥遗址博物馆：《关沮秦汉墓简牍》，北京：中华书局，2001 年，第 107 页；马王堆汉墓帛书整理小组：《马王堆帛书〈式法〉释文摘要》，《文物》2000 年第 7 期，第 90 页；湖北省文物考古研究所、随州市考古队：《随州孔家坡汉墓简牍》，北京：文物出版社，2006 年，第 144 页；仪征博物馆：《江苏仪征刘集联营西汉墓出土占卜漆盘》，《东南文化》2007 年第 6 期，第 22 页。以上出土文物的最新综合研究，参见黄儒宣：《〈日书〉图像研究》，上海：中西书局，2013 年，第 28—62 页。

② 《汉书》卷五一《贾山传》，北京：中华书局，1962 年，第 2336 页。

③ 《史记》卷一二一《儒林列传》，第 3121 页。

④ 即使到西汉末年长安明堂修建之前，学者的分歧也主要在明堂、辟雍、太学三者是否合一。颜师古曰：“元始四年，大议营起，孔牢等乃以为明堂、辟雍、大学，一实三名。”（《唐会要》卷一一《明堂制度》，上海：上海古籍出版社，2006 年，第 313 页）

明堂奉高旁,未晓其制度。济南人公王带上黄帝时明堂图。明堂图中有一殿,四面无壁,以茅盖,通水,圜宫垣为复道,上有楼,从西南入,命曰昆仑,天子从之入,以拜祠上帝焉。于是上令奉高作明堂汶上,如带图。及五年修封,则祠太一、五帝于明堂上坐,令高皇帝祠坐对之。祠后土于下房,以二十太牢。天子从昆仑道入,始拜明堂如郊礼。①

汶上明堂的蓝本是方士公王带所上"黄帝明堂图",自然具有方术色彩。② 然而,其间所行礼事并未全然为方术覆盖。(表 3.4)

表 3.4　汉武帝汶上明堂礼事

1	元封五年春三月甲子	祠高祖于明堂,以配上帝,因朝诸侯王、列侯,受郡国计
2	太初元年冬十一月甲子朔旦冬至	祀上帝于明堂
3	天汉三年春三月	祀明堂,因受计
4	太始四年春三月壬午	祀高祖于明堂,以配上帝,因受计
5	太始四年春三月癸未	祀景皇帝于明堂
6	征和四年三月庚寅	祀于明堂

如上表,"祠高祖于明堂以配上帝",形式上类似于《孝经》"祀文王以配上帝"。"朝诸侯王"与《明堂位》"大朝诸侯"无异。"受郡国计"亦不具方术神秘性。从表面上看,汶上明堂的主要仪式,基本上是两个"周公故事"的叠加。

可见,尽管儒生说不清明堂形制,但对明堂的礼仪职能却有概念。由赵绾、王臧的提议观之,"朝诸侯于明堂"已根植于西汉儒生的历史记忆之

① 《史记》卷二八《封禅书》,第 1401 页。

② 藤川正数:《漢代における礼学の研究》,第 246 頁;澀沢尚:《昆侖と祭祀壇——"明堂"との関係において》,《学林》26,1997 年,第 10—11 頁;栗原朋信:《始皇帝の泰山封禅》,《秦漢史の研究》,東京:吉川弘文館,1969 年,第 33 頁;佐川英治:《汉六朝的郊祀与城市规划》,余欣主编:《中古时代的礼仪、宗教与制度》,上海:上海古籍出版社,2012 年,第 203 页。

中。前揭《毛传》及申公《鲁诗故》又表明，西汉前期也已存在“明堂宗祀文王”之说。换言之，这两个“周公故事”应是汶上明堂建立前后学界关于明堂礼制的主流认识。汶上明堂的特点就在于神仙方术家的建筑形制与“周公故事”的结合。

汶上明堂的建立，增益了先秦以来的建筑类型，也触动了西汉的礼制格局。此前，公王带“黄帝明堂图”所描绘的明堂形制于史无征。同时，泰一、五帝、后土祭祀已有甘泉泰畤、雍五畤与汾阴后土祠，高祖祭祀有高庙，朝会诸侯在王宫。现汶上明堂集合了这些礼仪空间的职能，并与它们共存(图 3.9)。如此，便在原有礼制格局上新增了一个层次。在西汉后来的历史中，国家祭祀的性格虽发生彻底改变，①但这一新型礼制格局基本得以保留。

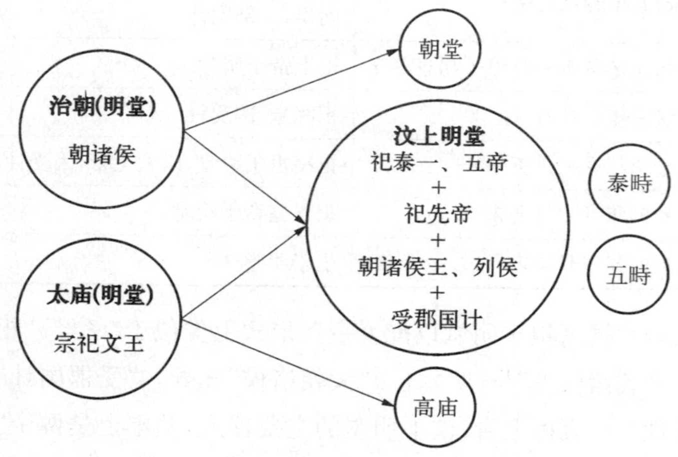

图 3.9　汶上明堂建立后的礼制格局

二、长安明堂

汶上明堂因形制“不经”而备受儒生诟病。元始四年(4)，王莽奏立明

① 田天：《秦汉国家祭祀史稿》，北京：三联书店，2015 年。

堂，迅速竣工。一向宗周的王莽，其实并未按《周礼·考工记》的规格营建明堂。据大土门遗址考古报告，中心建筑“平面似‘亞’字形，南北通长 42、东西 42.4 米”。这种长宽约 1∶1 的中心建筑，不见于商周建筑遗址。①《水经注·渭水》中的一条材料，揭示了长安明堂的方位与结构，其文曰：“渭水东合昆明故渠……东径明堂南，旧引水为辟雍处，在鼎路门东南七里，其制上圆下方，九宫十二堂，四向五室。”②昆明故渠走向及“鼎路门东南七里”的记载，均为遗址所证实，故这条史料大致可信。所谓“九宫十二堂”，北朝封轨议论明堂之制时，亦称“东西二京，俱为九室”。③ 根据王世仁的复原，长安明堂中心有一个大方形夯土台；四面各有三间厅，居中者为四“堂”，两侧凡八“个”。④ 太室加八“个”即“九宫”；四堂及八个共称“十二堂”。《大戴礼·盛德》引《明堂月令》曰：“九室十二堂。”⑤可知长安明堂的布局，正合“月令明堂”的理论设计。

长安明堂选址南郊。“周公故事”语境中的“明堂”，无论治朝或太庙，都不可能位于南郊。在当时儒家经典中，《大戴礼·盛德》提出“近郊三十里”之说。除此之外，《韩诗说》云：“（辟雍）在南方七里之内，立明堂于中。”⑥《孝经援神契》的叙述更加明确：“在国之阳，三里之外，七里之内，在辰巳者也。”⑦据考古报告，明堂中心建筑位于汉长安城东南，“北距汉长安

---

① 中国社会科学院考古研究所：《西汉礼制建筑遗址》，第 199、226—230 页；汪宁生：《释明堂》，《文物》1989 年第 9 期；王震中：《商代都邑》，第 112 页。

② 王先谦：《合校水经注》卷一九，北京：中华书局，2009 年，第 289 页。

③ 《北史》卷二四《封轨传》，北京：中华书局，1974 年，第 898 页。

④ 王世仁：《明堂形制初探》，《中国文化研究集刊》第 4 辑，第 15 页。杨鸿勋提出不同意见，认为王莽重《周礼》，长安明堂应从《周礼》“五室”形制。（杨鸿勋：《建筑考古学论文集》，第 267 页）我倾向于王世仁的复原。长安明堂的形制与规格皆不合《周礼》，故可能亦未从《周礼》“五室”之数。王莽即真后又于明堂西侧新建“九庙”，可见王氏对“九”情有独钟。而且《水经注》《北史》俱称两京明堂皆为九室，不应轻易否定。

⑤ 孔广森：《大戴礼记补注》卷八，北京：中华书局，2013 年，第 160 页。《大戴礼记·盛德》篇内容来源驳杂，既援引《明堂月令》，又包含河图洛书九宫幻阶思想；既曰“或以为明堂者文王之庙”，又言“此天子之路寝也”。颜师古已指出，该篇文字重复、矛盾之处颇多，似为各家明堂议论的综述。（《唐会要》卷一一《明堂制度》，第 313 页）相较于《明堂位》《考工记》和《礼记·月令》，《大戴礼记·盛德》中的“明堂”含义并不单纯。

⑥ 马国翰：《玉函山房辑佚书》（壹），第 531 页。

⑦ 安居香山、中村璋八：《纬书集成》，石家庄：河北人民出版社，1994 年，第 967 页。

南垣约 1 公里许”“北距安门约 2 公里”,①分别合汉制 3 里、7 里,与《韩诗说》《援神契》相印证。报告又称明堂位于“安门南出大道东侧”,也符合《援神契》“辰巳”之说。王莽擅长利用谶纬来倡导新祀典的成立,②《援神契》所言又与礼制重心“走向南郊”的趋势相合。③ 因此,明堂选址的直接理论依据出自纬书《援神契》的可能性更大。其实,纬书中的“明堂”亦可归入“月令明堂”理论范畴。《援神契》提到,“明堂者,天子布政之宫,八窗四闼,上圆下方”,与《明堂月令》内容近似,二者当出同源。而谶纬之学的渊源,同样可追溯至先秦阴阳五行家。④

阴阳五行家的“月令明堂”理论为何能得到西汉末年儒生认可,并成为长安明堂的蓝本呢?《月令》与《明堂位》的文献学分类提供了一些启示。刘向《别录》将两篇一同归类于“明堂阴阳记”。前者的归属没有问题,但《明堂位》全文不见任何阴阳五行时令色彩,《别录》对该篇的归类显然不妥。刘向的这一误判,意味着至晚在元成之际,阴阳家“月令明堂”与传统儒家“周公明堂”,在学者知识结构中已不辨彼此。之后,刘歆《七略》将“明堂阴阳记”划归“礼家”。《月令》一篇则在汉成帝以前就已收录于《小戴礼记》。⑤ 西汉中期以降,现实统治对月令思想的需求日益加剧,月令对政治的渗透也不断深化。⑥ 出土简帛、文物又可证实,月令文献所揭“亞”形明堂图式,在汉人的思维模式中早已根深蒂固。在儒学与阴阳学合流的思潮中,原属阴阳家的“月令明堂”构想,最终进入了儒家的历史记忆。

反过来,“月令明堂”理论的一部分内容,也与儒家礼制不无暗合。阴阳家“明堂颁时令”的设计,可能脱胎于先秦“太庙听朔”礼制。在儒家文

---

① 中国社会科学院考古研究所:《西汉礼制建筑遗址》,第 6、213、225—226 页。

② 顾颉刚:《秦汉的方士与儒生》,上海:上海古籍出版社,2005 年,第 94 页;安居香山、中村璋八:《緯書の基礎的研究》,東京:国書刊行会,1976 年,第 128—151 頁。

③ 田天:《秦汉国家祭祀史稿》第 3 章,北京:三联书店,2015 年。

④ 陈槃:《论早期〈谶〉〈纬〉及其与邹衍书说之关系》,《古谶纬研讨及其书录解题》,上海:上海古籍出版社,2010 年。

⑤ 王鸣盛:《蛾术编》卷六《说录六》,第 97 页。

⑥ 邢义田:《月令与西汉政治——从尹湾集簿中的“以春令成户”说起》,《治国安邦:法制、行政与军事》,北京:中华书局,2011 年;杨振红:《月令与秦汉政治——兼论月令源流》,《出土简牍与秦汉社会》,桂林:广西师范大学出版社,2009 年。

献中，“太庙”本就有“明堂”的美称，颁月令也能从听朔之制中找到渊源。因此“明堂班时令”的构想未必是阴阳家向壁虚造。

总之，“月令明堂”理论与儒家礼制的内在关联、儒学与阴阳学的合流，以及现实统治对月令思想的需求，促使阴阳家“月令明堂”与传统儒家“周公明堂”融合为一。于是，涵盖两大知识体系的新“明堂”理论逐渐形成，并在长安明堂与洛阳明堂的营建中不断完善。

长安明堂糅合了“月令明堂”的形制与“周公故事”的礼事（表 3.5）。

表 3.5　长安明堂礼

1	元始五年春正月	祫祭明堂，诸侯王二十八人，列侯百二十人，宗室子九百余人，征助祭
2	居摄元年正月	行大射礼于明堂，养三老五更，成礼而去
3	始建国元年	四代古宗，宗祀于明堂，以配皇始祖考虞帝
4	始建国元年	其庙当作者，以天下初定，且祫祭于明堂太庙
5	始建国二年	汉高皇帝为新室宾，享食明堂
6	始建国四年	莽至明堂，授诸侯茅土
7	天凤四年六月	更授诸侯茅土于明堂
8	天凤六年	初献《新乐》于明堂

由上表，长安明堂礼制虽是两个“周公故事”的叠加，（图 3.10）但其中“宗祀”职能更加突出。八条记载中有四条与祭祀有关，甚至在新莽“九庙”落成之前，王氏祖先都权且祫祭于明堂。① 此外，汶上明堂所祀“上帝”是“秦五帝”（五色帝）。② 而长安明堂的“上帝”虞舜，则来自“周五帝”系

① 《汉书》卷九九下《王莽传下》地皇元年诏曰：“宗庙未修，且祫祭于明堂太庙。”（第 4161 页）

② 至晚自秦文公开始，就有将“五帝”合称为“上帝”的传统。如，《汉书》卷二五上《郊祀志上》：“有司皆曰：‘古者天子夏亲郊祀上帝于郊，故曰郊。’于是夏四月，文帝始幸雍郊见五畤。”新垣平提出“宜立祠上帝”，文帝便作“五帝庙”。（第 1213 页）李零将此“五帝”称为“秦帝系”。参见李零：《秦汉礼仪中的宗教》，《中国方术续考》，北京：中华书局，2006 年，第 107 页。

统。① 王莽大约是希望通过复刻《孝经》“宗祀文王于明堂以配上帝”的历史情景来比况周公。② 然而，长安明堂祭祀终究脱离了《孝经》的原始语境。“郊祀后稷以配天、宗祀文王于明堂以配上帝”反映的是“郊—庙”二级制的构设。汶上明堂成立后，“明堂”已成为与郊、庙并存的新建筑，但它与庙、畤的尊卑尚不明了。而长安明堂的建成，最终致使明堂的地位高于宗庙之上，形成“郊祀天地，宗祀明堂，共祀宗庙”的三级格局。③

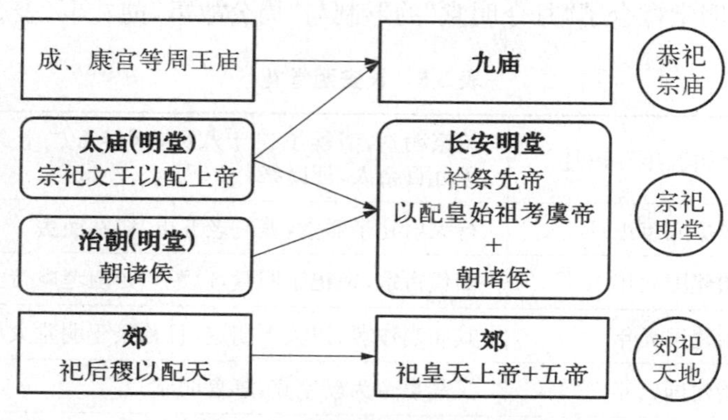

图 3.10 长安明堂的礼制来源

三、洛阳明堂

洛阳明堂的方位与形制遵从“元始故事”。据考古报告，明堂遗址“距故城南墙遗址约 1 000 米”，位于平城门外御道东侧。遗址发现了 28 个沙

---

① 李零已揭，与“秦帝系”相对的“周帝系”即黄帝、颛顼、帝喾、尧、舜“五帝”。(李零：《秦汉礼仪中的宗教》，《中国方术续考》，第 107 页)

② 《汉书》卷二五下《郊祀志下》，第 1264 页。相关研究参见板野長八：《前漢末に於ける宗庙・郊祀の改革運動》，《中国古代における人間観の展開》，東京：岩波書店，1972 年，第 556 頁；重沢俊郎：《古文学および〈周礼〉の思想史的考察》，《中国の伝統と現代》，東京：日中出版，1977 年；藤川正数：《漢代における礼学の研究》，第 249 頁；东晋次：《王莽：儒家の理想に憑かれた男》，東京：白帝社，2003 年，第 136—138 頁；佐川英治：《汉六朝的郊祀与城市规划》，余欣主编：《中古时代的礼仪、宗教与制度》，第 201—203 页。

③ 《汉书》卷九九上《王莽传上》，第 4080 页。

坑，杨鸿勋判断为东汉遗迹，又称中心建筑四面正中各有一大堂，堂左右各有一"个"，凡十二堂；中央方形高台上，四面八室，加通天台太室而为九。[①] "九室十二堂"的考古发现再度与月令文献契合。此外，考古实测沙坑外圜径 54 米，[②]这一数据与惠栋《明堂大道录》所引《明堂月令》中"二十八柱"与"屋圜径二百一十六尺"(今制 51.62 米)的细节近合。[③] 据此，洛阳明堂是"月令明堂"形制的再度实践，表 3.6 罗列的是东汉历次明堂典礼。

表 3.6 东汉明堂礼

		洛阳明堂	汶上明堂
1	永平二年正月	宗祀光武皇帝于明堂，以配五帝。班时令，敕群后	
2	建初三年正月	宗祀明堂	
3	元和二年二月壬申		宗祀五帝于汶上明堂
4	元和二年二月癸酉		告祀高祖、太宗、世宗、中宗、世祖、显宗[④]
5	永元五年正月	宗祀五帝于明堂，登灵台，望云物	
6	延光三年二月		宗祀五帝于汶上明堂
7	永和元年正月	宗祀明堂	
8	汉安元年正月	宗祀明堂	

东汉明堂与长安明堂礼制上的区别，在于祭祀对象的变化及仪式种类的增加。首先，"五帝"祭祀是新变化之一。长安明堂的祭祀对象是"周帝系"中的虞舜。而东汉明堂的"五帝"，则是黄帝、太昊、炎帝、少皞和颛

① 中国社会科学院考古研究所：《汉魏洛阳故城南郊礼制建筑遗址》，第 2、85、99 页；杨鸿勋：《今文学派九室明堂论的体现——东汉雒阳明堂》，见《杨鸿勋建筑考古学论文集》，第 311、313 页。

② 报告称"沙坑中心点距圆形夯土台基中心点皆为 27 米"(中国社会科学院考古研究所：《汉魏洛阳故城南郊礼制建筑遗址》，第 99 页)。

③ 惠栋：《明堂大道录》卷四《明堂制度》，《续修四库全书》第 108 册，第 574 页。

④ 《通典》卷四四《礼四・沿革四・吉礼三》，第 1218 页。表中其余史料，均出自《后汉书》(北京：中华书局，1965 年)。

项这组“五人帝”。“五人帝”是西汉“元始仪”确立的郊祀对象，尔时尚未纳入明堂礼制。① 元始仪虽“案《周官》”，但《周官》仅具“兆五帝于四郊”之文，未揭“五帝”是何神祇。明确阐述“五人帝”理论的，是以《礼记·月令》为代表的月令文献。由此观之，洛阳明堂不仅形制符合“月令明堂”，在祭祀对象上又向“月令明堂”迈进一步。

其次，“班时令”是东汉新增的明堂仪式。李贤注曰：“时令谓月令也。”从悬泉《月令诏条》及居延“月令简”可知，西汉末年所颁“月令”就是传世《月令》的节本。② 不过，没有证据表明王莽曾在长安明堂颁布《月令》。悬泉《月令诏条》的发布时间是元始五年五月，且可能是汉廷第一次以诏书形式颁行《月令》。检视长安明堂礼事，只有当年正月“祫祭明堂”的记录，而未见明堂颁时令的记载。这说明，西汉末年的“班时令”未必在明堂举行。如此，永平二年的“班时令”之举，便是于史可征的首次“明堂班时令”。随着“班时令”的加入，洛阳明堂在建筑形制、祭祀神祇与仪式节目诸方面，完整复刻了文献中的“月令明堂”。（表 3.7）

表 3.7　周公故事与月令理论的此消彼长

	周公明堂			月令明堂			
	朝诸侯	祀先王	上帝（“周五帝”-喾）	亞形	南郊	五人帝	颁时令
汶上明堂	√	√	×	×	×	×	×
长安明堂	√	√	√（舜）	√	√	×	×
洛阳明堂	√	√	×	√	√	√	√

综上所述，从汶上明堂至洛阳明堂，是“周公故事”与“月令明堂”理论逐渐融汇、此消彼长的过程。武帝时期，“月令明堂”理论尚未在政治文化

① 《汉书》卷二五下《郊祀志下》，第 1268 页。

② 中国文物研究所、甘肃省文物考古研究所：《敦煌悬泉月令诏条》，北京：中华书局，2001 年；谢桂华、李均明、朱国炤：《居延汉简释文合校》，北京：文物出版社，1987 年，第 162、325 页；甘肃省文物考古所、甘肃省博物馆、文化部古文献研究室、中国社会科学院历史研究所：《居延新简——甲渠候官与第四燧》，北京：文物出版社，1990 年，第 363 页。

中占据一席之地，故"汶上明堂"礼制只整合了两个"周公故事"。元成以降，长安明堂礼制虽仍是"周公故事"的重演，但儒家化的"月令明堂"理论直接影响了明堂的形制与选址。至洛阳明堂，"周公故事"比重下降，"月令明堂"理论比重上升。在延续"月令明堂"形制、方位的基础上，又以《月令》"五人帝"取代"周公故事"中的神祇系统；"班时令"也被纳入洛明堂阳礼制，最终形成一套以"月令明堂"理论为主导的新理论，并成为魏晋时代议立明堂的底本。①

第四节　从太庙听朔到明堂授时

"政治时间"的制作与发布，向来由统治者掌控。在中国早期典籍的叙述模式中，"敬授民时"总是一种与圣人或帝王有关的历史书写。② 可见，时间的传递是一项颇为神圣庄严的事情。而发布时间的场所，正是成就时间神圣性的一大因素。张衡在《东京赋》中写道："乃营三宫，布政颁常。复庙重屋，八达九房。规天矩地，授时顺乡。"③洛阳明堂建立之后，成为皇帝颁布月令的神圣空间，"明堂颁月令"也丰富了先秦以来"政治时间"的传播形式。那么，东汉之前"政治时间"的传播起点是何处呢？

一、《礼记·玉藻》"听朔于南门之外"考辨

较"明堂颁月令"更悠久的时间发布形式是"告朔"与"听朔"。"告朔"

---

① 魏文帝直接沿用汉明堂(《晋书》卷一九《礼志上》，北京：中华书局，1974 年，第 586—587 页)。据平城明堂遗址考古报告，北魏明堂亦位于南郊，中心建筑结构大量引入东汉明堂的形制。参见王银田、曹臣明、韩生存：《山西大同市北魏平城明堂遗址 1995 年的发掘》，《考古》2001 年第 3 期；王银田：《北魏平城明堂遗址研究》，《中国史研究》2000 年第 1 期；王世仁：《北魏平城明堂形制考略》，《中国建筑史论汇刊》第 2 辑，2009 年。

② 例如，颛顼"载时以象天"，帝喾"历日月而迎送之"，尧命羲、和"钦若昊天，历象日月星辰，敬授人时"等(《史记》卷一《五帝本纪》，北京：中华书局，1959 年，第 11、13 页；《尚书正义》卷二，阮元校刻：《十三经注疏》，第 119 页)。

③ 萧统编，李善、吕延济等注：《六臣注文选》，北京：中华书局，2012 年，第 68 页。

亦称“告月”，即每月初一人君在颁布历朔之前须以特羊告祭太庙，表示“孝子归美先君，不敢自专”。① “听朔”或曰“视朔”，告朔之后人君还要“听治此月之政”。②《论语》和《左传》均载有鲁公告朔、听朔之事，可证这一授时制度至少行用于春秋时期的鲁国。毫无疑问，鲁公的数次告朔皆于太庙举行，这与《礼记·玉藻》“(诸侯)皮弁以听朔于太庙”相吻合。③《周礼·太史》曰：“正岁年以序事，颁之于官府及都鄙，颁告朔于邦国。”④周天子直接控制的势力范围有限，能否颁朔于邦国值得怀疑，⑤但天子在王畿之内颁朔未必不合情理。那么，天子的颁朔礼仪是否也在太庙开展呢？《玉藻》曰：

> 天子玉藻，十有二旒，前后邃延，龙卷以祭。玄端而朝日于东门之外，听朔于南门之外，闰月则阖门左扉，立于其中。⑥

郑玄以下的多数经学家将周天子听朔地点引向南郊明堂。郑注曰：“东门、南门，皆谓国门也。天子庙及路寝，皆如明堂制。明堂在国之阳，每月就其时之堂而听朔焉……闰月，非常月也。听其朔于明堂门中。”简言之，郑玄认为“南门”是国都南门，而“阖门左扉”是关闭明堂之“门”。宋人张载、方悫、叶梦得均沿袭郑注。马晞孟则认为天子告朔于太庙，但听朔却在南郊明堂，“明其受之于天也”。⑦ 这一观点得到方苞的赞同，其余清代学者如万斯大、朱轼、姜兆锡、任启运与孙希旦等都与郑注同一立场。

然而揣摩《玉藻》经文，“南门”与“阖门左扉”之“门”应指一物，属蒙上

---

① 何休、徐彦：《春秋公羊传注疏》卷一三，阮元校刻：《十三经注疏》，第2268页。
② 孔颖达：《春秋左传正义》卷一九上，阮元校刻：《十三经注疏》，第1843页。
③ 孔颖达：《礼记正义》卷二九，阮元校刻：《十三经注疏》，第1474页。
④ 贾公彦：《周礼注疏》卷二六，阮元校刻：《十三经注疏》，第817页。
⑤ 戴震就曾提出：“上之布之必不能一日而遍王畿千里之广，下之奉行，又同用是日，恶能相及乎哉！”参见戴震：《戴震文集》卷一《周礼太史正岁年解二》，北京：中华书局，1980年，第16页。
⑥ 孔颖达：《礼记正义》卷二九，阮元校刻：《十三经注疏》，第1473页。
⑦ 卫湜：《礼记集说》卷七三，长春：吉林出版集团，2005年，第1515、1516页。

省文的经学惯例。清人金榜意识到前人注疏或有龃龉，遂提出二“门”同指路寝之门。[①] 不过，金氏的见解也缺乏经学支持，没有证据表明天子在路寝听朔。

在几乎众口一词指向南郊明堂的情形下，陆佃的声音孤独却有力量，其曰：“南门，大庙门也，据诸侯皮弁以听朔于大庙。”[②]陆佃的解释不仅没有经学逻辑破绽，也得到了先秦建筑考古的印证。上古时期，“南门”并不特指国都南门，而可以指示各个建筑单元的南向正门。如《尚书·顾命》载成王死后，虎贲百人“逆子钊于南门之外”，是为路寝南门。[③] 又，甲骨卜辞有“于南门寻”（《合》28086）、“启庭西户祝于妣辛”（《合》27555、30294）的文字，裘锡圭认为“南门”指庭院正门，“庭西户”是西墙上的门。[④] 以此为参照，《玉藻》所谓“东门”“南门”，当指太庙的门，而非国门。

然则，《玉藻》为何不明说天子听朔于太庙？突出“南门之外”有何用意呢？《荀子·大略》曰：“天子外屏。”屏，即后世所谓影壁，天子宫室的影壁位于正门之外。《尔雅·释宫》又称：“门、屏之间谓之宁。”宁乃“人君视朝所宁立处”。[⑤]《礼记·曲礼下》可与之互证，其文云“天子当宁而立”。[⑥]陕西周原岐山凤雏甲组建筑遗址证实《荀子》《尔雅》所言不虚。据简报，“影壁位于门道前 4 米处，东西长 4.8、厚 1.2”。[⑦] 傅熹年、王恩田均将“影壁”定名为“屏”。王恩田同时指出，“门道中间东西一列有三个柱洞，应该是安门（‘扉’）的位置”。[⑧]（图 3.11）总之，《玉藻》的本义应为：天子听朔

---

① 陈寿祺：《五经异义疏证》卷中“附明堂考”引金榜《礼笺》，北京：中华书局，2014 年，第 142 页。
② 卫湜：《礼记集说》卷七三，第 1516 页。
③ 孔颖达：《尚书正义》卷一八，阮元校刻：《十三经注疏》，第 238 页。
④ 裘锡圭：《释殷墟卜辞中与建筑有关的两个词——“门塾”与“自”》，收入《裘锡圭学术文集》（甲骨文卷），上海：复旦大学出版社，2012 年，第 303 页。
⑤ 郭璞注、邢昺疏：《尔雅注疏》卷五，阮元校刻：《十三经注疏》，第 2597 页。
⑥ 孔颖达：《礼记正义》卷五，阮元校刻：《十三经注疏》，第 1265 页。
⑦ 陕西周原考古队：《陕西岐山凤雏村西周建筑基址发掘简报》，《文物》1979 年第 10 期，第 28 页。
⑧ 傅熹年：《陕西岐山凤雏西周建筑遗址初探》，《文物》1981 年第 1 期，第 65 页；王恩田：《岐山凤雏村西周建筑群基址的有关问题》，《文物》1981 年第 1 期，第 75 页。

时站立于太庙正门（南门）外、影壁（屏）内；逢闰月则关闭庙门左扉，天子立于太庙之中。卑于天子，诸侯内屏，无论常月、闰月，诸侯都不可能立于太庙门外听朔，故《玉藻》直云诸侯听朔于太庙。一言以蔽之，天子、诸侯皆听朔于太庙，区别唯在于门外门内而已。

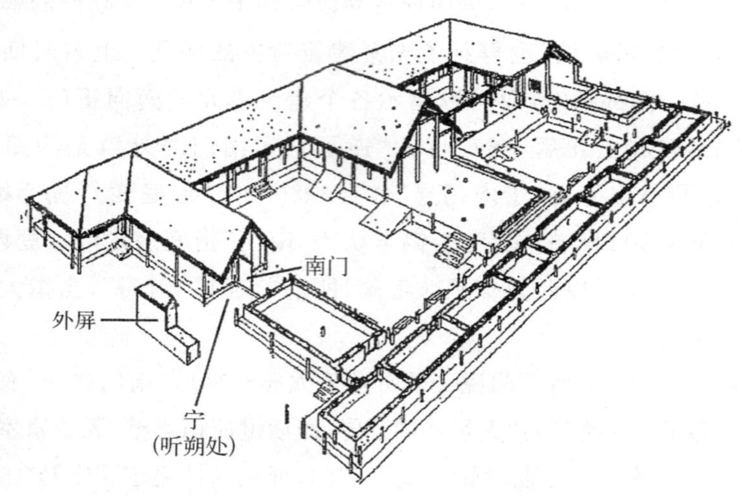

图 3.11　周原凤雏甲组建筑复原及“外屏”“南门”“宁”示意

（复原图见《杨鸿勋建筑考古学论文集》，第 147 页）

二、秦汉授时礼仪空间变迁

秦代之初，废除六国旧历，版图内所有区域的行政与生活节奏原则上都整齐划一。秦汉史籍中虽未见“告朔”“听朔”之类的词汇，但从岳麓、周家台秦简及张家山、尹湾汉简来看，颁朔仍存活于帝制时代，且借助中央—郡县的垂直管理模式得到更有效的贯彻。与先秦不同的是，首先，先秦颁朔一月一行，秦汉则出于行政方便的考虑，以年为颁朔周期。出土秦汉历日简牍标示的多是一年中各月朔日干支及月大小。而且，从历日简牍的规格来看，颁朔的行政化倾向已压制了先秦授时的宗教意涵。银雀山 2 号汉墓所出武帝《元光元年历谱》，简长 69 厘米，合汉制三尺，与“三尺法”规格相同。其次，秦与西汉的皇帝未必亲自颁朔，颁朔也不在宗庙进行。学者研究指出，新年历朔由上计吏带回本郡，而在东汉以前，受计机构是丞相与御史大夫，制度上皇帝不参与受计。①

变化发生在东汉初期，受计与颁朔活动都有皇帝参与。高诱《淮南子注》云：“受朔日，如今计吏朝贺，豫明年之历日也。”②又，蔡质《汉官典职仪式选用》曰：“正月旦，天子幸德阳殿，临轩。公、卿、将、大夫、百官各陪朝贺。蛮、貊、胡、羌朝贡毕，见属郡计吏，皆陛觐，庭燎。”③可见东汉皇帝是在正月初一于德阳殿颁朔。德阳殿是洛阳北宫正殿，建成于永平八年(65)十月。④ 在此之前，据《东观汉记》之载，明帝即位后率诸侯王、公主、郡国计吏“上陵，如会殿前礼”，⑤由是，颁朔与贺朝也都在宫殿举行，先秦太庙告朔听朔的礼制已被秦汉帝国抛弃。

以上，秦汉时期的颁朔是上计活动的一部分，尽管东汉时皇帝亲自参与，但与先秦相比，帝国时代的颁朔已经褪去了“归美先君”的宗教情怀，单纯地作为世俗行政和日常统治的手段之一。

两汉之际，敬授民时的另一种形式——颁月令，逐渐在现实中确立。颁月令的起初年代及内容是否有过变化，尚难决断；可以肯定的是，至晚在西汉元始五年(5)，也就是长安明堂竣工的翌年，汉廷以太皇太后名义发布“诏书四时月令五十条”。⑥ 如前揭，这道月令诏条就是《礼记·月令》的节本。此后，王莽也不止一次派遣公士与太守颁布时令。⑦ 从月令诏条的书写观之，其文曰：

---

① 陈侃理：《秦汉的颁朔与改正朔》，收入余欣主编：《中古时代的礼仪、宗教与制度》，上海：上海古籍出版社，2012 年，第 455 页；侯旭东：《丞相、皇帝与郡国计吏：两汉上计制度变迁探微》，《中国史研究》2014 年第 4 期，第 101—108 页。

② 高诱：《淮南子注》卷五，国学整理社：《诸子集成》(七)，北京：中华书局，2006 年，第 79 页。

③ 孙星衍等辑、周天游点校：《汉官六种》，北京：中华书局，1990 年，第 210 页。

④ 袁宏：《后汉纪》卷九《明帝纪》，北京：中华书局，2002 年，第 170 页。

⑤ 吴树平：《东观汉记校注》卷二，北京：中华书局，2008 年，第 55 页。

⑥ 中国文物研究所、甘肃省文物考古研究所：《敦煌悬泉月令诏条》，北京：中华书局，2001 年。

⑦ 《汉书》卷九九中《王莽传中》，第 4140 页；《后汉书》卷五二《崔骃列传》，第 1704 页。

大皇大后诏曰：往者阴阳不调，风雨不时，降农自安，不堇作[劳]，是以数被灾害，恻然伤之。惟[圣]帝明王，靡不躬天之历数，信执厥中，钦顺阴阳，敬授民时，□劝耕种，以丰年[谷]，盖重百姓之命也。故建羲和，立四子……时以成岁，致憙……其宜[每]岁分行所部各郡。

诏条

元始五年五月甲子朔丁丑，和中普使下部郡太守，承书从事下当用者，如诏书，书到言。

可见，月令诏条制定后，由主管西方的官员“和中（仲）”向敦煌部郡下达，随后由郡守再向下传递至具体执行机关。下级收到诏书后须上书报告。“承书从事下当用者”“书到言”云云，均为汉代行政文书的常用术语。据此，月令诏条的颁布起点不可能是宗庙，而是由政府机关签发。

直到东汉永平二年，颁月令与明堂结合，其宗教神圣性才得以完整显现。如前述，长安明堂与洛阳明堂都是地位高于宗庙的祭祀空间，而且，明堂的每一处建筑细节都蕴含着“时空”意象：

上圆法天，下方法地，八窗象八风，四闼法四时，九官法九州，十二坐法十二月，三十六户法三十六雨，七十二牖法七十二风。①

汉代明堂承载起“神圣时间”与“神圣空间”两个维度，皇帝在明堂中的行动与时空天地融为一体，于是明堂颁时令也就突破了太庙颁朔的“示孝”内涵。

汉代明堂颁月令并非无源之水，而可能就脱胎于先秦太庙听朔礼制。除前节提到的明堂与太庙的关系之外，每月之令也与听朔的内容或存渊源。据《左传》记载，春秋时期已存在不少总结性的时令内容，例如，“启蛰而郊，龙见而雩，始杀而尝，闭蛰而烝”（桓公五年），“凡土功，龙见而毕务”

① 陈立：《白虎通疏证》卷六，北京：中华书局，1994年，第266页。

（庄公二十九年），“日在北陆而藏冰”（昭公四年），等等。《国语·周语》也提到“雨毕而除道，水涸而成梁”等“先王之教”。① 所谓“听朔”，即“听治此月之政”。清人朱轼提出：“听朔者，颁朔毕又令百官奏此一月之政而行之，《月令》所谓养幼少、存诸孤、命民社、命有司省囹圄之类是也。”②虽然春秋时期尚未形成统一的月令文本，但后世月令文本中那些被阴阳五行灾异包装的时令，本质仍是朴素的时节忌宜。

仪式流程上，汉代明堂颁时令也与先秦太庙颁朔相仿。《左传·文公五年》载：“春，王正月，辛亥，朔，日南至。公既视朔，遂登观台以望。”③天子曰灵台，诸侯曰观台。检视汉史，永平二年、建初三年、永元五年、永和元年，皇帝均于明堂礼过后“登灵台，望云物”。④

综上，秦汉“政治时间”的传递形式，携带着先秦太庙颁朔礼制的基因而变化损益。（图3.12）起初，颁朔与宗庙分离，每月告庙听朔变为岁初颁发一年历朔，世俗化程度提升。接着，颁时令制度确立，并在东汉初年最终与明堂结合。明堂授时令多在正月中旬举行，⑤不与颁朔同时，而明堂

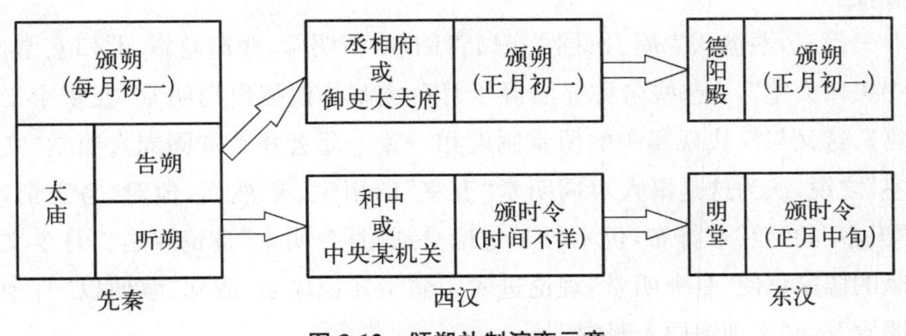

图3.12　颁朔礼制演变示意

---

① 徐元诰：《国语集解·周语中第二》，第63—66页。
② 杭世骏：《续礼记集说》卷五五，清光绪三十年浙江书局刻本。
③ 孔颖达：《左传正义》卷一二，阮元校刻：《十三经注疏》，第1794页。
④ 《后汉书》卷二《明帝纪》，第100页；卷三《章帝纪》，第136页；卷四《和帝纪》，第174页；卷六《顺帝纪》，第265页。
⑤ 永平二年、建初三年、永元五年、永和元年四次明堂典礼的举行时间分别是正月十九、正月十七、正月十一、正月十五。参见朱桂昌：《太初日历表》，北京：中华书局，2013年，第708、746页；《后汉四分日历表》，北京：中华书局，2014年，第19、105页。

授时的宇宙论意义也大大超越了太庙颁朔。

通过以上分析，可以观察出郑玄、蔡邕及其后世支持者关于先秦“明堂”的认知来源。有学者从“今古文之争”的视角解读汉代明堂制度及郑玄、蔡邕之间的对立。① 然而，无论是“明堂”的现实构建，还是郑、蔡的学术讨论，均混杂今古。雅重古文经的王莽，分立明堂、宗庙，且设明堂九室，恰从今文家之意。蔡邕“明堂九室”之论，与今文家合，但坚持明堂与太庙合一，又遵古文家之说。因此不能用“今古文之争”来简化郑、蔡的观点对立。结合明堂理论的发展过程，可知郑、蔡对周人明堂的阐释，都不同程度地受到汉官方新明堂理论的影响。

第一，郑玄“明堂在国之阳”的判断，缘于纬书《孝经援神契》。《驳五经异义》云：“淳于登之言，取义于《援神契》。《援神契》说：‘……在国之阳。’……是以登云然。”②汉代纬学兴盛，是郑玄以纬注经的学术背景，而《援神契》所谓“明堂”，本属于“月令明堂”理论系统。汉代官方对纬书及“月令明堂”理论的推崇，大大提升了郑玄对《援神契》的采信程度。

第三，蔡邕认为周人明堂“东曰青阳，南曰明堂，西曰总章，北曰玄堂，中央曰太室”，③这些名称显然源于月令文献。他指出周明堂“九室十二宫”，这又与汉代现实中的明堂制度相一致。郑玄并不赞同周人明堂“九室”之说，认为这是秦人对周明堂“五室”的衍生。④ 然而，他对《考工记》“五室”的“亞”形排布，仍不可避免地受到“月令明堂”理论左右。月令文献的儒家化使“月令明堂”理论进入了儒学知识体系，故郑、蔡便以“月令明堂”形制来理解周人明堂。

第四，郑玄与蔡邕均认为，宗祀、朝礼、颁月令咸在明堂。其实，“月

① 王葆玹：《今古文经学新论》，第355—372页；杨鸿勋：《从遗址看西汉长安明堂（辟雍）形制》，《今文学派九室明堂论的体现——东汉雒阳明堂》，《杨鸿勋建筑考古学论文集》。

② 皮锡瑞：《驳五经异义疏证》，第104页。中华书局点校本断句为“是以登云。然今汉立明堂……”误，“然”应属上读。

③ 蔡邕：《明堂论》，《全后汉文》卷八〇，第902页。

④ 蔡邕：《明堂论》：“九室以象九州，十二宫以应十二辰。”（《全后汉文》卷八〇，第903页）郑玄：《驳五经异义》谓：“九室三十六户七十二牖，似秦相吕不韦作《春秋》时说者所益，非古制也。”（皮锡瑞：《驳五经异义疏证》，第104页）

令明堂”理论并不包含朝礼与宗祀这两个“周公故事”。但由于“周公明堂”与“月令明堂”理论在两汉之际合流，遂形成你中有我的新礼制，东汉的明堂便兼具三项礼仪职能。因此，郑玄与蔡邕都以东汉的明堂制度来构拟周代的明堂礼制。他们阐述的周人明堂，实为汉代明堂的投影。

本章的讨论贯穿两条线索：一是文献中的“周人明堂”记载及其经学解释，二是早期中国礼制建筑的生成与演变。文献中的“明堂”记载为汉代“明堂”建筑的出现提供了依据；而汉代的明堂制度构建，又直接影响了“明堂”文献的经学注疏。

“周人明堂”有治朝与太庙二义，均与“周公故事”相涉。周公大朝诸侯的“明堂”是治朝，周公宗祀文王的“明堂”是太庙。战国秦汉之际，月令文献又构设出一种“亞”式形制的明堂。秦汉以前，“月令明堂”虽未真实存在，但该理论普遍渗入时人的思维结构，并至晚在西汉元成之际进入儒生的历史记忆。随着儒学复兴，复古宗周的呼声日高，兴建“明堂”成为再现周礼的重要途径之一。然而，汉代营建的三座明堂，无一符合先秦“明堂”的本义。汶上明堂礼制是两个“周公故事”的叠加；长安明堂礼制是两个“周公故事”与“月令明堂”理论的糅合；而在洛阳明堂的制度构建中，“月令明堂”理论已占据主导。郑玄、蔡邕的“明堂”经解，以及后世经学家众口一词的周天子“明堂颁朔”，之所以不同程度地偏离或溢出先秦“明堂”的本义，正是因为深受现实中汉代明堂制度的影响。他们对周代“明堂”的解释，并非基于“历史上的周制”，而是以汉代新理论为认知起点的经学想象。

从文献中的“周人明堂”到现实中的汉代明堂，伴随着“明堂”含义的改变，明堂与朝堂、宗庙等礼制建筑之间的关系也在发生变化。“明堂”由“治朝”与“太庙”的美称，至汉武帝时具象化为一座独立而形制特殊的建筑。随着神仙方术退潮、“月令明堂”理论升温，从元始明堂开始，一座以“神圣空间”来表达“神圣时间”的礼制建筑，被措置于帝国都城的礼制重心，成为南郊一处重要政治景观，地位跃居宗庙之上。自汉代开始，知识的“层累”与君主的政治期许，都会直接映射在“明堂”的建筑语言中。东汉明堂被视为“通神灵、感天地、正四时、出教化”的礼制建筑，上圆法天、下方法地、九室法九州，两汉时期几乎全部宇宙观念皆集于明堂一身。而随着经学发展、道教兴起、佛教盛行，帝国都城的“明堂”形制与位置继续发生变化，它所承载的政治愿景也被不断更新。①

① 北魏平城明堂虽与汉代明堂近似，但已出现了新变化，设计者李冲将礼经记载与汉制进行了全面融会综合。更典型的例子是武周明堂。对此，谷川道雄、金子修一等学者都作过检讨，最新研究参见吕博：《明堂建设与武周的皇帝像——从“圣母神皇”到“转轮王”》，《世界宗教研究》2015 年第 1 期。

第四章 从"迎四时"到"五郊迎气"

时间与空间彼此对应、互相转化，是月令文献的显著特征。这一特征，在明堂礼与迎气礼中表现得最为淋漓。天子每月居处不同方位的宫室，一年十二月，住遍明堂十二宫。迎气又称"迎岁""迎四时"，①天子每逢立春、立夏、立秋与立冬，分别前往东南中西北郊兆，祭祀与时节对应的神灵。明堂礼将四时与五方收束于一座建筑，迎气礼则将祭坛与神祇散布于都城五郊。

明堂研究汗牛充栋，围绕迎气的讨论却相对贫乏。目力所及，久保田刚以色彩及车驾为中心，陈述了《礼记·月令》篇中"四立"时节的仪礼与五行的对应关系；但该研究并未涉及迎气礼制中的具体细节。② 陈侃理缀合银雀山汉简《迎四时》残篇，对比《皇览》所著录的礼文，观察《迎四时》等阴阳书被纳入礼书系统的现象，由此探讨儒家对阴阳学的吸收与整合。③ 杨英在专著中重点探讨了东汉时期的迎四时礼制，以此作为考察周秦两汉王朝祭祀演进的一环。④ 张鹤泉撰写了系列论文，叙述东汉、两晋南朝及北魏的迎气祭祀。杨、张两位学者均注意到《月令》对王朝制作迎气礼

---

① 《淮南子·时则训》除"迎秋于西郊"之外，其余三时均写作"迎岁于东郊""迎岁于南郊"等。参见高诱：《淮南子注》卷五，国学整理社：《诸子集成》(七)，北京：中华书局，2006年，第70、73、77、80页。

② 久保田刚：《時令説の基礎的研究》后篇第三章《礼記月令篇における四立の儀礼と五行》，広島：溪水社，2000年，第274—291頁。

③ 陈侃理：《从阴阳书到明堂礼——读银雀山汉简〈迎四时〉》，《中华文史论丛》2010年第1期。

④ 杨英：《祈望和谐——周秦两汉王朝祭祀的演进及其规律》第四章第三节，北京：商务印书馆，2009年，第600—603页。

的影响。①

早期中国的月令文本不止《礼记·月令》一系"王官月令"有迎气礼仪设计。本章首先梳理各月令文本中的迎气礼制，在此基础上检视两汉迎气礼成立过程中对月令设计蓝图的取舍与创新。

第一节　月令文献中的"迎四时"

上古月令文献中，《管子·轻重己》《吕纪》《淮南子·时则训》《礼记·月令》等篇，均提供了迎气祭仪的设计方案。其中，《吕纪》《时则训》与《月令》同源同支，可归入一类。《管子·轻重己》较《月令》差别明显，自成一系。银雀山汉简《迎四时》则提供了另一种独特方案。

一、《月令》"迎四时"

《礼记·月令》曰：

> 先立春三日，大史谒之天子曰："某日立春，盛德在木。"天子乃斋。立春之日，天子亲帅三公、九卿、诸侯、大夫，以迎春于东郊。还反，赏公、卿、诸侯、大夫于朝。
>
> 先立夏三日，大史谒之天子曰："某日立夏，盛德在火。"天子乃斋。立夏之日，天子亲帅三公、九卿、大夫，以迎夏于南郊，还反，行赏，封诸侯，庆赐遂行，无不欣说。
>
> 先立秋三日，大史谒之天子曰："某日立秋，盛德在金。"天子乃斋。立秋之日，天子亲帅三公、九卿、诸侯、大夫以迎秋于西郊，还反，赏军帅、武人于朝。

① 张鹤泉：《东汉五郊迎气祭祀考》，《人文杂志》2011 年第 3 期；《两晋南朝迎气祭祀礼考》，《南京晓庄学院学报》2017 年第 2 期；《北魏迎气祭祀礼试探》，《河北学刊》2017 年第 3 期。

先立冬三日,大史谒之天子曰:"某日立冬,盛德在水。"天子乃斋。立冬之日,天子亲帅三公、九卿、大夫以迎冬于北郊,还反,赏死事,恤孤寡。①

这一方案包含迎气前致斋、四郊迎气、礼毕回朝册封行赏三个环节。《淮南子·时则训》未提到斋戒,其余内容相同。

二、《轻重己》与银雀山汉简《迎四时》

《月令》迎气礼的时间,在"四立"节气。《管子·轻重己》的安排明显与之有别,其文曰:

以冬日至始,数四十六日,冬尽而春始。天子东出其国四十六里而坛,服青而絻青,搢玉揔,带玉监,朝诸侯卿大夫列士,循于百姓,号曰祭日。……以冬日至始,数九十二日,谓之春至。天子东出其国九十二里而坛,朝诸侯卿大夫列士,循于百姓,号曰祭星。……

以春日至始,数四十六日,春尽而夏始。天子服黄而静处,朝诸侯卿大夫列士,循于百姓,发号出令曰:"毋聚大众,毋行大火,毋断大木,诛大臣,毋斩大山,毋戮大衍。灭三大而国有害也。"天子之夏禁也。以春日至始,数九十二日,谓之夏至,而麦熟。天子祀于太宗。……

以夏日至始,数四十六日,夏尽而秋始,而黍熟。天子祀于太祖,其盛以黍。……以夏日至始,数九十二日,谓之秋至,秋至而禾熟。天子祀于大心,西出其国百三十八里而坛,服白而絻白,搢玉揔,带锡监,吹埙篪之风凿,动金石之音,朝诸侯卿大夫列士,循于百姓,号曰祭月。……

以秋日至始,数四十六日,秋尽而冬始。天子服黑絻黑而静处,朝诸侯卿大夫列士,循于百姓……以秋日至始,数九十二日,[谓之冬至。]

① 孔颖达:《礼记正义》卷一四—一七,阮元校刻:《十三经注疏》,北京:中华书局,1980年,第1355、1365、1373、1381页。

> 天子北出九十二里而坛，服黑而絻黑，朝诸侯卿大夫殖士，号曰发繇。①

如上，以冬至为起点，以四十六日为节，分一年为八节，天子于春始（立春）、春至（春分）、秋至（秋分）与冬至，赴四郊朝诸侯群僚并登坛祭祀，或发号出令。这种时间系统也见于银雀山汉简《迎四时》。陈侃理据《皇览》录文缀合复原的汉简《迎四时》如下：

> 距冬日至[四十六日，天子]迎春于东堂。[堂高八尺，堂阶八等。青税八乘，旗尚青。天之生唱之以]角，舞之以羽狄，此迎春之乐也。
>
> [距春]分四十六日，天子迎夏[于南堂。堂]高七尺，堂[阶七等。赤税七乘，旗尚赤。]天之养唱之以羽，舞之以鼓非，此迎[夏之乐也。]
>
> [距夏至四十]六日，天子迎[秋于西堂。堂高九尺，堂阶]九等，白税九乘，旗[尚白。天之收唱之以商，舞之以干戚。此迎秋之乐也。]
>
> [距秋分四十六日，天子迎冬于北堂。堂高六尺，堂阶]六等，黑税六乘，旗尚黑。[天之诛唱之以徵，舞之以龠。此迎冬之乐也。]
>
> 冬夏之乐必□□……春养八稚于东堂，夏养七孀妇于南堂，秋养九老于西堂，冬养六叟于北堂。养[后三月而止。]②

《迎四时》也以四十六日为节，但迎气频率与《月令》相同。此外，《轻重己》《迎四时》两篇都遵循季节与方位的五行配伍原则，但细节上的差异一目了然。首先，《轻重己》没有明言“迎气”，而称“祭日”“祭月”“祭星”和“发繇”。其次，祭祀地点不规律。《轻重己》在立夏与立冬二日，要求天子“静处”；夏至与立秋，天子祭祀太宗、太祖之地或为宗庙。郊坛的位置，基本与时间周期（四十六、九十二）对应，唯秋分“西出其国百三十八里而坛”例外。银简《迎四时》的祭祀空间为东南西北“四堂”，此或即祭坛。《尚书·金縢》

---

① 黎翔凤：《管子校注》卷二四，北京：中华书局，2004年，第1529—1540页。
② 陈侃理：《从阴阳书到明堂礼——读银雀山汉简〈迎四时〉》，《中华文史论丛》2010年第1期，第366页。

“为三坛同墠”，郑玄注引马融之说曰：“土堂。”①至于四堂距离城中的道里数，《迎四时》未作记录。复次，银简《迎四时》有用乐说明，《礼记·月令》在五行配置中提到当月音律，《管子·轻重己》则无此构设。（表4.1）

表4.1 诸本月令文献中的迎气礼（以迎春为例）

	《礼记·月令》	《管子·轻重己》	银雀山汉简《迎四时》
迎气频率	“四立”	“四立”+“两分两至”	“四立”
迎春前	斋三日		
时间	立春	春始（距冬至四十六日）/春至（距冬至九十二日）	距冬至四十六日（立春）
祭坛方位	东郊	东出其国四十六里/东出其国九十二里	
坛（堂）高			八尺
坛（堂）阶			八等
舆服	乘鸾路，驾仓龙，载青旂，衣青衣，服仓玉	服青而絻青，搢玉揔，带玉监	青税八乘，旗尚青
迎气乐	其音角，律中大蔟		天之生唱之以角，舞之以羽狄
迎气后	赏公卿大夫诸侯于朝		

总之，《管子·轻重己》与《迎四时》的时间系统为一，但其迎气频率很不规则。《月令》与《迎四时》提供的则是整齐的“四时四郊迎气”方案。在同一框架内，以《吕纪》《月令》为代表的主流文献简要描述了迎气前后的流程，而《迎四时》着力于说明迎气祭坛的位置、规格等细节。面对呈现在眼前的这些蓝图，王朝的制礼者将如何取舍？迎气礼如何从纸上遗文变为现实制度呢？

---

① 孔颖达：《尚书正义》卷一三，阮元校刻：《十三经注疏》，中华书局，1980年，第196页。

第二节　汉代的迎气礼

《周礼·大宗伯》云：“以青圭礼东方，以赤璋礼南方，以白琥礼西方，以玄璜礼北方。”郑玄视此为周人迎四时之礼：

> 礼东方以立春，谓苍精之帝，而太昊、句芒食焉。礼南方以立夏，谓赤精之帝，而炎帝、祝融食焉。礼西方以立秋，谓白精之帝，而少昊、蓐收食焉。礼北方以立冬，谓黑精之帝，而颛顼、玄冥食焉。礼神者必象其类：……圭锐，象春物初生；半圭曰璋，象夏物半死；琥猛象秋严；半璧曰璜，象冬闭藏，地上无物，唯天半见。①

郑玄的依据并非周代典制实录，而如贾公彦《疏》所言：“皆据《月令》，四时迎气，皆在四立之日，故以立春、立夏、立秋、立冬言之也。知皆配以人帝、人神者，亦据《月令》四时十二月皆陈人帝人神。”礼四方所用玉器形制，也被郑玄依照《月令》而阐发出春生夏半死秋严冬闭藏的时节象征意义。周人是否四时迎气，于史无考。秦朝在雍四畤祭祠上帝，但亦无迎气礼文可寻。进入西汉之后，可以肯定的是基层吏民有一套迎春礼俗。参加盐铁会议的贤良文学曾提到：“发春而后，悬青幡而策土牛，殆非明主劝耕稼之意而春令之所谓也。”②从会议讨论的语境观之，以青幡、土牛为符号的开春仪式，可能是由县府官吏组织民众开展的，带有一定官方色彩。盐铁会议虽发生于汉昭帝时，但基层习俗的养成并非朝夕之事，故地方社会的迎春礼仪当可追溯至西汉中期以前。然而，在很长一段历史时期内，同样缺乏天子迎气的记录。

直至西汉王朝尾声，居摄元年(6)，方由王莽举行了两汉第一次有史可考的迎气。《汉书·王莽传》曰：

---

① 贾公彦：《周礼注疏》卷一八，阮元校刻：《十三经注疏》，第762页。
② 王利器：《盐铁论校注》卷六《授时》，北京：中华书局，1992年，第423页。

居摄元年正月，莽祀上帝于南郊，迎春于东郊，行大射礼于明堂，养三老五更，成礼而去。①

短短一月之间，王莽就接连开展南郊祭祀、东郊迎春和明堂射礼三项重大礼事。此前一年，即元始五年(5)，正是奉天法古、制礼作乐的高潮。居摄元年的迎春礼，就是以元始五年的礼制改革为背景而成立的；甚至东汉时期的迎气礼制，也以“元始中故事”为依据。

一、王莽的迎气礼创制

施行迎气礼的关键是确定时间与地点。按太初历推算，居摄元年正月只有惊蛰和雨水节气，②汉代历史上的首次迎春，并未在立春之日举行。迎春的地点，确如《礼记·月令》所说，定在东郊。元始五年的国家祭祀改革为此奠定了基础，是年，王莽奏立五畤。史载：

谨案《周官》“兆五帝于四郊”，山川各因其方，今五帝兆居在雍五畤，不合于古。……分群神以类相从为五部，兆天地之别神：中央帝黄灵后土畤及日庙、北辰、北斗、填星、中宿中宫于长安城之未地兆；东方帝太昊青灵勾芒畤及雷公、风伯庙、岁星、东宿东宫于东郊兆；南方炎帝赤灵祝融畤及荧惑星、南宿南宫于南郊兆；西方帝少皞白灵蓐收及太白灵、西宿西宫于西郊兆；北方帝颛顼黑灵玄冥及月庙、雨师庙、辰星、北宿北宫于北郊兆。③

王莽的迎气记录，只存居摄元年迎春一条，故难以知晓此后是否有迎夏、迎秋之举。由上引史料来看，王莽以《月令》“五人帝”与“五神”分配予

① 《汉书》卷九九上《王莽传上》，北京：中华书局，1962年，第4082页。
② 立春在元始五年十二月廿一。参看朱桂昌：《太初日历表》，北京：中华书局，2013年，第221—222页。
③ 《汉书》卷二五下《郊祀志下》，第1268页。

五畤，那么他所设想的可能是“五畤迎气”之制。换言之，王莽意图将月令文献的“迎四时”与《周礼》的“兆五帝”结合起来。

有学者认为，王莽所立五畤的方位，依据五行之数，即东距邦八里、南距邦七里、西距邦九里、北距邦六里，以及未地兆距邦五里。[①] 然而，事实上并无证据支撑此说。东、西、北郊兆的定位今已不可考，南郊的位置尚有史料可循。《汉官仪》记述东汉制度称：“天子出，从平城门，先历明堂，乃至郊祀。”[②]《祭祀志》明确表示东汉郊祀制度乃据西汉“元始中故事”，因此可知西汉的南郊也位于明堂之南。《长安志》卷五引《括地志》云：“汉圜丘在长安治内四里居德坊东南隅。”校释者指出，位置相当于今西安市莲湖区大土门以南。[③] 考古报告已确认，西汉明堂的位置就在今西安大土门，北距汉长安城鼎路门 2 公里，约合汉制 7 里。南郊与明堂之间应有一段路程，既然明堂距邦七里，那么南郊所在就应超过七里之数。管中窥豹，元始五年营建的五郊祭坛道里数，可能并不刻意按五行成数设定。

郊坛的规格是否一如《迎四时》所云？坛高与坛阶对应五行配数，今也无从考证。沿用“元始故事”的东汉迎气礼规定，“坛皆三尺，阶无等”，西汉末的迎气郊坛可能亦是如此。这意味着五郊祭坛的规格也未按月令文献营建。

然而，五畤神祇祭祀的构想大有可能源于《月令》。《周礼》虽有“兆五帝于四郊”之文，但“五帝”所指是不清楚的。王莽分别群神，以类相从，太昊、炎帝等“五帝”为统领，佐以勾芒、祝融等五灵及日月星宿诸神。[④] 这一种神灵祭祀样态，意味着国家祭祀中的“五色帝”改为“五人帝”。

元始五年之前，“五帝”之谓往往指“五色帝”。《史记·封禅书》载，高祖入关问秦时上帝祠何帝，对曰：“四帝，有白、青、黄、赤帝之祠。”高帝遂云：“吾闻天有五帝，乃待我而具五也。”于是立黑帝祠，命曰北畤。[⑤] 文帝

---

① 杨英：《祈望和谐——周秦两汉王朝祭祀的演进及其规律》，第 522 页。
② 孙星衍等辑、周天游点校：《汉官六种》，北京：中华书局，1990 年，第 181 页。
③ 何清谷：《三辅黄图校释》，北京：中华书局，2005 年，第 323 页。
④ 畤、庙的形制及区分，参看田天：《秦汉国家祭祀史稿》附录一，北京：三联书局，2015 年，第 334—353 页。
⑤ 《史记》卷二八《封禅书》，北京：中华书局，1959 年，第 1378 页。

时期，赵人新垣平上言“长安东北有神气，成五采，若人冠絻焉”，文帝即作渭阳五帝庙，庙有五门，“各如其帝色”，[①]与“五采”瑞气相呼应。孔家坡汉简《日书・主岁》篇曰，甲乙、丙丁、戊己、庚辛、壬癸朔各由青帝、赤帝等主岁，[②]此处也是以“五色帝”的形式配置历日。

西汉的“五色帝”祭祠是秦人帝系观念的延续。[③] 五畤、五人帝的确立，正式与“秦帝系”传统割裂。五畤的营建依据是《周礼》“兆五帝于四郊”礼文，但《周礼》未揭櫫“五帝”究竟是太昊等“五人帝”、尧舜等“周五帝”，还是“五色帝”。就现有史料来看，勾芒、祝融、蓐收、后土与玄冥“五神”，在《左传・昭公二十九年》即已可见，其文曰：

> 有五行之官，是谓五官，实列受氏姓，封为上公，祀为贵神。社稷五祀，是尊是奉。木正曰句芒，火正曰祝融，金正曰蓐收，水正曰玄冥，土正曰后土。[④]

《山海经》中出现了勾芒、祝融和蓐收，并将三者分配于东、南和西方。[⑤] 南方楚国也将勾芒与西皇（蓐收？）视为一组对称的神祇，《楚辞・远游》曰：“撰余辔而正策兮，吾将过乎句芒。……遇蓐收乎西皇。”[⑥]值得一提的是，就在王莽制作长安五畤与迎气礼的同一历史时段，“五神”个别地或成组地出现在了墓葬画像中。1976 年考古发掘洛阳卜千秋墓，这座西汉后期的墓室壁画中，除绘有青龙、朱雀、白虎这一类传统“四灵”之外，有学者根据画像所在方位判断，认为西山墙正中猪首人身、鼓目大耳的形象

---

① 《史记》卷二八《封禅书》，第 1382 页。
② 湖北省考古研究所、随州市考古队：《随州孔家坡汉墓简牍》，北京：文物出版社，2006 年，第 182 页。
③ 参见李零：《秦汉礼仪中的宗教》，见氏著《中国方术续考》，北京：中华书局，2006 年，第 107 页。
④ 孔颖达：《春秋左传正义》卷五三，阮元校刻：《十三经注疏》，第 2123 页。
⑤ 《西山经》曰：“神蓐收居之……西望日之所入。”《海外南经》曰：“南方祝融。”《海外东经》曰：“东方句芒。”见袁珂：《山海经校注》，北京：北京联合出版公司，2014 年，第 50、189、235 页。
⑥ 洪兴祖：《楚辞补注》，北京：中华书局，1983 年，第 170 页。

就是蓐收，而它对面东壁墓门内额上方的人首鸟身神灵，即勾芒。① 1978年发掘的新莽时期的洛阳金谷园墓，后室壁画出现了完整的“五神”。据贺西林的观点，脊顶平棋凹入处嵌有四壁画砖，由北向南第二块，描画的即是“后土治四方”的主题。东壁南段两砖分别绘有勾芒与蓐收，北壁东端砖上绘有祝融，北壁中部两砖则绘有玄冥。②

这些文献与墓葬画像可以确定，“五神”自春秋战国以来就是方位神。五方与四时配伍，在理论上并无障碍，但明确将“五神”与季节匹配的文献，暂且只能追溯至《吕纪》《月令》。太昊等“五人帝”，以及“五人帝”配“五神”的组合，也只出现在《吕纪》《月令》中。因此，王莽应是以《月令》“五人帝”来填充《周礼》“五帝”之谓。

《月令》虽有“五人帝/神”组合，但并未表明“五帝”“五神”是迎气祭祀对象，且它与银简《迎四时》等篇也只说“迎春”“迎夏”，而没有指出“春”“夏”是否要用一个或一组神祇来作具象化表达。尽管没有直接记载可以证明王莽东郊迎春祭祀的就是太昊与勾芒，不过从东汉的迎气祭祀情况推测，将《月令》“五帝/神”作为四时的具象，应该是王莽时代的创设。

二、从《月令》与“元始故事”再出发：东汉的五郊迎气

西汉的迎气记录只有居摄元年一条。王先谦认为，西汉末年，除居摄元年的那次“迎春”之外，其余均“有祀无迎”。③ 相比之下，东汉的迎气礼

---

① 墓葬考古发掘信息参见洛阳博物馆：《洛阳卜千秋墓发掘简报》，《文物》1977年第6期。对于神祇的定名有不同说法，孙作云认为是方相氏，傅朗云认为是天神豕韦，萧兵认为是雷雨神封豨。贺西林对墓室壁画作了全面注析，重新考证了局部图像。本文从贺西林之说。相关研究参见孙作云：《洛阳西汉卜千秋墓壁画考释》，《文物》1977年第6期，第17页；《文物》编辑部：《关于西汉卜千秋墓壁画中一些问题》，《文物》1979年第11期；萧兵：《卜千秋墓猪头神试说》，《中原文物》1981年第3期；贺西林：《洛阳卜千秋墓墓室壁画的再探讨》，《故宫博物院院刊》2000年第6期。

② 洛阳博物馆：《洛阳金谷新莽时期壁画墓》，《文物参考资料丛刊》九，1985年。贺西林、郑岩主编：《中国墓室壁画全集》1，石家庄：河北教育出版社，2011年，第18—19页。

③ 王先谦：《后汉书集解》，北京：中华书局，1984年，第1130页。

制记载丰富而明确。从中可知，这一时期的迎气礼仪构建并非一蹴而就，大致经历两个阶段：

1.“始迎气五郊”

永平二年(59)，“是岁，始迎气五郊”。①《续汉书·祭祀志》这样阐述东汉迎气礼的制作依据和具体细节：

> 迎时气，五郊之兆。自永平中，以《礼谶》及《月令》有五郊迎气服色，因采元始中故事，兆五郊于洛阳四方。中兆在未，坛皆三尺，阶无等。②

与元始五年一样，永平二年也是汉朝礼制史上的重要年份。明帝继位刚一年，正月就举行了明堂大典，同年迎气五郊，两大月令礼制接连上演。由上可知，迎气制度的理论来源是《礼谶》和《月令》。此处，《月令》与迎气礼的关系，较西汉末年更为明显。在王莽迎春的简短记载中，未明确提及迎气服色。东汉的迎气车驾服色，皆合《月令》，《祭祀志》曰：“迎春于东郊……车旗服饰皆青。”“迎夏于南郊……车旗服饰皆赤。”③关于《礼谶》，张鹤泉与杨英皆主张，《礼含文嘉》中有“五祀，南郊、北郊、西郊、东郊、中郊，兆正谋”之文，故可能是“礼谶”中的一种。④ 理论参考之外，东汉迎气礼的直接模仿对象就是“元始中故事”。如前述，西汉后期以来，儒家经典化了的《月令》具有独尊地位，东汉王朝所参考的，不大可能是《礼记·月令》一系之外的其他版本。而《礼记·月令》只有四郊之谓，没有“中兆”之说，也未载明郊兆的具体方位和规格。因此，东汉“兆五郊于洛阳四方，中兆在未”的布局，便是将长安的情形复制到洛阳。

五郊的方位，目前可知南郊与北郊二者。据《祭祀志》，“(建武)二年

① 《后汉书》卷二《明帝纪》，北京：中华书局，1965年，第104页。

② 《续汉书·祭祀中》，第3181页。

③ 《续汉书·祭祀志中》，第3181—3182页。

④ 张鹤泉：《东汉五郊迎气祭祀考》，《人文杂志》2011年第3期，第113页；杨英：《祈望和谐》，第600—601页；安居香山、中村璋八：《纬书集成》，石家庄：河北人民出版社，1993年，第497页。

正月，初制郊兆于洛阳城南七里，依鄗”。① 此与《五行传》相合。又，“北郊在洛阳城北四里”。② 而《汉官仪》则说：“北郊坛在城西北角，去城一里所。”③两篇史料在道里上的记录虽有出入，但基本可以判断迎气郊坛的“距邦”里数，未以五行之数为据。

《祭祀志》载：

> 立春之日，迎春于东郊，祭青帝句芒。
>
> 立夏之日，迎夏于南郊，祭赤帝祝融。
>
> 先立秋十八日，迎黄灵于中兆，祭黄帝后土。
>
> 立秋之日，迎秋于西郊，祭白帝蓐收。
>
> 立冬之日，迎冬于北郊，祭黑帝玄冥。④

第二章已经提到，“四时”配“五行”的难题在于解决“中央土”的配置。《管子·玄宫》《四时》都存在“中央土”虚置的问题。《吕纪》和《月令》也未给“中央土”配置时令。《淮南子·时则训》是将季夏六月配给了“中央土”。西汉末营建五郊，但仅有一次“迎春”见载，王莽如何订立“迎中气”的时间不得而知。东汉的方法是在“四立”之外，另辟“先立秋十八日”，作为“迎中气”之日。以上引文也是史料所见第一次关于迎气五郊时间的确切记载。东汉王朝甚至还规定了迎气礼开始的钟点，即“四立”之日“夜漏未尽五刻”，京师百官皀从天子郊迎时气。⑤

东汉迎气的祭祀对象，与西汉末年略有不同。后者是“五人帝 + 五神”的组合，至东汉已不见“五人帝”，而将勾芒、祝融这组《月令》“五神”称为五色“帝”。总之，自永平二年始，迎气礼的时间、服色、祭祀神祇等都已确定下来。

---

① 《续汉书·祭祀志上》，第 3159 页。
② 《祭祀志中·北郊》，第 3181 页。
③ 应劭：《汉官仪》卷下，孙星衍等辑、周天游点校：《汉官六种》，第 175 页。
④ 《续汉书·祭祀中》，第 3181—3182 页。
⑤ 《续汉书·礼仪志》，第 3102、3117、3123、3125 页。

2.“始行月令迎气乐”

诸本月令文献均无迎气乐名的记述，银雀山汉简《迎四时》也仅言及四时乐曲音调（角羽宫商等）和舞蹈道具（鼓非、干戚等）。东汉的制礼作乐却考虑到了迎气乐舞曲目的设置。

其实，东汉迎气乐的施行并不顺利。薛莹《后汉记》称，章帝建初二年(77)，太常乐丞鲍邺上书言乐事，请求顺应月律，制作迎气乐：

> 王者饮食必道，须四时五味，故有食举之乐，所以顺天地，养神明，求福应也。移风易俗，莫善于乐。乐者，天地之和，不可久废。今官乐但有太蔟，皆不应月律。可作十二月均，各应其月气，乃能顺天地，和气宜应。明帝始令灵台六律候，而未设其门。《乐经》曰十二月行之，所以宣气丰物也。月开斗建之门，而奏歌其律，诚宜施行。愿与待诏严崇及能作乐器者共作治，考工给所当。①

诏下太常，太常却奏称“作乐器，直钱百四十六万，请太仆作成上”，以花费巨大为理由，提出异议。章帝询问车骑将军马防意见，马防认为，“因岁首之嘉月，发太簇之律，奏《雅》《颂》之音，以迎和气”。诏书以马防之言下三公，最终结果是“独行十月迎气乐”。②

历经一波三折，建初六年(81)冬，始行月令迎气乐。③ 虽然实际上只有迎冬之乐奏响，但从《祭祀志》记载来看，东汉的迎气乐舞仍有一套完整的设计：

> 迎春于东郊……歌《青阳》，八佾舞《云翘》之舞。
> 迎夏于南郊……歌《朱明》，八佾舞《云翘》之舞。
> 迎黄灵于中兆……歌《朱明》，八佾舞《云翘》之舞。
> 迎秋于西郊……歌《西皓》，八佾舞《育命》之舞。

---

① 周天游：《八家后汉书辑注》，上海：上海古籍出版社，1986 年，第 291—292 页。
② 吴树平：《东观汉记校注》卷一二，北京：中华书局，2008 年，第 444 页。
③ 《后汉书》卷三《章帝纪》，第 141 页。

迎冬于北郊……歌《玄冥》,八佾舞《育命》之舞。①

张鹤泉认为,《青阳》之歌、《育命》之舞云云,是光武帝平定陇蜀之后即有的。② 那么,可见迎气乐的设计中,被注入了东汉的王朝特征。随着迎气乐的加入,东汉的迎气礼制渐臻饱满。(表 4.2)

表 4.2 东汉的迎气礼

<table>
<tr><th>时节・时刻</th><th>地点</th><th>位置</th><th>坛高</th><th>阶等</th><th>祭祀神祇</th><th>服色</th><th>乐</th><th>舞</th></tr>
<tr><td>立春・夜漏未尽五刻</td><td>东郊</td><td></td><td rowspan="5">三尺</td><td rowspan="5">阶无等</td><td>青帝句芒</td><td>青</td><td>《青阳》</td><td rowspan="2">《云翘》</td></tr>
<tr><td>立夏・夜漏未尽五刻</td><td>南郊</td><td>七里</td><td>赤帝祝融</td><td>赤</td><td>《朱明》</td></tr>
<tr><td>先立秋十八日・夜漏未尽五刻</td><td>中兆</td><td></td><td>黄帝后土</td><td>黄</td><td>《帝临》③</td><td>《云翘》《育命》</td></tr>
<tr><td>立秋・夜漏未尽五刻</td><td>西郊</td><td></td><td>白帝蓐收</td><td>白</td><td>《西皓》</td><td rowspan="2">《育命》</td></tr>
<tr><td>立冬・夜漏未尽五刻</td><td>北郊</td><td>四里(或云一里)</td><td>黑帝玄冥</td><td>黑</td><td>《玄冥》</td></tr>
</table>

另外,东汉迎气还朝后的行事,尤其是“迎春”与“迎秋”还朝后的行事,与《月令》所揭非常相似。《礼仪志》曰:

立春之日,下宽大书。

立秋之日,白郊礼毕,始扬威武。其仪:……乘舆还宫,遣使者赍束帛以赐武官。武官肄兵,习战阵之仪、斩牲之礼。……立春,遣使

① 《续汉书・祭祀中》,第 3181—3182 页。
② 张鹤泉:《东汉五郊迎气祭祀考》,《人文杂志》2011 年第 3 期,第 117 页。
③ 《祭礼志》称“歌《朱明》,舞《云翘》”,乐舞同于迎夏礼。但《礼仪志》却称,“迎气于黄郊,乐奏黄钟之宫,歌《帝临》,冕而执干戚,舞《云翘》《育命》”(第 3123 页)

者赍束帛以赐文官。①

《月令》曰:“(迎春返)赏公卿诸侯大夫于朝。”《礼仪志》称“立春,遣使者赍束帛以赐文官”,二者意同。《月令》继而又曰“命相布德和令,行庆施惠,下及兆民”。东汉光武初年就恢复了“下宽大书”的传统。永平二年(59),随着迎气礼的实行,宽大诏书的颁布与迎春礼事同日实行,不得不说是对《月令》精神的呼应。《月令》曰:“(迎秋)还反,赏军帅武人于朝。天子乃命将帅,选士厉兵,简练桀俊,专任有功。以征不义,诘诛暴慢,以明好恶,顺彼远方。”检视上引《礼仪志》,“始扬威武”“遣使者赍束帛以赐武官”,以及“武官肄兵,忌战阵之仪”,这些迎秋礼毕后的武事,也与《月令》基本对应。

从居摄元年(6)至东汉建初六年(81),七十五年中,迎气礼的制作日益完备。王朝迎气礼确立后,便与地方社会固有的迎气礼俗配套起来。西汉中期以前,县乡吏民就有悬青幡、策土牛以示开春的传统。这一传统延续至东汉而未绝。与国家礼制四时迎气不同,东汉时期,基层只迎春,其余三时不迎。②《论衡·乱龙篇》云:“立春东耕,为土象人,男女各二人,秉耒把锄;或立土牛。象人、土牛,未必能耕也,顺气应时,示率下也。”③南阳出土的延熹二年(159)《张景造土牛碑》可见,东汉末年县府仍调集十四乡民力作治“土牛、犁、耒、草、簷、屋”等一干迎春用具。④ 除施土牛、耕人之外,还要请一男童扮演“春”的角色:“迎春于东郭外。令一童男冒青巾,衣青衣,先在东郭外野中。迎春至者,自野中出,则迎者拜之而还,弗祭。”⑤简涛认为,男童具有“少阳”的含义,⑥与孟春之月的时气相应。

与地方社会迎春传统不绝形成对比,国家祭祀中的迎气礼事断断续

---

① 《续汉书·礼仪志上》,第3102页;《礼仪志中》,第3123页。
② 《续汉书·祭祀志下》,第3205页。
③ 黄晖:《论衡校释》卷一六,北京:中华书局,1990年,第702—703页。
④ 郑杰祥:《南阳新出土的东汉张景造土牛碑》,《文物》1963年第11期,第1页。
⑤ 《续汉书·祭祀志下》,第3204—3205页。
⑥ 简涛:《略论迎春礼俗的起源》,《民俗研究》1995年第4期,第81页。

续。如前述，为节约花费，东汉只行十月迎冬乐。即便已简而又简，仍有所短损。刘昭引《献帝起居注》曰：“建安八年，公卿迎气北郊，始复用八佾。”①“复用”二字说明，在此之前，八佾乐舞曾经停废。其次，对于作为郊祀礼制之一的五郊迎气，皇帝往往不亲自祭祀。至少从顺帝开始，本应由天子亲祭的迎气礼，就开始委托有司代祭。黄琼尝谏顺帝曰：“迎春东郊，既不躬亲，先农之礼，所宜自勉，以逆和气，以致时风。”②汉灵帝时，蔡邕之言更能清楚地表明皇帝对迎气礼的废怠：“迎气五郊，而车驾稀出，四时至敬，屡委有司，虽有解除，犹为疏废。”③灵帝多引无行之徒、灾异频发。蔡邕认为这是不敬四时的后果，故上封五事的头一件，便是根据明堂月令，“迎五帝于郊，所以导致神气，祈福丰年”。④

综合本章论述，早期中国有迎气礼制设计的月令文献，一是《管子·轻重己》，二是《吕纪》《时则训》和《月令》一系主流时令文献；三是银雀山汉简《迎四时》。《轻重己》设计的礼制结构最不整齐，未曾获得汉王朝制礼者青睐。其余几种月令提供的均是“四时四郊迎气”方案。考虑到《月令》在汉代的独尊地位，它应是王朝制礼作乐的主要参考。

两汉的迎气礼制历七十余年构建完善。西汉末年，王莽将《月令》“迎四时”嫁接于《周礼》“兆五帝”之上，使两篇文献的设想都变为了现实制度，五畤确立后的翌年正月，即迎春于东郊。王莽的创制，表现在将四时之气具象化为《月令》“五人帝/神”。东汉沿袭“元始故事”，以《月令》和《礼谶》为理论来源，确立了“五时—五郊”迎气礼制。时间、服色、神祇，以及迎气回朝后的庆赐恤赏，都与《月令》的设计相符。不过，两汉的迎气礼仪并非对月令文献的简单复制，西汉五郊之兆的方位似并不遵循五行配数，东汉的迎气乐舞反映的也是本王朝的时代特征。

后世迎气礼大致遵从“东汉故事”的框架，明显的改动在于祭祀神祇。东汉迎气礼将《月令》“五神”升格为“帝”，称青帝勾芒、赤帝祝融、黄帝后

① 《续汉书·祭祀志中》，第3182页。
② 《后汉书》卷六一《左周黄传》，第2034—2035页。
③ 《后汉书》卷六〇下《蔡邕列传》，第1992页。
④ 《后汉书》卷六〇下《蔡邕列传》，第1993页。

土、白帝蓐收与黑帝玄冥。如前述，郑玄对《礼记》中“明堂”的注解，是东汉礼制在其知识世界的投影；但他关于迎气礼的经注，却并未以现实制度为参照。前引《周礼·大宗伯》“以青圭礼东方”，郑注谓：“礼东方以立春，谓苍精之帝，而太昊、句芒食焉。”与此相同，郑注《礼记·月令》迎气礼文曰：

> 迎春，祭苍帝灵威仰于东郊之兆也。
>
> 迎夏，祭赤帝赤熛怒于南郊之兆也。
>
> 迎秋者，祭白帝白招拒于西郊之兆也。
>
> 迎冬者，祭黑帝叶光纪于北郊之兆也。①

灵威仰、白招拒等帝名，出自《春秋文耀钩》等纬书。② 郑玄称之为“帝之精”，认为其地位高于太皞一组“五人帝”和勾芒一组“五神”。不过，郑玄此说，并不为蔡邕、马融、贾逵等同时代的经学家所接受。蔡邕《月令章句》曰：“迎春者，礼昊天、句芒之神也。”③蔡邕的观点与东汉的实际情况相符合。

孔颖达《正义》非常认同郑玄的看法，而且还作了补备：

> 《礼器》云：“飨帝於郊，而风雨寒暑时。”是人帝，何能使风雨寒暑得时？又《诗》及《尚书》云，上帝皆为天也。《周礼·司服》云：“王祀昊天上帝，则服大裘而冕，祀五帝亦如之。”五帝若是人帝，何得与天帝同服？故以为灵威仰。④

简言之，《正义》认为，太昊等“五人帝”不具有“能使风雨寒暑得时”的力量，郊祀中也不能与天（“上帝”）平起平坐，能具备以上两个条件的只有灵

① 孔颖达：《礼记正义》，阮元校刻：《十三经注疏》，第1355、1365、1373、1381页。
② 安居香山、中村璋八：《纬书集成》，第662页。
③ 马国翰：《玉函山房辑佚书》（贰），扬州：广陵书社，2005年，第920页。
④ 孔颖达：《礼记正义》卷一四，阮元校刻：《十三经注疏》，第1356页。

威仰等“五帝之精”。但是，早期中国的经典及出土文献中都不见与灵威仰等神祇相关的祭祀，《礼记》注疏颇有“不经”之嫌。

然而，如果立足于《礼记正义》撰作的时代，其说却未必“无稽”。《魏书》载：“泰常三年，为五精帝兆于四郊，远近依五行数，各为方坛四陛，埒壝三重，通四门，以太皞等及诸佐随配。”①可见，北魏前期的迎气神祇已择从郑玄之说。《正义》在遵循“疏不驳注”原则的同时，也有现实制度的参考。

隋唐时期的五郊迎气属于“大祀”的内容之一。以迎春为例，据《开元礼》：

> 立春祀青帝于东郊。……设青帝酒尊于坛之上下：……设配帝著尊二，牺尊二，象尊二，罍一，在坛上，于青帝酒尊之东，北向西上。岁星、三辰、句芒氏俱象尊二，各设于神座之左，皆右向。②

其中“青帝”，《开元礼》又曰：

> 祀日未明五刻，太史令、郊社令设青帝灵威仰神位，于坛上北方，南向，席以稿秸。设帝太昊氏神座，于东方，西向，席以莞。设岁星、三辰之座于坛之东北，七宿之座于坛之西北，各于坛下南向相对为首。设句芒氏之座于坛之东南，西向。席皆莞。③

西汉时期的“东方(青)帝”是太昊，东汉时勾芒升格为“青帝”，《开元礼》又将灵威仰奉为“青帝”。结合两段材料可知，《开元礼》将迎气祭祀的神祇从高至低分为三等：最高是灵威仰等“五精帝”；次等为太昊氏等“配帝”；再次等为句芒氏之流。

---

① 《魏书》卷一〇八《礼志一》，北京：中华书局，1974年，第2737页。

② 東京大学東洋文化研究所藏：《大唐开元禮》卷一三，東京：汲古書院，1973年，第90—91頁。

③ 東京大学東洋文化研究所藏：《大唐开元禮》卷一三，第91頁。

不难发现，最早受祭的神灵，在后世迎气礼演变中，地位逐级下降；而起初未受迎祭的神祇，却被拉升至高位。东汉至中古时期对《月令》迎气经文的注疏，掺入了来自纬书的知识。这些内容虽“事涉不经”，与汉代施行的迎气实况亦不合，却最终被东汉以后的祭祀系统吸收，成为新的正统。

第五章 汉代的“行县”与“行春”

“政治时间”授受的两端，一是天子，一是民众，敬授民时最终要落实到基层百姓的生活作息中来。明堂颁时令后如何下达？东郊迎岁归春气如何散布？于是，地方长官的巡行成为传递“政治时间”的媒介。

长官循察属县之举称为“行县”。先秦时或已有之，秦汉时期的史料更不乏“行县”记载。到《后汉书》中，“行县”依然可见，但同时出现了“行春”一词。例如，《后汉书·郑弘传》载：“太守第五伦行春，见而深奇之，召署督邮，举孝廉。”①李贤注引《续汉书·百官志》释“行春”之意，《百官志》曰：

> 每郡置太守一人，二千石，丞一人。……凡郡国皆掌治民，进贤劝功，决讼检奸。常以春行所主县，劝民农桑，振救乏绝。②

简言之，“行春”即春日行县。它与“行县”的一字之差，似乎并未引起学者关注。现有研究大多着眼于“行县”职能的归纳分析，③普遍将“行春”等同于“行县”。严耕望论及郡国守相职能时，将“行县”与“行春”史事互举。④ 杨宽认为郡守“行县”在春耕时，故“行县”亦可称为“行春”。⑤ 近年，侯旭东

① 《后汉书》卷三三《郑弘传》，北京：中华书局，1965 年，第 1155 页。

② 《续汉书·百官志五》，第 3621 页。

③ 安作璋、熊铁基：《秦汉官制史稿》，济南：齐鲁书社，2007 年，第 556 页；廖伯源：《使者与官制演变：秦汉皇帝使者考论》，台北：文津出版社，2006 年；刘太祥：《试论秦汉行政巡视制度》，《郑州大学学报》（哲学社会科学版）2004 年第 5 期；张强、杨颖：《两汉循行制度考》，《南京师大学报》2008 年第 3 期。

④ 严耕望：《中国地方行政制度史—秦汉地方行政制度》，上海：上海古籍出版社，2007 年，第 75—76 页。

⑤ 杨宽：《战国秦汉的监察和视察地方制度》，《社会科学战线》1982 年第 2 期，第 116 页。

将包括“行县”在内的官吏差旅，与传舍的使用联系起来考察，生动地描绘出汉帝国日常统治的一个片断，但他也没有留意“行县”与“行春”的差别。①

“行春”较“行县”有明确的季节定位和时间标识。下文拟探讨的是，“行春”与“行县”是否具备相同的职能和内涵？“行春”为何会在东汉时期出现？“行春”的成立，与国家时间秩序的建构又有何关联呢？

第一节　行县·行春·班春

先秦时期已有君长“行县”事迹。赵武灵王对周绍说：“寡人始行县，过番吾，当子为子之时，践石以上者皆道子之孝。”②《墨子》讲述守城之法时提到，“出而还若行县，必使信人先戒舍室，乃出迎”。③ 以上用例中，行县者是国君与守城将官。进入秦汉，郡县制成熟，行县与行春的又是什么人呢？我们通过史例类比来说明。

一、“行县”“行春”举类

“行县”常见于《史记》《汉书》，材料时间跨度从战国末年至新莽。（表5.1）

表5.1　秦汉“行县”史例

	职官	姓名	事　例	史料来源
1			使人与秦吏**行县**乡邑，告谕之	《史记》卷八《高祖本纪》
2	河东守尉		每河东守尉**行县**至绛，绛侯勃自畏恐诛……	《史记》卷五七《绛侯周勃世家》
3	秦相、穰侯	魏冉	东**行县**邑	《史记》卷七九《范雎传》

① 侯旭东：《传舍使用与汉帝国的日常统治》，《中国史研究》2008年第1期。
② 范祥雍：《战国策笺证》卷一九，上海：上海古籍出版社，2006年，第1069页。
③ 孙诒让：《墨子间诂》卷一五，国学整理社：《诸子集成》（四），北京：中华书局，2006年，第352页。

（续表）

	职官	姓名	事　例	史 料 来 源
4	楚王	韩信	**行县**邑，陈兵出入	《史记》卷九二《淮阴侯列传》
5	楚昭王相	石奢	**行县**，道有杀人者，相追之，乃其父也	《史记》卷一一九《循吏列传》
6	太守		太守**行县**，见（路温舒）而异之，署决曹史	《汉书》卷五一《路温舒传》
7	京兆尹	隽不疑	每**行县**录囚徒还，其母辄问不疑：“有所平反，活几何人？”	《汉书》卷七一《隽不疑传》
8	河东太守	田延年	会田延年为河东太守，**行县**至平阳……	《汉书》卷七六《尹翁归传》
9	东海太守	尹翁归	收取人必于秋冬课吏大会中，及出**行县**，不以无事时	同上
10	左冯翊	韩延寿	岁余，不肯出**行县**。……丞掾皆以为方春月，可壹出劝耕桑。延寿不得已，行县至高陵……	《汉书》卷七六《韩延寿传》
11	京兆尹	王尊	尊出**行县**，男子郭赐自言尊：……尊行县还，上奏曰：……	《汉书》卷七六《王尊传》
12	琅邪太守	赵贡	赵贡**行县**，见宣，甚说其能	《汉书》卷八三《薛宣传》
13	南阳都尉行太守事	翟义	**行县**至宛，丞相史在传舍	《汉书》卷八四《翟方进传》
14	蜀郡守	文翁	每出**行县**，益从学官诸生明经饬行者与俱，使传教令，出入闺阁	《汉书》卷八九《循吏传》
15	牂柯大守	陈立	从吏数十人出**行县**，至兴国且同亭，召兴	《汉书》卷九五《西南夷传》
16	庐江都尉	刘敞	遭旱，**行县**，人持枯稻，自言稻皆枯。……敞应曰：“太守事也。”	《东观汉记》卷七《城阳恭王祉传》
17	建新大尹	崔篆	三年不**行县**	《后汉书》卷五二《崔骃列传》

由表5.1,行县是郡国守相和都尉的职责。那么,守尉行县是否有固定的时间和频率呢?上表第10例揭示,韩延寿是在春月行县。为便于讨论,兹将该段史料展录于下:

> (韩延寿)入守左冯翊,满岁称职为真。岁余,不肯出行县。丞掾数白:"宜循行郡中,览观民俗,考长吏治迹。"延寿曰:"县皆有贤令长,督邮分明善恶于外,行县恐无所益,重为烦扰。"丞掾皆以为方春月,可壹出劝耕桑。延寿不得已,行县至高陵。①

丞掾以"劝耕桑"为由说动韩延寿出门行县,这一理由与"行春"之目的并无二致。众多学者正是根据这段材料,遂将"行县"与"行春"等同视之。另,悬泉汉简有云:"神爵二年三月丙午朔甲戌,敦煌太守快、长史布施、丞德,谓县、郡库:'太守行县、道,传车被具多敝。'"(I0309③:236A)②这条材料所揭日期表明,敦煌太守行县的时间,在三月或三月以前,似乎为"春月行县"又添一例证据。

然而,张家山汉简《奏谳书》呈现了一个反例:

> 淮阳守行县掾新郪狱,七月乙酉新郪信爰书:求盗甲告曰:从狱史武备盗贼,武以六月壬午出行公粱亭,至今不来,不智(知)在所,求弗得,公粱亭校长丙坐以颂系,毋系牒,弗穷讯。七月甲辰淮阳守偃刻(劾)曰:武出备盗贼而不反(返),其从(踪)迹类或杀之,狱告出入廿日弗穷讯,吏莫追求,坐以系者毋系牒,疑有奸诈,其谦(廉)求捕其贼,复(覆)其奸诈及智(知)纵不捕贼者,必尽得,以法论。(简75—78)③

---

① 《汉书》卷七六《韩延寿传》,北京:中华书局,1962年,第3213页。

② 胡平生、张德芳:《敦煌悬泉汉简释粹》,上海:上海古籍出版社,2001年,第80页。

③ 彭浩、陈伟、工藤元男主编:《二年律令与奏谳书》,上海:上海古籍出版社,2007年,第354页。

首句中的“掾”字，意为检查、审核。睡虎地秦简《效律》“司马令史掾苑计，计有劾，司马令史坐之(简 55)”及张家山汉简《二年律令》“二千石官丞谨掾(简 397)”，与之用法相同。① 从爰书内容看，狱史武于六月出行，“备盗贼而不返”，其实已为信所害。淮阳守行县，检查该案件，只可能在案发以后。“七月甲辰淮阳守偃劾曰”提示，行县的时间应在七月。可见并非所有的“行县”都在春月进行。在帝国边郡，太守还具有“行塞”的职能。居延新简记载：“大守君当以七月行塞，候尉循行，课马齿五岁至十二岁。”(E.P.S4.T2：6)②这一类似“行县”的“七月行塞”旁证，亦约略指向“行县”并不固定于春季。

从丞掾对韩延寿的劝导来看，太守循行郡中，观览民俗及考课长吏是首要事务，“壹出劝农桑”则似权宜之计。阳朔四年(前 21)春正月，成帝诏曰：

> 方东作时，其令二千石勉劝农桑，出入阡陌，致劳来之。③

成帝之前，文、景、元诸帝都曾数度颁诏劝农，或旨在减免租税，或盼望民人衣食丰足，或呼吁避免不急之役，但敦促太守在春季农耕时节出入阡陌，却是阳朔诏书首倡。尽管“行春”一词要到东汉才现身，然《百官志》所谓“常以春行所主县，劝民农桑”的传统，或肇始于此。④

东汉时期的“行春”史例，有如下数见(表 5.2)：

---

① 彭浩、陈伟、工藤元男主编：《二年律令与奏谳书》，上海：上海古籍出版社，2007 年，第 242 页；另参籾山明：《中国古代诉讼制度研究》“中文版序”，上海：上海古籍出版社，2009 年，第 2 页。

② 甘肃省文物考古所、甘肃省博物馆、文化部古文献研究室、中国社会科学院历史研究所：《居延新简——甲渠候官与第四燧》，北京：文物出版社，1990 年，第 554 页。于振波：《简牍所见汉代考绩制度探讨》，见氏著《简牍与秦汉社会》，长沙：湖南大学出版社，2012 年，第 221—222 页。

③ 《汉书》卷一〇《成帝纪》，第 314 页。

④ 杨振红谓阳朔诏书颁布之后“行春”遂成制度。参见杨振红：《月令与秦汉政治——兼论月令源流》，收入氏著《出土简牍与秦汉社会》，桂林：广西师范大学出版社，2009 年，第226 页。

表 5.2　东汉“行春”史例

	职官	姓名	事　例	史料来源
1	会稽太守	第五伦	**行春**，见（郑弘）而深奇之，召署督邮，举孝廉	范晔《后汉书》卷三三《郑弘传》
2	南阳太守		（周）章从太守**行春**到冠军，太守犹欲谒之。章进谏曰：“今日公行春，岂可越仪私交。”	范晔《后汉书》卷三三《周章传》
3	太山太守	杜密	**行春**到高密县，见郑玄为乡佐，知其异器，即召署郡职，遂遣就学	范晔《后汉书》卷六七《党锢列传》
4	桂阳太守	许荆	尝**行春**到耒阳县，人有蒋均者，兄弟争财，互相言讼	范晔《后汉书》卷七六《循吏列传》
5	钜鹿太守	谢夷吾	后以**行春**乘柴车，从两吏，冀州刺史上其仪序失中，有损国典，左转下邳令	范晔《后汉书》卷八二上《方术列传》
6	临淮太守	郑弘	**行春**，两白鹿随车夹毂而行	谢承《后汉书》（《北堂书钞》卷五〇）
7	吴郡太守	黄说	包咸为吴郡主簿，有好马，太守黄说借乘**行春**，及归放就，甚奇之	谢承《后汉书》（《北堂书钞》卷七三）
8	吴郡太守	黄说	**行春**，留咸守郡	《太平御览》卷二六五《职官部六三》引《吴录》

上表中太守“行春”时的作为，大多是平冤理讼或举才进贤。据前引《百官志》，“进贤劝功，决讼检奸”是郡守日常职掌，不限于春季主理。然而“劝民农桑，振救乏绝”，却与“春”之间有着唯一的时节对应关系。

东汉时期虽有“行春”之事，但“行县”并未销声匿迹。（表 5.3）

表 5.3　东汉“行县”史例

	职官	姓名	事　例	史料来源
1	南阳太守	刘宽	每**行县**止息亭传，辄引学官祭酒及处士诸生执经对讲	《后汉书》卷二五《刘宽传》
2	司隶校尉	鲍永	**行县**到霸陵，路经更始墓，引车入陌，从事谏止之	《后汉书》卷二九《鲍永传》

（续表）

	职官	姓名	事　例	史 料 来 源
3	都尉		郡吏王青者……父隆，建武初为都尉功曹，青为小史。与父俱从都尉**行县**，道遇贼，隆以身卫全都尉，遂死于难	《后汉书》卷四五《张酺传》
4	会稽都尉	任延	每时**行县**，辄使慰勉孝子，就餐饭之	《后汉书》卷七六《循吏列传》
5	陈相	黄昌	每出**行县**，彭氏妇人辄升楼而观	《后汉书》卷七七《酷吏列传》
6	督邮		时督邮**行县**，蝗忽大至	《后汉书》卷八一《独行列传》
7	汝南太守	鲍昱	每**行县**，辄轼其(高获)间	《后汉书》卷八二上《方术列传》
8	九江太守	玄贺	**行县**持干糒，但就温汤而已	《东观汉记》卷一六《玄贺传》
9	下邳相	张禹	(戴)闰当从**行县**，从书佐假车什物	《东观汉记》卷一六《张禹传》

除上表所列，蔡邕撰写的数篇颂文均揭示“行县”的季节信息。《陈留太守行县颂》曰：“府君劝耕桑于属县。”《行小黄县》称：“大颢为政，建时春阳。……原罪以心，察狱以情，钦于刑滥，惟务求轻。”《行考城县》同样提到“劝兹穑民，东作是营”。[①] 显然，蔡邕记颂的三次行县都发生在春季，而且“劝兹穑民”与“察狱以情”也与《百官志》对“行春”的解释相合。如此，毫无疑问，东汉时期“行春”即“行县”。那么反过来，东汉的“行县”是否亦即“行春”？

上表中第4条“每时行县”，说明都尉可能四季都有循行安排。从第6条“督邮行县，蝗忽大至”推论，蝗灾多因大旱所致，而两汉始终以夏

① 严可均辑：《全上古三代秦汉三国六朝文》第1册《全后汉文》卷七四，北京：中华书局，1958年，第874页。

旱为主。[①] 因此，该督邮行县的时间亦未必在春季。除时间季节有别，“行县”与“行春”的主体身份也存在不同。具有“行县”资格的官吏，上至诸侯王、郡国守相和都尉，下至督邮；而“行春”却始终是郡守专职。

综上，“行春”属“行县”之一种，但并非所有的“行县”都能称之为“行春”。“行春”时间的固定性与主体身份的专一性，为“行县”所无，二者不可混为一谈。

二、西汉末年的“班春”

将“行县”与“春”系于一处的是“班春”，故学者往往也以“行县”与“班春”为一事。《东观汉记》载称，王莽时，崔篆为建新大尹，被迫到官：

> 称疾，三年不视事行县。门下掾倪敞谏，篆乃强起班春。所至之县，狱犴填满。篆……遂平理，所出二千余人。[②]

《后汉书》记载与之相同。何谓“班春”？李贤注以四字：“班布春令。”[③]然则“春令”又何指呢？

在各版本的月令文献中，“春令”和“夏令”“秋令”“冬令”一起，出现频率很高。尹湾汉简的出土，丰富了我们对西汉时期“春令”的认识。6号墓所出《集簿》的年代相当于成帝永始二年至元延三年之间（前15—前10），略早于崔篆出仕的时间。其中“以春令成户”一句，先后受到邢义田与杨振红关注。两位学者反复讨论《集簿》所谓“春令”是否超出传

---

① 有学者作过统计，两汉60次蝗灾中，接近四成与旱灾相连，这一情况东汉尤剧。两汉旱灾的高发季节，都是夏季。参看杨振红：《汉代自然灾害初探》，《中国史研究》1999年第4期，第51页；张文华：《汉代蝗灾论略》，《唐都学刊》2003年第1期，第46页；王文涛：《秦汉社会保障研究——以灾害救助为中心的考察》，北京：中华书局，2007年，第35页；段伟：《禳灾与减灾：秦汉社会自然灾害应对制度的形成》，上海：复旦大学出版社，2008年，第33页。

② 吴树平：《东观汉记校注》卷一七《崔篆传》，北京：中华书局，2008年，第738页。

③ 《后汉书》卷五二《崔骃列传》，第1704页。

世《月令》范畴。①

降至东汉，时人对“春令”内容的揭示，比前代具体得多。郎顗条陈便宜四事，第二事为“王者崇宽大，顺春令，则雷应节，不则发动于冬，当震反潜”。② 按《月令》，雷始发声的季节应是仲春二月，若冬雷震震，必是由举止不顾时禁所致。郎顗之言，当以此为据。永平四年(61)春，东平王刘苍为阻止明帝“校猎河内”，力谏皇帝勿“失春令”而言道：“盛春农事，不聚众兴功”。刘苍告知明帝，此乃“时令”所云。③ 刘苍“少好经书”，郎顗多次奏请“奉顺时气，遵其行令”。④ 他们在奏疏中援引《月令》，不足为奇。然而，通观《月令》文本，时节忌宜下及庶民群吏，上涉天子诸侯。太守“班春”时，恐怕不会面对着属县吏民将经典通读一过。那么，太守行县“班春”，包含哪些内容呢？

拜考古所赐，敦煌悬泉置《四时月令诏条》，较为完整地保留了西汉末年“春令”的面貌。这部以太皇太后名义颁行各郡的诏令，几乎是《礼记·月令》的节本。其中，《月令》之“春令”经文，被浓缩成二十条时禁，兹仅将孟春月令诏条移录于下：

敬授民时，曰：扬谷，咸趋南亩。禁止伐木。·谓大小之木皆不得伐也，尽八月。草木零落，乃得伐其当伐者。

毋擿剿。·谓剿空实皆不得擿也。空剿尽夏，实者四时常禁。

毋杀□虫。·谓幼少之虫、不为人害者也，尽九[月]。

毋杀孡。·谓禽兽、六畜怀任有孡者也，尽十二月常禁。

毋夭蜚鸟。·谓夭蜚鸟不得使长大也，尽十二月常禁。

毋麑。·谓四足……及畜幼少未安者也，尽九月。

---

① 邢义田：《月令与西汉政治——从尹湾集簿中的“以春令成户”说起》《月令与西汉政治——重读尹湾牍“春种树”和“以春令成户”》，收入氏著《治国安邦：法制、行政与军事》，北京，中华书局，2011年，第125—179页；杨振红：《月令与秦汉政治——兼论月令源流》，收入氏著《出土简牍与秦汉社会》，第187—233页。

② 《后汉书》卷三〇下《郎顗传》，第1072页。

③ 《后汉书》卷四二《东平宪王苍传》，第1434页。

④ 《后汉书》卷三〇下《郎顗传》，第1066—1067页。

毋卵。·谓蜚鸟及鸡□卵之属也，尽九月。

毋聚大众。·谓聚民缮治也，尤急事若(?)追索□捕盗贼之属也，□下……追捕盗贼，尽夏。其城郭宫室坏败尤甚者，得缮补□。

毋筑城郭。·谓毋筑起城郭也，……三月得筑，从四月尽七月不得筑城郭。

瘗骼貍骴。·骼谓鸟兽之□也，其有肉者为骴，尽夏。

右孟春月令十一条。①

每条令文之后还缀有注释，标明此令的起止时间，不仅便于吏民理解，而且增加了具体施行过程中的可操作性。居延地区也出土了类似简牍：

(1) 敬授民时曰：扬谷，咸趋南……(E.P.T.4：16)

(2) 开通道路，毋有章处……(E.P.T.65：173)

(3) 制诏纳言：农事有不收藏积聚，牛马畜兽有之者，取之不诛 ●始建国天凤三年十一月戊寅下(E.P.T.59：62、63)

(4) 制诏纳言：其□官伐材木取竹箭　始建国天凤□年二月戊寅下(95·5)

(5) 辨衣裳，审棺椁之厚，营丘龙之小大、高卑、薄厚，度贵贱之等级 ●始建国二年十一月丙子下(210·35)②

(1)(2)两条简文可能作于新莽或建武时期，内容与《四时月令诏条》完全一致。剩余三条均为有明确纪年的新莽月令诏条，虽非“春令”，但同样与《月令》经文相同。由此，无论是西汉朝廷还是新莽政权，其颁布的月令诏条均以传世《月令》为底本进行删节，剔除经文中的五行配置、灾异警示及籍田、明堂等贵族礼仪。区别可能体现在由“改正朔”所引起的月政

① 中国文物研究所、甘肃省文物考古研究所：《敦煌悬泉月令诏条》，北京：中华书局，2001年，释文，第4—5页。

② 甘肃省文物考古研究所等：《居延新简——甲渠候官与第四燧》，第9、432、363页；谢桂华、李均明、朱国炤：《居延汉简释文合校》，北京：文物出版社，1987年，第162、325页。

时间配置上。[①] 崔篆出仕正值新莽末年，[②]他颁发的“春令”，应与《四时月令诏条》出入不大，顶多在月政配置上略有调整。

如果行县“班春”是当时通制，则“班春”一词的出现，就要早于“行春”。“班春”的成立，不能脱离两大前提：首先，月令要在现实政治中获得明确的理论地位；其次，要确定“春令”的内容。这两大前提的实现，均不会早于元、成之际（详下）。换言之，“班春”是西汉晚期才出现的新使命，而“行县”则在先秦时期就已存在。因此，“行县”与“班春”亦不能等同。

综合上述，“行春”与“班春”均脱胎于“行县”，但三者差别在于：第一，出现时间不同。“行县”在战国时期就已存在，“班春”传统至晚形成于新莽时期，“行春”一词则成立于东汉。第二，出行时间不同。“行县”时间不固定，“行春”和“班春”则必于春月进行。第三，担当者身份不同。“行县”担当者身份多元，“行春”和“班春”却是郡守专职。因此，不能将三者不加分辨地混通使用。

第二节 “行春”与东汉地方统治

“行春”与“行县”，不仅担当者与出行时间有别，而且也昭示了帝国行政中的不同取向。“行县”以处理具体事务为指归。作为巡察体系的一环，行县时，郡守或君长必须履行监察和指导地方工作的职能。从前引张家山汉简《奏谳书》之例可见，淮阳郡守因核查狱案，从七月乙酉至甲辰，

---

① 胡平生：《“扁书”、“大扁书”考》，见《敦煌悬泉月令诏条》“附录”，第53页；陈直：《居延汉简研究》，北京：中华书局，2009年，第114页；森鹿三：《居延出土的王莽简》，收入中国社会科学院历史研究所战国秦汉史研究室编：《简牍研究译丛》，北京：中国社会科学出版社，1983年，第4—5页。

② 崔篆出任建新大尹的时间，史书无明确记载。按《崔骃列传》之说，骃中子瑗年十八“至京师，从侍中贾逵质正大义”。永元八年（96）贾逵为侍中。瑗父崔骃卒于永元四年（92），时瑗14岁，史云“早孤”。因瑗为中子，以崔骃年长其30岁为断，则骃卒时约为45岁，生于建武廿三年（47）。崔篆为骃祖父，以年长50岁为断，则篆生于建平四年（前3），这与其临终《慰志赋》所云“丁汉室之中微”完全吻合。天凤二年（15），崔篆年方18岁（若缩短代隔，则此时崔篆更幼），出任大尹之职的可能性不大。因此，崔篆当于新莽末年任建新大尹。

在新郪县停驻二十日之久。表 5.1 所列隽不疑录囚、尹翁归收捕罪人，以及崔篆“所至之县，狱犴填满”，都揭示出郡守行县的工作内容。丞掾劝说韩延寿“行县”时，提到的第一项理由也是“考长吏治迹”。由此可见，“行县”主要针对的是长吏。正因为“行县”意在监察，故能使周勃就国后每逢守尉行县便心怀畏惧。[①] 另外，边郡太守的“行县”还具有军事部署和震慑的意义。例如，陈立出任牂柯太守，率众行县，果断诛杀夜郎王兴，以致蛮夷释兵归降。[②] 总之，“行县”机制的设立，是为了应对属县行政中出现的具体问题。

与注重监察、司法、军事的“行县”相比，“行春”的礼制意涵和政治象征意味要突出得多。

一、行春劝农，富之教之

蔡邕《行考城县》写道：

> 暧暧玄路，北至考城。劝兹穑民，东作是营。
> 农桑之业，为国之经。我君勤心，德音邈成。
> 率尔苗民，慎不敬听。女执伊筐，男执其耕。
> 申戒群僚，务在宽平。罪人赦宥，囹圄用情。[③]

从中不难看出，“行春”的宗旨即劝农、示恩与宽刑。

诚如蔡邕所言“农桑之业，为国之经”，天子之于百姓，如慈父之于子女，“爱之而勿劳乎？故春亲耕以劝农，赈贷以赡不足”。[④] 行春期间，太守也要面对监察和司法事务，但正值春季，“劝民农桑”成了最具标志性的“行春”要务。劝民务本、富之教之是两汉循吏的特点之一，也是两汉朝廷

---

① 《史记》卷五七《绛侯周勃世家》，第 2072 页。
② 《汉书》卷九五《西南夷传》，第 3845 页。
③ 严可均辑：《全上古三代秦汉三国六朝文》第 1 册《全后汉文》卷七四，北京：中华书局，1958 年，第 874 页。
④ 王利器：《盐铁论校注》卷六《授时》，北京：中华书局，1992 年，第 423 页。

欲将民众固定在耕织生产上的苦心所在。① “行春”劝农使命的履行，顺应以农为本的立国传统，成就郡国守相的德音，同时也被提升至“奉时顺气”的高度。

劝农不仅是对农业的督导，还包括一系列配套的时令礼仪。立春之日，天子率京师百官在东郊迎气，郡国县道官以至斗食令史，也要参与辖境内的迎春仪式，服青帻、立青幡，施土牛耕人于门外，以示兆民。② 劝农仪式往往所费甚巨。南阳所出东汉《张景造土牛碑》云：“府南门外劝农土牛，□□□□调发十四乡正，相赋敛作治，并土人、犁、耒、草、簟、屋，功费六十万，重劳人功，吏正患苦。”③尽管背负沉重的经济压力，但庆典中青幡、土牛、耕人、犁耒等“劝农符号”，依然是宣示帝国顺天重农最直接的表征。值得一提的是，武官因其主杀，与春气不合，不能出现在迎春、劝农仪式中。④ 这亦与“太守行春”的职事相匹配。东汉太守虽兼领军事，但作为一郡行政长官，对于展现子养吏民的“行春”礼仪而言，仍是最佳的人选。国家祭祀层面迎气礼制的确定，在王莽居摄元年(6)，恰好与“班春”的成立基本属于同一历史时段。在此之前，“行县”时虽有劝勉耕织之事，但未必会开展以官府为主导的迎春礼仪；而迎春劝农礼仪却能与“行春”珠联璧合。

二、帝国威仪的展示与体认

作为帝国官员的出行活动，“行春”是向基层吏民展示帝国威仪的上

---

① 余英时已指出，汉代循吏的最大特点，是以“吏”的身份来扮演“师”的角色，故“先富之而后加教”的理念，广为循吏认同。参看余英时：《汉代循吏与文化传播》，收入氏著《士与中国文化》，上海：上海人民出版社，2003年。侯旭东研究表明，两汉时期，中国北方虽以农耕为主，但同时存在渔采狩猎等更为简易的谋生途径，这就影响了务农生产上的投入和专注程度。劝民务农，不仅能富国强兵，还能使民固附于土地、安土重迁，便于统治。而农民的普遍化，正是在农本思想成为统治政策后，经过国家长期的制度规范与教化才形成的。参见侯旭东：《渔采狩猎与秦汉北方民众生计——兼论耕织为本传统的形成与农民的普遍化》，收入氏著《近观中古史——侯旭东自选集》，上海：中西书局，2015年。

② 《续汉书·礼仪志上》，第3102页。

③ 郑杰祥：《南阳新出土的东汉张景造土牛碑》，《文物》1963年第11期，第1页。

④ 《续汉书·礼仪志上》“立春”条，第3102页。

好契机。西汉时期的关注点，似乎在于"去不去"行县。韩延寿长期不行县，招致掾属反对和督促；崔篆三年不行县，同样受到掾吏劝谏，只得"强起班春"。

东汉王朝则更在意"如何去"行春，更关注太守出行规格和视觉效果。参考《舆服志》的说法，二千石出行，乘安车，朱班轮，皂盖，朱两轓。前后有导从之车，功曹、贼曹、主簿等人前呼后拥。① 如果郡守不按以上典制"行春"，往往会受到有司参劾。例如，谢夷吾任钜鹿太守，虽颇有治迹，然而"行春乘柴车，从两吏，冀州刺史上其仪序失中，有损国典，左转下邳令"。② 柴车，贱车也。郡守剖符典郡、班政千里，与皇帝共治天下。"行春"虽由太守出场，却如皇帝亲临。这一观念在西晋初期仍得到认可，晋武帝直言，太守行春"若朕亲临"。③ 谢夷吾轻车简从，在国家看来并非亲民尚俭之举，反而是有损帝国颜面的行为。谢承《后汉书》所录一事，也从侧面揭示出东汉时人对"行春"车驾的重视。记载称，主簿包咸有好马，太守黄谠"借乘行春，及归放就，甚奇之"。④ 东汉初年，黄谠行春之所以要借好马，不仅是因为马匹力健身强，能承受行路之苦；恐怕更在于好马身形出众，能够为太守行春汇聚气场。

国家的威仪只有"被观看"，才能深入人心。⑤ 对于大部分百姓而言，龙颜难得一见，故天子行止曰"幸"，"车驾所至，民臣以为侥幸"是也。⑥ 作为皇帝权力的派生，太守"行春"却能给予基层吏民触探"龙须"的切身体验。"行春"之时，民人"毕出在壄"，⑦正是观众最为集中的时节。是时，吏

① 《续汉书·舆服志上》，第3647、3651页。
② 《后汉书》卷八二上《方术列传》，第2715页。
③ 《晋书》卷三《武帝纪》，北京：中华书局，1974年，第57页。
④ 周天游：《八家后汉书辑注》，上海：上海古籍出版社，1986年，第164页。
⑤ 侯旭东在探讨北朝的"市"之时，就曾指出"刑人于市"给围观民众所带来的视觉震撼及窥视朝廷治乱的感知。妹尾达彦则注意到唐长安城所具有礼仪展示舞台的性质。尤其到了唐后期，民众作为演员和观众大规模介入各项国家礼仪之中，皇帝的权威也因此变得更为具体。侯旭东：《北朝的"市"：制度、行为与观念》，见氏著《北朝村民的生活世界——朝廷、州县与村里》，北京：商务印书馆，2005年，第172—230页。妹尾达彦：《唐长安城的礼仪空间——以皇帝礼仪的舞台为中心》，收入沟口雄三、小岛毅主编：《中国的思维世界》，南京：江苏人民出版社，2006年，第466—498页。
⑥ 参见《汉书》卷四《文帝纪》注，第119页。
⑦ 《汉书》卷二四上《食货志》，第1121页。

民能够亲眼看到身系帝命国典的父母官前呼后拥华丽出场，接受他的存恤，聆听他的教诲，至少能一睹太守相貌，从而形成对帝国官僚形象的具体感知。

太守也深知自己在“行春”期间的举止将获得众人瞩目，故不失时机地道之以刑、齐之以礼。太守时常在“行春”时发掘像郑弘之类的贤能异才。这些人才大都因为符合东汉国家的意识形态，才得到奖掖提擢，成为县邑吏民的榜样。同时，循吏郡守还时常携诸生同行，令其出入闺阁，传达教令，“县邑吏民见而荣之，数年，争欲为学官弟子，富人至出钱以求之”。[①] 这段材料说的是景帝末年蜀郡守文翁行县时采取的举措，结果蜀地大化，“学于京师者比齐鲁焉”。东汉对经学儒术的推重，远甚西汉初年，像文翁一样行事的循吏只会更众。之所以令诸生“炫贵”，是因为郡守知晓总有观众围观，从而能向这群围观者宣示帝国对儒学经术的态度。

群臣吏民对“帝国行为”的围观，有时是被蓄意地组织起来的。刘邦“常繇咸阳，纵观秦皇帝”。所谓“纵观”，即“放人令观”。[②] 可见，帝国有意识地将自己的威严壮观展现给人民看。相比之下，县邑吏民对“行春”活动的围观，似乎并非有意集结，而是太守主动接近他们。然而，看似自发的行为背后，仍然隐藏着帝国官僚的“故意”。郡守以前呼后拥的排场和鲜车怒马的形象驾临田间，已足够给人以视觉冲击。同时，郡守或偕明经诸生传达教令，或于众目睽睽之下决讼息争，民众不难从中窥探到帝国的喜恶，甚至在郡守“行春”的现场，骤然提升对帝国的认同感。无论是刘邦“大丈夫当如此”的喟叹，还是蜀地吏民“争欲为学官弟子”的努力，无不源自对帝国权威的仰慕和体认。“行春”，正是这种观感得以产生的有效途径。

三、授民以时

“班春”赋予了行春“敬授民时”的政治象征。《汉旧仪》云：“太史令凡

① 《汉书》卷八九《循吏传》，第 3626 页。
② 《汉书》卷一上《高帝纪》，第 3 页。

岁将终，奏新年历。”[①]秦汉历日的颁布，最初只是为了便于统一全国政令，保证军政事务有序运转，并无特殊的政治诉求。然而，随着儒术的兴起，学者理想中的具有“大一统”意味的正朔观念，逐渐受到统治者的重视。[②]魏侯玮(Howard Wechsler)在《玉帛之奠》中，总结了学者对历法渊源的两种认识，其中一种就是，历法的制订，是为了让主管祭典的官员能准确地在每年规定的时候，实行礼仪性的和行政性的典礼。历法的礼仪性象征，使统治者对其制作权紧握不放，并在精准度的追求上永无倦时。[③] 较之于农业生产，对天时的掌控更能体现统治者的“宇宙身份”，这是王朝合法化进程中的重要一步。

制订了一年历朔，便确定了月政配置的时间区间。据《礼仪志》记载，“每月朔旦，太史上其月历，有司、侍郎、尚书见读其令，奉行其政”。[④] 这是东汉朝廷官员的“读时令”制度。如第三章所述，正月中旬，天子还要登临明堂、颁布时令。四时月令如何由“王时”成为“民时”呢？天子将时令颁之于王侯、郡守，明堂授时的仪式即宣告完成。然而，敬授民时的过程尚未终止。郡守虽不是王时的制作者，但帝国时间表的下授，却需要通过他们“班春”来实现。

由于“班春”的需要，郡守行县的时间必须作出调整，至少保证春月出行一次。如此，原先并不包含“班春”使命的“行县”，不仅在时间上向春月趋近，还增添了原先不具备的“帝国时间”授受的礼制色彩。

从《四时月令诏条》和居延月令简来看，国家所颁布的时禁内容基本定型。这意味着，太守每次“班春”的时令条文，很可能因长年重复而早已为属县吏民烂熟于心。这种毫无新意的“班春”之所以得以维持，并不是因为它对农人的生产生活有多大的实际指导意义，关键在于，这是一个不断重复强调帝国对时间的控制，以及不断渲染统治者“宇宙身份”和不断

---

① 孙星衍等辑，周天游点校：《汉官六种》，北京：中华书局，1990 年，第 88 页。

② 陈侃理：《秦汉的颁朔与改正朔》，收入余欣主编：《中古时代的礼仪、宗教与制度》，上海：上海古籍出版社，2012 年，第 448—470 页。

③ Howard Wechsler, *Offerings of Jade and Silk: Ritual and Symbol in the Legitimation of the T'ang Dynasty*, Yale University Press, 1985, pp.212 - 13.

④ 《续汉书・礼仪志上・合朔》，第 3101 页。

灌输礼仪教化的过程。

在古典学者的历史记忆中,四海之内"同律历,叶时月",需要通过天子巡狩来实现。①《尚书·舜典》云:

> 岁二月,东巡守,至于岱宗,柴,望秩于山川,肆觐东后。协时月正日,同律度量衡。……五月南巡守,至于南岳,如岱礼。八月西巡守,至于西岳,如初。十有一月朔巡守,至于北岳,如西礼。②

张守节《史记正义》称:"节气晦朔皆天子颁之。犹恐诸侯国异,或不齐同,因巡狩合正之。"③帝国郡县制成立以后,尤其至东汉时期,天子的出行半径已然缩减,不再需要借助频繁而定期的巡狩来巩固权力。于是,天子明堂颁时令于郡国,郡国守相行县"班春"于吏民,各司其职,两相衔接,缀合成政治时间的传递序列。

综上所述,两汉"行县"是为处理具体军政司法事务。春为岁首,意义不同于其他三时。随着劝农、迎春和班春等礼仪事务的加入,从"行县"中衍生出来的"行春"机制,便以礼仪展示为指归。那么,"行春"是如何从"行县"中衍生出来的呢?"行春"与"行县"为何并存于东汉呢?

第三节 "行春"的理论渊源

回归《续汉书·百官志》对"行春"的解释——"劝民农桑"和"振救乏绝"。对照《月令》:

> 孟春之月……王命布农事,命田舍东郊,皆修封疆,审端经术。

① 陈立:《白虎通疏证》卷六《巡狩》,第289页。
② 孔颖达:《尚书正义》卷三,第127页。
③ 《史记》卷一《五帝本纪》,北京:中华书局,1959年,第26页。

善相丘陵、阪险、原隰、土地所宜、五谷所殖,以教道民,必躬亲之。

季春之月……天子布德行惠,命有司发仓廪,赐贫穷,振乏绝。①

前一条即“劝人农桑”之谊,后一条连文字表述都与《百官志》庶几近之。再联系到“班春”的内容基本是《月令》的节本。这些信息,均将“行春”指向《月令》。

一、《月令》与“行春”的成立

如本章第一节所述,西汉成帝阳朔四年诏书或为太守春月行县之肇始,而诏书颁布前后,“月令”、“时禁”和“时政”诸词在政令中的出现频率,远较西汉前、中期密集(表 5.4):

表 5.4 阳朔四年(前 21)前后月令对政治的影响

	时 间	事 件
1	永光三年(前 41)	诏曰:“乃者己丑地动,中冬雨水,大雾,盗贼并起。吏何不以时禁？各悉意对。”
2	阳朔二年(前 23)	诏曰:“今公卿大夫或不信阴阳,薄而小之,所奏请多违时政。……其务顺四时月令。”
3	阳朔四年(前 21)	诏曰:“方东作时,其令二千石勉劝农桑,出入阡陌,致劳来之。”
4	永始二年至元延三年间(前 15—前 10)	尹湾汉简《集簿》:“以春令成户……”
5	元始四年(4)	征天下……有逸《礼》、古《书》、《毛诗》、《周官》、《尔雅》、天文、图谶、钟律、月令、兵法、《史篇》文字,通知其意者,皆诣公车
6	元始五年(5)	《四时月令诏条》颁布

① 孔颖达:《礼记正义》卷一四、卷一五,阮元校刻:《十三经注疏》,北京:中华书局,1980 年,第 1356—1357、1363 页。

（续表）

	时　间	事　件
7	始建国—天凤	(1) 辨衣裳，审棺椁之厚，营丘龙之小大、高卑、薄厚，度贵贱之等级·始建国二年十一月丙子下(210·35) (2) 制诏纳言：其□官伐材木取竹箭。始建国[二]年二月戊寅下(95·5) (3) 制诏纳言：其令百僚屡省所典修厥职，务顺时气·始建国天凤三年十一月戊寅下(E.P.T.59：61) (4) 制诏纳言：农事有不收藏积聚，牛马畜兽有之者，取之不诛·始建国天凤三年十一月戊寅下(E.P.T.59：62、63)
8	天凤二年(15)	十一公士分布劝农桑，班时令

西汉中期以前，《吕氏春秋》《淮南子》《春秋繁露》及临沂银雀山汉简《迎四时》等篇，都有以五行模式分配时空、按四时节律规划政教的论调。然而，这些言论所起的现实指导作用甚微。热衷于《明堂月令》的魏相就指出，文帝“二月施恩惠于天下，赐孝弟力田及罢军卒，祠死事者，颇非时节”；直至他所处的宣帝中期，仍存在“诏令有未合当时”的情况。①

如上表，元帝曾因永光三年灾异频仍，斥责下吏“何不以时禁”，可一旦涉及军政大事，“时禁”又被抛诸脑后。建昭三年(前36)，朝廷讨论是否要将郅支单于悬首示众，丞相匡衡援引《月令》“掩骼埋胔”之经文，否定悬首提议。将军王嘉等人则称引孔子故事，支持悬首。最终“有诏将军议是”。② 这一回合，《月令》并未占有经典依据上的优势。直至阳朔“行春”诏书颁布的前两年，成帝仍然在为群臣普遍“不信阴阳”“所奏多违时政”而懊恼。

然而，元帝的斥责和成帝的懊恼恰说明，统治者已经有意识地将《月令》纳入施政思维；但从思维到实践，仍有一段距离。就阳朔四年的诏书而论，诏令二千石春月劝农，有如此背景：“间者，民弥惰怠，乡本者少，趋

① 《汉书》卷七四《魏相传》，第3140页。
② 《汉书》卷七〇《陈汤传》，第3015页。

末者众。”①可见，成帝将春月劝农作为矫正“轻本趋末”现象的手段，阳朔诏书是对现实的回应。这只是在固有的“行县”基础上作出两项调整：第一，保证春月“行县”一次；第二，春月行县以“劝农”为主题，以“出入阡陌”的方式开展。由此，春行属县的传统在成立伊始，仍然被视为郡守治民职权的履行方式，诏书并未赋予其显著的“月令意识”。

不过，《月令》在现实行政中的践行，很可能在此时就已展开。尹湾汉简《集簿》的年代，较阳朔诏书的颁布早不过十年，“以春令成户”的书写已经出现在官方文书之中。这说明：第一，《月令》可能已是户口制度的指导思想之一；第二，地方政府言称“春令”，不可能脱离朝廷颁布时令这一前提。如此，“班春”之制的出现或许早于新莽，成帝时期就已存在。当然，是否由郡守通过行县来颁宣春令，则不得而知。

《月令》地位的急遽上升，始于元始四年(4)。作为复古改制运动的经典来源之一，由国家出面主持月令文献的收集和整理工作，从而使传世《月令》获得了一家独尊的地位。次年，《月令》便覆盖国家统治的各个方面，包括《四时月令诏条》颁行郡国。王莽称帝后，颁布时令的活动也不时举行。除居延简牍所见诸次时禁颁布之外，天凤二年(15)，王莽还派遣十一公士“分布劝农桑，班时令”。这一记载，可见王莽已经有意识地将“劝农桑”与时令的颁布并置同行。而崔篆“班春”，则明确揭示了郡守具有授受时令的职责。“班春”的加入，使“行县”跟《月令》的关联更为显著。自此，“行县”不再仅是以履行职责为导向的巡察机制，而是笼罩在传递帝国政治时间的神圣色彩之中。

从阳朔诏书颁布，至新莽末年，太守、行县、春月、劝农和班春这五大因素已经融汇在一起。“行春”已具其实，徒欠一名。

“行春”一词的最早记录，来自前面提到的黄说，他于建武初年出任太守。② 此时距“行春”机制基本定型的新莽末年，尚相去不远。刘秀集团以

---

① 《汉书》卷一〇《成帝纪》，第314页。

② 黄说行春的事迹，范晔《后汉书》未载，但见于成书年代更早的谢承《后汉书》。从范著《儒林传》包咸的经历推测，“光武即位，乃归乡里。太守黄说署户曹史”，可见黄说建武初已任太守。

反莽复汉起家,表面上看,东汉政权将王莽视为"旧典不存"的罪魁祸首。[①]然而,在复兴"旧典"的过程中,东汉创建者所继承的,却是西汉末年、尤其是王莽主政时期的礼制改革成果。[②] 这套被复制到洛阳的"元始中故事",[③]如郊坛方位、颜色及祭祀时间安排等,其设计蓝本正是《月令》。可见,对《月令》的尊崇并没有伴随新莽的覆灭而烟消云散。东汉初年的统治阶层中,很多都是西汉旧臣。包括刘秀在内的一些人甚至曾就读于长安太学,目睹过明堂的形制,讽诵过王莽的时令。[④] 他们在制订政令时,将月令精神赋于其中,是早年经历和知识结构影响下的结果。

"行春"在东汉正式亮相,是王朝延续《月令》思维的一大表现。建初元年(76)春正月的一道诏书,清晰显示了"行春"与《月令》的关系:

> 方春东作,宜及时务。二千石勉劝农桑,弘致劳来。群公庶尹,各推精诚,专急人事。罪非殊死,须立秋案验。有司明慎选举,进柔良,退贪猾,顺时令,理冤狱。[⑤]

对照阳朔诏书,引文头两句与前者几乎完全一致。后文"罪非殊死,须立秋案验"等内容,强调的是顺时行刑的《月令》精神。"群公庶尹"自然包括二千石守相在内。如此,"行春"期间的使命,在劝农和班春的同时,还有宽缓刑狱、选举贤良等顺应春气的内容。前揭蔡邕《行考城县》曰"申戒群僚,务在宽平,罪人赦宥,囹圄用情",亦是此义。

东汉皇帝的申恩示宥,通过专门的"宽大书"传达。《后汉书·侯霸

---

① 《后汉书》卷二六《赵熹传》,第 914 页。

② 陈苏镇对王莽改制运动作过细致的考察,参见氏著《〈春秋〉与"汉道"——两汉政治与政治文化研究》,北京:中华书局,2011 年,第 329—377 页。

③ 渡边信一郎认为,王莽在西汉末至东汉初的古典国制成立过程中,起到了至关重要的作用。篡汉后,王莽议定的基本政策进入了纯粹古制化的轨道,因无法与现实适应,最终给社会带来了前所未有的混乱。东汉初创对"元始故事"的再构筑,并非纯粹的故事派,也非纯粹的古制派。渡边信一郎:《中国古代的王权与天下秩序》,徐冲译,北京:中华书局,2008 年,第 86—89 页。

④ 《东观汉记》称刘秀长安就学之时,"朝政每下,必先闻知"。刘珍等撰,吴树平校注:《东观汉记校注》,北京:中华书局,2008 年,第 2 页。

⑤ 《后汉书》卷三《章帝纪》,第 132—133 页。

传》记载："建武四年……每春下宽大之诏，奉四时之令，皆霸所建也。"①《续汉书·礼仪志》还保留了"宽大之诏"的一份模本："制诏三公：方春东作，敬始慎微，动作从之。罪非殊死，且勿案验，皆须麦秋。退贪残，进柔良，下当用者，如故事。"②不难发现，上引建初元年诏，其实正是"宽大书"。《风俗通义·愆礼》载称弘农太守吴匡"班诏劝耕"。此"诏"亦即宽大诏书。由是可见，"行春"时有颁布宽大诏的任务。《孟郁修尧庙碑》中的一段记载也印证了这一点，其云：

> 延熹十年，仲春二月，阳气浸阴，始雩……来。享祀群神，仰瞻云汉。孟府君奉宣诏书，行县到成阳。将辞帝尧，行礼未周，则景云四集，翔风膏雨即时大降。③

济阴太守孟郁行县的时间，是仲春二月，此为"行春"又一例证。孟府君行县成阳的目的之一，即"奉宣诏书"。延熹十年(167)已是桓帝末年，此时尚存行春颁宣宽大诏书的制度，可证这一传统几乎贯彻整个东汉王朝。④

总之，借助《月令》的思想资源，"行春"的使命不断被增加。从劝农至班春，再至宽缓狱罪、传递宽大书，历经一百年，最晚在建初元年(76)，"行春"已然成为展现月令关怀、向基层传递月令精神的载体。

二、"行春"的名与实

东汉不仅延续了西汉末年对《月令》的推崇，而且也有一些创制。《续汉书·百官志》曰："《月令》师主时节祠祀。"⑤这一职官乃东汉新设。此外，如前揭《礼仪志》，东汉还建立起每月读时令的传统。在君臣奏议和诏

---

① 《后汉书》卷二六《侯霸传》，第902页。
② 《礼仪志上》，第3102页。
③ 洪适：《隶释》卷一，北京：中华书局，1986年，第11页。
④ 《献帝起居注》曰："建安二十二年二月壬申，诏书绝，立春宽缓诏书不复行。"参见《续汉书·礼仪志上》，第3102页。
⑤ 《续汉书·百官志》，第3614页。

书中，援引月令的现象也比比皆是。例如：

(1)《章帝纪》：二月壬寅，告常山、魏郡、清河、钜鹿、平原、东平郡太守、相曰：“……《月令》，孟春善相丘陵土地所宜。今肥田尚多，未有垦闢。其悉以赋贫民，给与粮种，务尽地力，勿令游手。”

(2)《章帝纪》：秋七月庚子，诏曰：“《月令》冬至之后，有顺阳助生之文，而无鞠狱断刑之政。朕咨访儒雅，稽之典籍，以为王者生杀，宜顺时气，其定律，无以十一月、十二月报囚。”

(3)《章帝纪》：秋，令是月养衰老，授几杖，行糜粥饮食。

(4)《和帝纪》：有司奏，以为夏至则微阴起，靡草死，可以决小事。

(5)《和帝纪》：秋七月，旱。戊午，诏曰：“今秋稼方穗而旱，云雨不霑，疑吏行惨刻，不宣恩泽，妄拘无罪，幽闭良善所致。其一切囚徒于法疑者勿决，以奉秋令。”

(6)《安帝纪》：诏曰：“……《月令》‘仲秋养衰老，授几杖，行糜粥’。方今案比之时，郡县多不奉行。

(7)《安帝纪》：六年春二月乙卯，诏曰：“夫政，先京师，后诸夏。《月令》仲春‘养幼小，存诸孤’，季春‘赐贫穷，赈乏绝，省妇使，表贞女’，所以顺阳气，崇生长也。其赐人尤贫困、孤弱、单独穀，人三斛；贞妇有节义十斛，甄表门闾，旌显厥行。”

(8)《顺帝纪》：冬十月庚午，行礼辟雍，奏应钟，始复黄钟，作乐器随月律。

(9)《质帝纪》：二月庚辰，诏曰：“九江、广陵二郡数离寇害，残夷最甚。……方春戒节，赈济乏厄，掩骼埋胔之时。”

(10)《鲁恭传》：恭上疏谏曰：《月令》：“孟夏断薄刑，出轻系。行秋令则苦雨数来，五谷不熟。”又曰：“仲夏挺重囚，益其食。行秋令则草木零落，人伤于疫。”夫断薄刑者，谓其轻罪已正，不欲令久系，故时断之也。

(11)《光武十王传 · 东平宪王苍传》：苍即上书谏曰：“臣闻时

令，盛春农事，不聚众兴功。……此失春令者也。"

(12)《陈宠传》：宠奏曰："夫冬至之节，阳气始萌，故十一月有兰、射干、芸、荔之应。《时令》曰：'诸生荡，安形体。'……《月令》曰：'孟冬之月，趣狱刑，无留罪。'明大刑毕在立冬也。又：'仲冬之月，身欲宁，事欲静。'"

另有一些诏书和上奏，虽未明言"《月令》"，但提及"遵时政""顺时令"或"务宽崇"者，约略十处。① 如此氛围之下，"行春"的成立实属自然。

不过，我们也发现，"行春"的礼制象征意义有余，而在世俗政务方面有所退缩。王粲《务本论》曰："末世之吏，负青幡而布春令，有劝农之名，无赏罚之实。"②以"劝民农桑"为核心要义的"行春"，在东汉末年的精英眼中，已有名无实。西晋泰始四年(268)，晋武帝在回顾汉制时这样理解"行春"的内涵：

> 郡国守相，三载一巡行属县，必以春，此古者所以述职宣风展义也。见长吏，观风俗，协礼律，考度量，存问耆老，亲见百年。录囚徒，理冤枉，详察政刑得失，知百姓所患苦。无有远近，便若朕亲临之。敦喻五教，劝务农功，勉励学者，思勤正典，无为百家庸末，致远必泥。士庶有好学笃道、孝弟忠信、清白异行者，举而进之；有不孝敬于父母、不长悌于族党、悖礼弃常、不率法令者，纠而罪之。田畴辟，生业修，礼教设，禁令行，则长吏之能也。人穷匮，农事荒，奸盗起，刑狱烦，下陵上替，礼义不兴，斯长吏之否也。若长吏在官公廉，虑不及私，正色直节，不饰名誉者，及身行贪秽，谄黩求容，公节不立，而私门日富者，并谨察之。扬清激浊，举善弹违，此朕所以垂拱总纲，责成于

---

① 详见卷二《明帝纪》，第100，107页；卷三《章帝纪》，第133页；卷六《顺帝纪》，第256，278，280页；卷二五《鲁恭传》，第879页；卷二六《韦彪传》，第918页；《侯霸传》，第902页；卷五七《刘瑜传》，第1856页。

② 严可均辑：《全上古三代秦汉三国六朝文》第1册《全后汉文》卷九一，北京：中华书局，1958年，第965页。

良二千石也。于戏戒哉！①

按诏书所写，“行春”的使命包括：（1）览观风俗；（2）平冤理讼；（3）劝务农桑；（4）奖掖好学；（5）宣扬忠孝；（6）谨察长吏贪廉。西晋统治者所理解的“行春”的核心，正是开篇所云“宣风展义”；再加之“三载一巡行属县”的描述，更增添了“行春”的理想化色彩。

晋人对于“行春”的感受，或可从“行春”与“行县”并存于东汉这一情形得到印证。如本章第二节所论，“行县”以单纯的职责履行为导向，并没有特殊的象征意味。“行春”则不同，劝农、班春、颁布宽大诏书，甚至“行春”者的身份及其出场方式，都具有鲜明的礼制意涵和“大一统”的政教期许。从泰始诏书的叙述次序和篇幅而论，三百字的诏书，将涉乎礼教或礼义的内容通通置于前端，直至文末，方以区区四十余字提及“行春”的监察职能。

“行春”在神圣性上的扩容，使得原先的“行县”本质和功能，反而退居其次。然而，帝国的运转始终需要相应职官对各自份内的军政要务作出及时处理，这就是“行春”机制衍生出来后“行县”制度继续存在的原因。

综合本章，作为“行县”机制的衍生，“行春”有其特殊性。惟有春月之行县方称“行春”，此外并无“行夏”“行秋”或“行冬”之谓。本章以“行春”与“行县”的差别作为切入点，探讨“行春”在东汉地方统治中的礼制意涵，考察“行春”的发展历程，以及它与《月令》的关联。总而言之：

“行县”与“行春”不能完全等同。“行县”是先秦固有的巡视机制，且为两汉国家所沿用。“行县”的时间、频率和官员身份并不固定。“行春”是东汉初年出现的词汇，虽直接脱胎于“行县”，但时间固定在春月，是太守的专职。“行春”与“行县”并存于东汉时期，因此，《百官志》“常以春行所主县”之谓，不能涵盖行县机制的整个发展历程。

“行春”的制度取向不同于“行县”。在劝农过程中，郡守“为民父母”

① 《晋书》卷三《武帝纪》，第57页。

的形象得以展现，天子爱民如子的理念通过太守得以具体践行。“行春”的车驾规模和郡守的举止言行，这些视觉因素都成为县邑吏民感知帝国权威的窗口。同时，“行春”作为“敬授民时”的动态过程，是天子明堂颁时令的后序环节，具有整齐帝国时间、文化大一统的礼制意义。

借助《月令》的思想资源，“行春”的使命被不断增赋，内涵渐趋饱满。首先，“劝农桑”被突出强调，“行县”时间便相应地向春月靠近。其次，随着《月令》的地位提升，“班春”成为一项新的行县职能。再次，东汉初年“行春”一词正式亮相，《月令》中“布德和令”“去桎梏、止狱讼”等设计，成为“行春”的新增内容。然而，由于“行春”过于强调礼仪展示，悬浮于现实行政之上，因此“行县”仍是国家日常行政中的必要机制。

第六章　东汉的行刑时间

寿竟何时，由命听天；毁伤发肤，非人所愿。刑罚，人为地决定了生死完缺。如何定罪量刑，是刑罚制度的核心内容。定谳之后何时行刑，同样是手握生杀大权者必然面对的问题。《月令》之谊，春夏庆赏、秋冬刑罚。前章"行春"考论，留意的是奉阳助生思想如何注入汉代地方长官的巡行机制；本章则拟考察秦汉国家的行刑时间如何一步步接近《月令》顺阴杀伐的设想。

秦人尚法，其刑罚之苛暴致密是西汉朝野共同的历史记忆。西汉时期的各篇"过秦论"，总绕不开批判秦代尚刑而亡的主题。始自陆贾、贾谊，[①]直至西汉中期，"赵高以峻文决罪于内，百官以峭法断割于外，死者相枕席，刑者相望，百姓侧目重足"的前朝远景，依然令盐铁会议上的贤良文学不寒而栗。[②] 鉴于此，西汉统治者致力于塑造仁义宽厚的长者形象，立国初期便废除肉刑，宣、元、成、哀诸朝，还多次下诏蠲省刑罚。[③]

秦人尚法的另一面，是对量刑中平的追求，"不别亲疏，不殊贵贱，一断于法"。[④] 里耶秦简的一条秦令曰："诸有吏治已决而更治者，其罪即重若益轻，吏前治者皆当以纵不直论。"[⑤]睡虎地秦简《法律答问》对"不直"的解释云："罪当重而端轻之，当轻而端重之，是谓'不直'。"[⑥]

---

① 王利器：《新语校注》卷上《道基》，北京：中华书局，1986 年，第 29 页；阎振益、钟夏：《新书校注》卷一《过秦》，北京：中华书局，2000 年，第 1—17 页。
② 王利器：《盐铁论校注》卷一〇《周秦》，北京：中华书局，1992 年，第 586 页。
③ 沈家本：《历代刑法考》，北京：中华书局，1985 年，第 861—864 页。
④ 《史记》卷一三〇《太史公自序》，北京：中华书局，第 3291 页。
⑤ 陈伟主编：《里耶秦简牍校释》（第一卷），武汉：武汉大学出版社，2012 年，第 281 页。
⑥ 睡虎地秦墓竹简整小组：《睡虎地秦墓竹简》，北京：文物出版社，1990 年，第 115 页。

如何量刑方为得当，也是汉代统治者高度重视的问题。《奏谳书》的颁布，作为"司法经验的再分配"，[①]其案例正是提供给基层狱吏的量刑指南。这些法律文献的出土，为传统法制史研究孕育出崭新的学术生长点。律令条文、诉讼过程、文书传递形式及法典体系等，早已成为学者聚焦的课题。[②]

与上述课题成果粲然的盛况相比，关于行刑时间的讨论，要冷清许多。由于出土文献鲜有涉及此方面的记录，因此常见的研究方法是，条陈史籍中的相关记载，从而揭示中国古代法律"天人合一"的内在精神。杨鸿烈《中国法律思想史》是较早关注中国古代行刑时间的论著。西田太一郎的《中国刑法史研究》专设《阴阳、季节与刑罚》一章，探讨汉唐间行刑季节与阴阳学说之间的关系。受他启发，影山辉国撰写了《漢代"順気行罰"考》，逐检两汉"顺气行罚"的史料，并分析这一观念产生的思想背景。金相范《时令与禁刑》探讨唐律中的死刑时间规定及实行情况，并将视野延伸至唐以后的时代。[③] 除此之外，主要是法学界的学者在关注这一问题，

---

① 籾山明：《中国古代诉讼制度研究》，李力译，上海：上海古籍出版社，2009 年，第 239—246 页；池田雄一：《江陵張家山〈奏讞書〉について》，《堀敏一先生古稀記念　中国古代の国家と民衆》，東京：汲古書院，1995 年。

② 参看沈家本：《历代刑法考》，北京：中华书局，1985 年；程树德：《九朝律考》，北京：中华书局，2006 年；陈顾远：《中国法制史》，上海：商务印书馆，1934 年；瞿同祖：《中国法律与中国社会》，北京：中华书局，2003 年。利用简牍文献进行法律制度史研究的著作主要有：大庭脩：《秦漢法制史の研究》，東京：創文社，1982 年；张建国：《帝制时代的中国法》，北京：法律出版社，1999 年；滋賀秀三：《中国法制史論集——法典と刑罰》，東京：創文社，2003 年；冨谷至：《晉泰始律令への道——第一部　秦漢の律と令》，《東方学報》京都第 72 册，2000 年；《秦汉刑罚制度研究》，柴生芳、朱恒晔译，桂林：广西师范大学出版社，2006 年；孟彦弘：《秦汉法典体系的演变》，《历史研究》2005 年 3 期；杨振红：《秦汉律篇二级分类说——论〈二年律令〉二十七种律均属九章》，《历史研究》2005 年第 6 期；籾山明：《中国古代诉讼制度研究》上海：上海古籍出版社，2009 年；韩树峰：《汉魏法律与社会——以简牍、文书为中心的考察》，北京：社会科学文献出版社，2011 年；李均明：《简牍法制论稿》，桂林：广西师范大学出版社，2011 年；张忠炜：《秦汉律令法系研究初编》，北京：社会科学文献出版社，2012 年，等等。

③ 杨鸿烈：《中国法律思想史》，上海：上海书店，1984 年；西田太一郎：《中国刑法史研究》，段秋关译，北京：北京大学出版社，1985 年，第 164—174 页；影山辉国：《漢代"順気行罰"考》(《東洋文化研究所紀要》1997 年 3 月；金相范：《时令与禁刑》，收入高明士主编：《唐律与国家社会研究》，台北：台湾五南图书出版有限公司，1999 年，第 473—502 页。

论文研究时段涵盖先秦至明清。[1] 至于行刑时间的选择依据、制作背景，以及拟定过程的来龙去脉，尚缺乏细致具体的研究。

西汉时人关于行刑时间鲜有议论。然至东汉，何时断狱报重？何时案验薄刑？这些议题跃然史籍。东汉围绕行刑时间的争论，依据和逻辑是什么？是何原因促使东汉朝堂关心行刑时间的选择？争议的最终结果又是什么？在回答以上问题之前，有必要预先梳理先秦以来行刑时间的订立情况。

第一节　秦与西汉的行刑时间

先秦时期就有"刑以秋冬"的观念。刑杀是君主执政的必要手段，若无刑杀，便像四时有春夏而无秋冬一样。《管子·七臣七主》"四禁"曰："春无杀伐，秋毋赦过释罪缓刑。"《禁藏》亦曰："秋行五刑，诛大罪。"[2]但同时，生死予夺必须慎之又慎。《左传·襄公二十六年》云："古之治民者，劝赏而畏刑，恤民不倦。赏以春夏，刑以秋冬。是以将赏为之加膳，加膳则饫赐，此以知其劝赏也。将刑为之不举，不举则彻乐，此以知其畏刑也。"[3]不过，有学者作过统计，春秋时期所见刑杀事件中，春夏行刑的比例高达54.8%，[4]可见秋冬行刑的理念并未得到贯彻。

出土秦简显示，秦代的刑罚种类包括：劳役刑、财产刑、肉刑和死刑。

---

① 例如，舒国滢、宇培峰：《"司法时令说"及其对中国古代司法制度的影响》，《中国政法大学学报》1996年第4期；王凯石：《论中国古代的司法时令制度》，《云南社会科学》2005年第1期；胡兴东：《中国古代死刑行刑时间制度研究》，《云南师范大学学报》(哲学社会科学版)2008年第1期；温慧辉、张镭：《"顺天则时"——中国传统法律的自然观》，《学术交流》2009年第3期，等等。硕士学位论文，如王雪静的《两汉死刑制度研究》(首都师范大学，2007年)，王莉莉的《中国古代司法时令制度研究》(西南政法大学，2007年)，孙思贤的《时令与汉代司法》(中国人民大学，2016年)等，也有相关论述。

② 黎翔凤：《管子校注》卷一七，北京：中华书局，2004年，第995、1018页。

③ 孔颖达：《春秋左传正义》卷三七，阮元校刻：《十三经注疏》，北京：中华书局，1980年，第1991页。

④ 徐鸿修、安也致：《春秋贵族法规研究》，桂林：广西师范大学出版社，1993年，第89页。

根据富谷至的研究，劳役刑是基轴，肉刑是附加刑，与前者配套实施。[①] 据出土文献记载来看，劳役刑的服刑时间不限于秋冬。《秦律十八种·金布》曰："稟衣者，隶臣、府隶之毋妻者及城旦，冬人百一十钱，夏五十五钱。"（简94）[②]按秦律规定，服城旦等劳役刑者，在夏、冬二季缴纳不等钱数，便可领取衣物。这说明，夏季服劳役刑在秦代是正常现象。至于肉刑及死刑的实施时间，史无确载，东汉时人陈宠称"秦为虐政，四时行刑"，[③]可能涵盖了肉刑与死刑的情况。

西汉文帝改革肉刑之前，汉初的刑罚体系与秦代一脉相承。从著名的缇萦救父故事中，或可对当时的行刑时间作些许推论。《史记·文帝本纪》载："（十三年）五月，齐太仓令淳于公有罪当刑，诏狱逮徙系长安。"[④]随后的故事情节是，汉文帝有感于缇萦"刑者不可复属"的哀泣而废除肉刑。淳于公"当刑"，应指被执行肉刑，即黥、刖等断伤肌体之刑中的某一种。据秦律，肉刑是劳役刑的附加刑。例如，睡虎地秦简《法律答问》曰"五人盗，赃一钱以上，斩左止，又黥以为城旦（简1）"，[⑤]表明城旦之役前需先斩左趾并黥。汉初承秦制，淳于公同样需要在遭受肉刑之后继而服劳役刑。淳于公"逮徙系长安"的时间是五月，此时既云"有罪"，当是已经定罪量刑，赴京执行而已。解至长安后，在狱中关押两三个月、待秋季再施以肉刑的可能性不大。因此，若无缇萦泣诉，淳于公在五月到京不久便应受刑。照此推测，西汉初年，肉刑的实施时间并不避开阳气最盛的夏月。

文帝废除肉刑之后，劳役刑也不一定在秋冬执行。敦煌汉简中有一条材料说："□□如诏书，减刑各一岁，刑当竟七年五月八日。"（2318）[⑥]刑罚序列中最轻的刑种是"戍罚作"。在"戍罚作"序列中，量刑最重者也不

---

① 冨谷至：《秦汉刑罚制度研究》，第22—50页。
② 睡虎地秦墓竹简整理小组：《睡虎地秦墓竹简》，第42页。
③ 《后汉书》卷四六《陈宠传》，北京：中华书局，1965年，第1551页。
④ 《史记》卷一〇《文帝本纪》，北京：中华书局，1959年，第427页。
⑤ 睡虎地秦墓竹简整理小组：《睡虎地秦墓竹简》，第93页。
⑥ 甘肃省文物考古研究所编：《敦煌汉简释文》，兰州：甘肃人民出版社，1991年，第252页。

过服刑一年。从汉简引诏书“减刑各一岁”观之，应当是较“戍罚作”为重的劳役刑种，且刑期均以“年”为单位。① 如此，从刑竟时间五月推算，该劳役刑的起始时间也应是某年五月。

敦煌汉简的年代主要集中于西汉中晚期，大部分是平帝至王莽时期的汉简。上引简文提到刑竟于“七年”，西汉中期以后有“七年”纪年的，唯有昭帝始元七年（前80）。因此，从以上两条记录管窥，至少在西汉中期以前，劳役刑也不限于秋冬执行。

西汉时期死刑的执行时间，由东汉时人的回忆与出土汉简互证可知。东汉的陈宠回顾前朝旧典，云：

> 圣汉初兴，改从简易。萧何草律，季秋论囚，俱避立春之月。②

论囚，即执行死刑。裴骃《史记集解》称商鞅“一日临渭而论囚七百余人，渭水尽赤”。③ 由上，萧何时代就已订下季秋杀人的规矩。张家山汉简《奏谳书》中的案例揭示，汉初奏谳时间在七、八月的例子占据一半以上，④那么定谳论囚的时间，大抵正好从季秋开始。

汉宣帝有感于民间疾苦，进一步推迟刑人时间。地节三年（前67）十二月，诏令“季秋后请谳”。⑤ 这就将奏谳时间延迟至九月以后，那么廷尉治谳之时往往已经入冬，⑥如《汉书·于定国传》载，于氏为廷尉，“冬月请

---

① 《汉旧仪》曰：“凡有罪，男髡钳为城旦，城旦者，治城也；女为舂，舂者，治米也，皆作五岁。完四岁，鬼薪三岁。……罪为司寇，司寇男备守，女为作，如司寇，皆作二岁。男为戍罚作，女为复作，皆一岁到三月。”参见孙星衍等辑、周天游点校：《汉官六种》，北京：中华书局，1990年，第85页。

② 《后汉书》卷四六《陈宠传》，第1551页。

③ 《史记》卷六八《商君列传》，北京：中华书局，1959年，第2238页。

④ 王莉莉：《中国古代司法时令制度研究》，西南政法大学硕士论文，2007年，第15—17页。

⑤ 《汉书》卷二三《刑法志》，北京：中华书局，1962年，第1102页。

⑥ 关于汉代的死刑审判程序，以及请谳和判决上报（奏请）制度，参看宫宅潔：《漢代請讞考——理念・制度・現實》，《東洋史研究》第55卷第1号，1996年；鷹取祐司：《漢代の死刑奏請制度》，《史林》第88卷第5号，2005年。

治谳，饮酒益精明”。① 而最后行刑，自然也顺推至冬季了。②

综之，春秋时期，死刑不避春夏。在汉人的记忆中，秦人施行的是“四时行刑”的暴政。至少秦简中确实存在夏季实施劳役刑的记录。西汉中期以前，劳役刑和肉刑都可能在秋季之前执行。关于死刑，萧何草律，已有季秋论囚的规定。地节三年（前67）之后，死刑的执行时间，逐渐调整至冬季。

第二节　东汉“元和改律”

东汉永平元年（58），明帝采纳长水校尉樊儵的建议，“刑辟宜须秋月，以顺时气”。③ 七八九月皆属秋季，所谓“秋月”，指示不明。樊氏此议似仍是重复“刑以秋冬”的传统论调，是否提出具体行刑时间表，我们不得而知。从陈宠“元和以前，皆用三冬”，以及东汉末年襄楷对永平旧典“诸当重论，皆须冬狱”的回忆可以推断，④明帝时期，死刑的执行期限为十月至十二月。这与西汉宣帝以来的惯例并无差别。

行刑时间的第一次明显改动，发生在元和二年（85）。十多年后，永元十五年（103），又对行刑时间作了一次调整。

一、“始改用冬初十月而已”

元和二年（85）七月庚子，章帝下诏曰：

> 《春秋》于春每月书“王”者，重三正，慎三微也。律十二月立春，

---

① 《汉书》卷七一《于定国传》，第3043页。

② 《汉书》的记载对此多能印证。影山辉国已将“秋冬行刑”的史例一一拣出，参看氏著《漢代“順気行罰”考》，《東洋文化研究所紀要》1997年3月。

③ 《后汉书》卷三二《樊宏传》，第1123页。

④ 《后汉书》卷三〇下《襄楷传》，第1078页。

不以报囚。《月令》冬至之后，有顺阳助生之文，而无鞠狱断刑之政。朕咨访儒雅，稽之典籍，以为王者生杀，宜顺时气。其定律，无以十一月、十二月报囚。①

报囚，意即有司将死刑判决上报皇帝批复，皇帝批准后便行刑，颜师古所谓“奏报行决”是也。② 郡县报囚后，很快就能收到批复，极端的例子如《汉书·酷吏传》载，王温舒“奏行不过二日，得可”，一般报囚与正式行刑之间可能也不会相隔太久。章帝之前的惯例是“断狱报重，常尽三冬之月”。③王温舒刑人竟十二月，仍意犹未尽，嗟叹“令冬月益展一月，卒吾事矣”。④章帝一改旧制，“无以十一月、十二月报囚”，意即唯有十月可以奏报论杀。

诏书颁布后不久，发生了旱灾。长水校尉贾宗等以为咎在改律，遂上言称：“断狱不尽三冬，故阴气微弱，阳气发泄，招致灾旱。”章帝召集公卿议论，陈宠以为贾宗所言不然，提出：

夫冬至之节，阳气始萌，故十一月有兰、射干、芸、荔之应。《时令》曰：“诸生荡，安形体。”天以为正，周以为春。十二月阳气上通，雉雊鸡乳，地以为正，殷以为春。十三月阳气已至，天地已交，万物皆出，蛰虫始振，人以为正，夏以为春。三微成著，以通三统。周以天元，殷以地元，夏以人元。若以此时行刑，则殷、周岁首皆当流血，不合人心，不稽天意。《月令》曰：“孟冬之月，趣狱刑，无留罪。”明大刑毕在立冬也。又：“仲冬之月，身欲宁，事欲静。”若以降威怒，不可谓宁；若以行大刑，不可谓静。议者咸曰：“旱之所由，咎在改律。”臣以为殷、周断狱不以三微，而化致康平，无有灾害。自元和以前，皆用三冬，而水旱之异，往往为患。由此言之，灾害自为它应，不以改律。秦为虐政，四时行刑，圣汉初兴，改从简易。萧何草律，季秋论囚，俱避

---

① 《后汉书》卷三《章帝纪》，第152—153页。

② 《汉书》卷九〇《酷吏传》，第3672页。

③ 《后汉书》卷四六《陈宠传》，第1550页。“报重”即执行死刑。李贤注曰：“报，论也。重，死刑也。”

④ 《汉书》卷九〇《酷吏传》，第3656页。

> 立春之月，而不计天地之正，二王之春，实颇有违。陛下探幽析微，允执其中，革百载之失，建永年之功，上有迎承之敬，下有奉微之惠，稽《春秋》之文，当《月令》之意，圣功美业，不宜中疑。①

陈宠的意见可归结为三点：(1) 十一月、十二月和正月（十三月）分别是周、商、夏三朝岁首。岁首不得行刑，是上古三代之通则。若令岁首流血，则不合人心天意。这一论述，为章帝诏书中的《春秋》"重三正"之说作了扩充。(2) 按《月令》的设定，只有孟冬十月是施行大刑辟的时间，而冬至所在的十一月，阳气已开始萌动，应息事宁人，此月刑诛则有违"仲冬之令"。这为诏书援引《月令》经义，提供了具体的经学支撑。(3) 不能将灾异的发生归因于改律。夏商周断狱不以三正，化致康平，无有灾害；而元和改律之前，刑尽三冬，照样水旱为患。这就直接反驳了贾宗"咎在改律"的推断。

值得注意的是，陈宠论述中最为关键的证据，是《月令》"孟冬之月，趣狱刑，无留罪"一句。李贤已经发现，《月令》和《吕氏》"十二纪首"都将这句经文系于"季秋之月"，而非"孟冬"。对此李贤未详其故。清代学者何焯认为"孟冬"乃"季秋"抄写之误，王先谦《集解》也因袭何说。② 然而，联系下文"明大刑毕在立冬"，与"孟冬"并不矛盾，故不能归因于抄写讹误。孙希旦的解释是，《吕纪》是思想家为秦人设计的政治时间表，秦以孟冬十月为岁首，故设计者有意避免岁首行刑。③ 确实，《礼记·月令》中三冬部分的经文，都没有述及与刑杀相关的时政。如第二章所云，陈宠征引的《时令》和《月令》，可能是与《礼记·月令》同时流通于东汉的月令文本，字句上有出入，但均属于《吕纪》《礼记·月令》一系的王官月令，得到正统认可。因此，持有异见的贾宗及其他参与讨论儒学公卿，都不曾指摘陈宠引论失当。经过一个回合辩论，章帝更添信心，"元和改律"终成定局。

---

① 《后汉书》卷四六《陈宠传》，第1550—1551页。

② 参看何焯：《义门读书记》卷二二"《陈宠传》条"，北京：中华书局，1987年，第380页；王先谦：《后汉书集解》卷三六，北京：中华书局，1984年，第544页。

③ 孙希旦：《礼记集解》卷一七，北京：中华书局，1989年，第483页。

以上，章帝的诏书及陈宠的辩护，是明确将《月令》运用于司法制度改革的首次实践。当然，新制度的建立并非一朝之事，此前已有所铺垫。

二、“元和改律”的序曲

“元和改律”的序曲由两部分构成：一是西汉以来“春夏不刑”的观念逐渐与阴阳灾异论结合在一起，二是东汉章帝一朝试图转变政治风气。

“春夏不刑”的观念，先秦以来固有。即使是四时刑人的秦朝，也尽量减少刑罚劳役对春耕的影响。睡虎地秦简《秦律十八种·司空》曰：“居赀赎责(债)者归田农，种时、治苗时各二旬。”(简 144)①被处以赀罚或赎刑的人，如果无法向官府交纳财物，就要以一定期限的劳役来抵偿，他们在服役期间，身份相当于刑徒；但逢春夏“种时”和“治苗时”，他们有四十天时间回家务农，而无需服劳役。

刑避农时的传统也为汉代认可。池田雄一注意到，孔家坡汉简《日书》中，基层小吏逮捕“亡者”的时间，集中于八月至十二月的农闲时期。②《汉书·元帝纪》载，建昭五年(前 34)春三月诏曰：“方春农桑兴，百姓勠力自尽之时也，故是月劳农劝民，无使后时。今不良之吏，覆案小罪，征召证案，兴不急之事，以妨百姓，使失一时之作，亡终岁之功，公卿其明察申敕之。”③春耕对于一个以农为本的帝国而言至关重要，故朝廷屡屡要求基层官吏避免在农忙时节案验社会危害甚微的“小罪”。

前揭敦煌悬泉置壁书《月令诏条》，正文内容取自传世《月令》的“时禁”部分，表面看似无一条涉及司法行政。不过，孟春月令十一条中，“毋聚大众”条下的注文曰：“谓聚民缮治也，尤急事若追索□捕盗贼之属也，□下……追捕盗贼，尽夏。”④文字虽有残泐，但可以看出，注文包含了勿兴

① 睡虎地秦墓竹简整理小组：《睡虎地秦墓竹简》，第 53 页。

② 池田雄一：《秦漢時代の日書と吏人》，收入《漢代を遡る奏讞-中国古代の裁判記録-》，東京：汲古書院，2015 年。

③ 《汉书》卷九《元帝纪》，第 296 页。

④ 中国文物研究所、甘肃省文物考古研究所编：《敦煌悬泉月令诏条》释文，北京：中华书局，2001 年，第 4 页。

民役、勿追捕盗贼的要求。这比《礼记·月令》同句郑注"为妨农之始"要详细得多。① "尽夏"二字表明，追索盗贼之事应待夏季结束后方能开展。这是以诏令的形式，对《月令》原有经文作出司法层面的解释。

《月令》的最大特色，除"四时"与"五行"配伍之外，还在于拥有"时政—灾异"这一套联动装置。《月令》中的时政，均按四季时气而制定，若政令不"时"，君臣就会深罹灾异之苦。上述强调"春夏不刑"的秦律汉诏是否对这套联动装置有所体现呢？揆诸秦简《司空》和建昭诏书，二者皆从"重农务本"上立意，直接针对现实统治中的妨农问题。农耕帝国的刑罚不能耽误农时，是非常朴素的"自然法"思想。不仅刑罚如此，以耕战立国的秦人，遇上传输军械这样的大事，也尽量避免在农忙时节征发民徭。秦始皇廿七年二月洞庭郡守下发文书称：

> 令曰："传送委输，必先悉行城旦舂、隶臣妾、居赀赎责(债)，急事不可留，乃兴徭。"今洞庭兵输内史及巴、南郡、苍梧，输甲兵当传者多。节传之，必先悉行乘城卒、隶臣妾、城旦舂、鬼薪白粲、居赀赎债、司寇、隐官、践更县者，田时也，不欲兴黔首。(J1(16)5 正)②

备受汉人诟病的暴秦，即使兵械传送量很大("当传者多")，也"不欲兴黔首"，原因正是适逢"田时"。可见，为避免妨碍农事，秦代律令从"缓刑罚"和"不兴徭"等多方面来加以节制。至于建昭诏书，所谓"无使后时"，与前后文"勠力自尽之时""一时之作"互相呼应，均就"农时"而言。

如此务实的政令，并无"时政—灾异"这种天人感应的玄远内涵。从表面上看，它们所反映的"不刑轻罪"和"毋聚大众"，与《月令诏条》的说法无甚大异，但二者的制作初衷却不尽相同。

刑罚时令观的具有及实践，是一种有意识的制度构建行为，其前提是统治者已注意到《月令》的现实价值。学者的研究表明，西汉中期以前，传

---

① 孔颖达：《礼记正义》卷一四，阮元校刻：《十三经注疏》，第 1357 页。

② 湖南省文物考古研究所等：《湖南龙山里耶战国—秦代古城一号井发掘简报》，《文物》2003 年第 1 期第 33 页。

世《月令》对秦汉政治的影响十分有限。[①] 依照《月令》的设计制订刑罚时间，可能性不大。

汉初“季秋论囚”，以及宣帝时“季秋后请谳”，是否以《月令》为蓝本，同样缺乏有力证据。陈宠认为“季秋论囚”的规定虽然达到了“避立春之月”的要求，但仍然“实颇有违”。所违者，便是“《春秋》之文、《月令》之意”。至少在陈宠看来，“元和改律”之前的行刑时间设置，均不符合《月令》经义。

元成之时，顺时行刑观念已开始在现实中抬头。元帝朝，司隶校尉诸葛丰“春夏系治人，在位多言其短”。对此，元帝的诏书批评诸葛丰“不顺四时，修法度，专作苛暴”。[②] 这表明，元帝已有意识地将“法度”与“四时”联系起来。较元帝更进一步，成帝时不仅有了顺时行刑的时政观念，而且将灾异论也掺入其中。鸿嘉元年（前 20）春二月诏曰：“刑罚不中，众冤失职，趋阙告诉者不绝。是以阴阳错谬，寒暑失序，日月不光。”将天降灾异与为政不德联系而论，绝非始自汉成；但是，将灾异与刑罚失当相勾联，却是西汉晚期才出现的情况。不过我们也注意到，鸿嘉诏书将阴阳错谬被归咎于“刑罚不中”，而非“刑罚不时”。

然而不久，三年后的春正月，诏书便将水旱之灾归因于“刑罚不时”：

> 数敕有司，务行宽大，而禁苛暴，讫今不改。一人有辜，举宗拘系，农民失业，怨恨者众，伤害和气，水旱为灾。[③]

同样是批评有司拘系农民考案治狱，这一份诏书并没有像建昭诏书那样止步于“农民失业”的表象，而是推进到了“阴阳错谬”“伤害和气”的抽象层面。换言之，刑罚不时以致农民失业，不仅是妨农伤本这一人间政治污点，这个污点进一步被视为触怒上天的缘由。从这道诏书可以看出，在

---

① 邢义田：《月令与西汉政治——从尹湾集簿中的“以春令成户”说起》，见氏著《治国安邦》，北京：中华书局，2011 年，第 129—150 页。
② 《汉书》卷七七《诸葛丰传》，第 3251 页。
③ 《汉书》卷一〇《成帝纪》，第 318 页。

"刑罚不时"的问题上,"时政—灾异"联动装置,已经嵌入汉帝国的机体。

"时政—灾异"联动装置,并非《月令》独有,董仲舒等汉代学者的灾异论中也有类似的表述。例如,董仲舒对策曰:"刑罚不中,则生邪气;邪气积于下,怨恶畜于上。上下不和,则阴阳缪戾而妖孽生矣。此灾异所缘而起也。"①因此,无法确证元、成时期对"刑罚不时"所作的诠释必以《月令》为宗。但不可否认的是,灾异论的被需要,推动了《月令》地位的上升。灾异频仍的西汉后期,元帝诏书所谓"何不以时禁?"成帝诏书所谓"多违时政","时禁"和"时政"皆指向《月令》。② 哀帝时,李寻上疏言灾异,也提到"敬四时,严月令"是消灾之途。这份上疏中颇值得注意的还有,李寻称时气错乱的原因之一,正是"春三月治大狱"。③ 由以上例证可见,西汉末年的各种灾异论中,《月令》的时政观与灾异论,是其中不可忽视的一种。

尽管如此,在司法实践中,《月令》与行刑时间之间的关系仍然暧昧。建昭三年(前36),陈汤上疏,欲悬郅支单于首级于蛮夷邸间,宣示"犯强汉者虽远必诛"。丞相匡衡以为"《月令》春'掩骼埋胔'之时,宜勿县",但最终未能得到元帝认可。④ 与东汉的情形相比,西汉的行政公文极少有"顺时行刑"和"顺时气"之类的提议。由此可见,《月令》的刑罚时令观念,尚未成为西汉士大夫精英的共识。

《月令》的刑罚时令观正式进入司法实践,正是以《月令诏条》的颁布为起点的。从"朝廷忽违时月之令"至《月令诏条》颁行,《月令》政治地位的上升与其学术地位的尊崇相辅相成。如第二章所说,从"阴阳书"而入"礼家",《月令》的文献身份发生了变化。尽管在儒家的知识世界中,不语

---

① 详见《汉书·董仲舒传》与《五行志》。《春秋繁露》之《五行顺逆》《治水五行》等篇所揭时政—灾异系统,与《月令》更为接近。但有学者认为,由于诸篇之间存在前后矛盾,很可能并非出自董仲舒之手。参看戴君仁:《董仲舒不说五行考》,《"中央"图书馆馆刊》新2卷第2期,1968年;田中麻紗巳:《春秋繁露五行诸篇についての一考察》,《集刊東洋学》22号,1969年;房德邻:《〈春秋繁露〉五行诸篇非董仲舒所著——兼论汉代灾异说之演变》,《文史》2007年第4辑。

② 《汉书》卷九《元帝纪》,第290页;卷一〇《成帝纪》,第312页。颜师古注谓:"时禁,谓月令所当禁断者也。"李奇曰:"时政,月令也。"

③ 《汉书》卷七五《李寻传》,第3188页。

④ 《汉书》卷七〇《陈汤传》,第3015页。

怪力乱神，但儒家与阴阳家的相互渗透却一直在持续。钱穆早已认识到，当时学者可分为两派，一派好言灾异，一派好言礼制。[①] 言灾异源于“奉天”，言礼制源于“法古”。儒生与方士的合流，灾异与复古思想交融，在西汉末年是一个强烈的神道化倾向。[②]《月令》虽充满了阴阳五行灾异思想，但它精致整齐的时政系统，是实施圣人之治极为理想的布政指南。只有将其吸收进儒家系统，才能最大限度地发挥《月令》在行政与礼制活动中的作用。《月令诏条》的颁布，同时意味着《月令》在儒家化基础上，又经历了一次法律化。因此，在后来东汉的“元和改律”过程中，《月令》与司法制度之间的关系并不生分。

总之，“春夏不刑”的理念，秦汉皆有，但出发点是劝民农桑，以固国本。西汉晚期，灾异论甚嚣尘上，《月令》灾异论作为其中一种，开始被用于诠释刑罚时间与天降灾祸之间的关联。《月令》在复古运动中所经历的儒家化过程，使其对现实政治的渗透随之加速。

颁布月令时禁的做法，一直延续到新莽统治时期。居延王莽简中，除几条“时禁”之外，还有一枚记载了按月令施政的总方针：“制诏纳言：其令百僚屡省所典，修厥职，务顺时气。●始建国天凤三年十一月戊寅下。(E.P.T59・61)”[③]这道诏令与“仲冬月令”同日颁发，其中“修厥职，务顺时气”云云，后来与《月令》经文一起，频繁地出现在了东汉的诏奏之中。[④]“敬顺时令”作为施政宗旨，在东汉时已贯穿于司法事务及其他日常行政。

西汉末年，王莽推重《月令》，却不遵《月令》行事。地皇元年(20)诏称：“方出军行师，敢有趋讙犯法者，辄论斩，毋须时，尽岁止。”不久，又下书曰：“今复一切行此令，尽二年止之。”[⑤]虽然是“一切”之法，但却给反莽

---

① 钱穆：《刘向歆父子年谱》，见《古史辨》第5册，上海：上海古籍出版社，1982年，第152页。

② 阎步克：《士大夫政治演生史稿》，北京：北京大学出版社，2015年，第347页。

③ 甘肃文物考古研究所等：《居延新简——甲渠候官与第四燧》，北京：文物出版社，1990年，第363页。

④ 详见《后汉书》卷二《明帝纪》，第100、107页；卷三《章帝纪》，第133页；卷五《安帝纪》，第229页；卷六《顺帝纪》，第256、278、280页；卷二五《鲁恭传》，第879页；卷二六《侯霸传》，第902页；《韦彪传》，第918页；卷五七《刘瑜传》，第1856页。

⑤ 《汉书》卷九九下《王莽传下》，第4158、4163页。

群雄留下了极为深刻的记忆和教训。隗嚣的讨莽檄文称王氏“行炮格之刑，除顺时之法”，悖逆人道。[①] 起兵反莽的光武集团，也在王莽“盛夏斩人”的罪行中找到了天欲亡莽的自信。[②]

东汉建国伊始，光武君臣便致力于除莽弊政。建武二年(26)三月大赦天下，并议省刑法。[③] 建武五年(29)盛夏又下诏曰：

> 久旱伤麦，秋种未下，朕甚忧之。将残吏未胜，狱多冤结，元元愁恨，感动天气乎？其令中都官、三辅、郡、国出系囚，罪非犯殊死一切勿案，见徒免为庶人。[④]

“出系囚”及“罪非殊死一切勿案”等语句，再度出现在建武七年(31)春正月的诏书中，[⑤]成为东汉一朝立春“宽大诏书”约定俗成的文本内容。以上两方面，正好针对新莽“行炮格之刑”与“除顺时之法”的暴政，成为改换腥风血雨政治空气的利器。

然而，光武承王莽之余，颇以严猛为政，尤其对法度与吏治毫不放松。[⑥] 马援曾经向隗嚣夸赞光武，但仍然认为刘秀不及高祖刘邦：“高帝大度，无可无不可。今上好吏事，动如节度，不饮酒。”[⑦]光武帝素来谨慎、洁身自律，不似刘邦个性洒脱。这样的性格，加之游学长安的经历，又使刘秀对政府的日常行政方式十分了解。[⑧] 因此称帝之后，光武帝执政极为理性有节，要求州郡官吏遵奉法度、严于吏治，二千石及长吏稍有小过，必见

---

① 《后汉书》卷一三《隗嚣传》，第517页。
② 《后汉书》卷一五《邓晨传》，第582页。
③ 《后汉书》卷一上《光武纪》，第29页。
④ 《后汉书》卷一上《光武纪》，第39页。
⑤ 《后汉书》卷一上《光武纪》，第51页。
⑥ 阎步克：《士大夫政治演生史稿》，北京：北京大学出版社，2015年，第366—370页；陈苏镇：《〈春秋〉与“汉道”——两汉政治与政治文化研究》，北京：中华书局，2011年，第513—517页。
⑦ 吴树平：《东观汉记校注》卷一《世祖光武皇帝》，北京：中华书局，2008年，第10页。
⑧ 光武帝年少时游学长安，“因学世事。朝政每下，必先闻知，具为同舍解说”，可见受学时便积极对关注朝政世事，而且领悟力强于旁人。参见吴树平：《东观汉记校注》卷一，第2页。

斥罢。

明帝继承了光武严猛的治政风格。《后汉书·明帝纪》"论"曰："明帝善刑理，法令分明。"谋反事件屡屡发生，动辄牵连数万人，大狱遂兴。灾异频仍之际，钟离意借机上疏，"愿陛下缓刑罚，顺时气，以调阴阳"。① 明帝终不能用其言。尚书宋均也试图说服明帝改变苛察之风，亦无功而返。② 光武好吏事，明帝性褊察，以致"朝廷莫不悚慄，争为严切，以避诛责"。③ 苛刻之俗、吏化之风一直延续至章帝朝初年。

光武、明帝二朝，《月令》的地位未曾动摇，其对统治的影响甚至贯彻整个东汉。④ 然而，以《月令》为据，构建礼乐制度者多，改革帝国行政制度之事则极少。对行刑时间的调整，势必牵扯到从中央到地方的行政运作效率，直接影响国家的行政节奏。因此，"元和改律"是《月令》由礼制向司法制度推进的一个重大事件。

与光武、明帝的"吏化"倾向不同，章帝每事务于宽厚。韦彪、第五伦等人遂看到了转机。《韦彪传》载：

> （彪）上疏谏曰："臣闻政化之本，必顺阴阳。伏见立夏以来，当暑而寒，殆以刑罚刻急，郡国不奉时令之所致也。"⑤

韦彪将盛夏多寒的现象，归因于刑罚"不奉时令"。与西汉晚期对灾异的解释相比，此时《月令》的"时政—灾异"装置，已被十分明朗地揭示出来。那么，如何消解"当暑而寒"的灾异呢？韦彪认为必须首先重新考虑尚书一职的人选。

---

① 《后汉书》卷四一《钟离意传》，第1409—1410页。

② 宋均不喜文法，"恒欲叩头争之，以时方严切，故遂不敢陈"。《后汉书》卷四一《宋均传》，第1414页。

③ 《后汉书》卷四一《钟离意传》，第1409页。

④ 徐复观罗列东汉政治与《月令》相关者，指出"《月令》的影响，东汉大于西汉"。杨振红亦持此观点。参看徐复观：《〈吕氏春秋〉及其对汉代学术与政治的影响》，收入氏著《两汉思想史》（第2卷），上海：华东师范大学出版社，2001年，第41—47页；杨振红：《月令与秦汉政治》"附笔"，见氏著《出土简牍与秦汉社会》，第231—233页。

⑤ 《后汉书》卷二六《韦彪传》，第918页。

有意思的是，章帝初年出任尚书的，正是后来鼎力支持“元和改律”的陈宠。在反驳贾宗之时，陈宠对《月令》的援引和解释十分到位，经学修养不凡。日常平议疑狱时，“每附经典，务从宽恕”。①同时，沛国陈氏素来晓习律法，陈宠所撰《辞讼比》，公府奉以为圭臬。陈宠在东汉司法界的地位不容小觑。据此推测，章帝之所以能打消疑虑，或许正是由于陈宠律令名家的地位，具有使人信服的专业权威。

《月令》的地位遽升，以及执政风格改弦更张的欲念，共同构成了“元和改律”的序曲。如果缺乏前者，《月令》就不会进入东汉统治者的视野，与《春秋》平起平坐，成为改律的理论依据。如果缺乏后者，甚至都未必会有“元和改律”这一直接影响行政节奏的司法改革。

当然，“序曲”之所以是“序曲”，是因为“元和改律”之前的《月令》司法实践，是围绕“春夏不刑”展开的，并未对“不刑”的反面——“刑”的时间，作任何具体的《月令》化处理。因此，也就没有真正触及司法制度的核心。但“元和改律”及此后的“永元改律”与此不同，它们按《月令》的时政安排，将死刑和薄刑的执行时间，细化至具体的月份。这就直接对现实统治带来了实质影响。

第三节　礼乐兴则刑罚中：“元和改律”前后的制礼作乐

“元和改律”或许不是一个孤立事件。联系前后所发生的诸事，改革似乎不仅是为了扭转政治风气，而且承载着东汉皇帝更宏阔的梦想。范晔《后汉书》的“论”，塑造了明帝治政严猛的形象。然而，在“赞”的部分，则言明帝“备章朝物，永怀废典”，开启了礼制燦然的时代。从《祭祀志》看，东汉的礼仪活动不仅全面回归儒家经典，而且举行时间，也与《月令》的安排基本一致。

---

① 《后汉书》卷四六《陈宠传》，第1554页。

东汉对《月令》的吸收，不仅表现在礼制构建上，以“元和改律”为例，《月令》的影响也在现实行政中弥散开来。对《月令》时政的践行，从章帝朝开始越来越频繁。其中，又数章帝朝最为密集，几项颇具代表性的《月令》礼制和惠政，如迎气乐的使用、“胎养令”“养老令”的颁布等，都是在章帝朝成立的。简言之，以“元和改律”为原点，前后十年时间，不断有《月令》礼制和时政被运用于现实统治。

一、四分历颁行与受命改制理想

《月令》时政的推行，离不开历法的制订。恰巧，历法改革也发生在“元和改律”的同一年。元和二年(85)初，章帝再也无法容忍现行历法与天象不合，也不再指望三公、太常的杂议能拿出结果。二月甲寅，下诏正式施行“四分历”。诏书中的一段话，甚至表明改历或与刑罚时间的制定不无关联：

> 冬至之日日在斗二十一度，而历以为牵牛中星。先立春一日，则《四分》数之立春日也。以折狱断大刑，于气已迕。①

当时尚未改律，行死刑的时间仍是立春以前的冬三月。按太初历，立春之日后天，晚于星象所示的立春时间，致使行刑时限加长，“于气已迕”。章帝同时还将近期发生的“阴阳不和，灾异不息”现象，一并归之于现行历法不合天象，以致“人事”不能顺应“天时”。

“元和改律”诏书所谓“律十二月立春”，就是根据“四分”术推算而来的表述。蔡邕《月令章句》曰：“孟春以立春为节，惊蛰为中。中必在其月，节不必在其月。据孟春之惊蛰在十六日以后，立春在正月；惊蛰在十五日以前，立春在往年十二月。”②“四分历”采用的是冬至减没法，惊蛰必在正月，但可能在十六日以后，也可能在十五日以前。如此，立春之日就未必

① 《续汉书·律历志中》，第3026页。

② 马国翰：《玉函山房辑佚书》(贰)，扬州：广陵书社，2005年，第918页。

居于正月了。由此可见,“四分历”刚正式推行不过数月,便很快被章帝运用到了“元和改律”之中。

改历,往往因天象与现行历法不合而起。元和改历在基于“科学的立场”的同时,①可能也有受命改制方面的动因。《律历志》称:

> 《河图》曰:“赤九会昌,十世以光,十一以兴。”又曰:“九名之世,帝行德,封刻政。”朕以不德,奉承大业,夙夜祗畏,不敢荒宁。予末小子,托在于数终,曷以续兴,崇弘祖宗,拯济元元?《尚书琁玑钤》曰:“述尧世,放唐文。”《帝命验》曰:“顺尧考德,题期立象。”②

由上可见,章帝的改历诏书,依据的是席卷东汉思想界的纬书理念。故有学者称章帝的改历是一次“神秘主义的改革”。③ 它的目的,是将东汉王朝及其君主神圣化,以提高二者的权威。“赤九”指光武帝,“十世”为明帝,那么“十一以兴”,自然意指章帝之世为“兴作”的时代。

章帝的诏书还揭示出了改历与“王道”政治的关系。诏书称,当时“政治不得,阴阳不和,灾异不息”,如何补救呢?——“以正历象,庶乎有益”。诏书还说:“岁二月,东巡狩,至岱宗,柴,望秩于山川。遂觐东后,叶时月正日。”言出必行,章帝果然在颁发诏书的两天后,便踏上了东巡狩的道路。东巡第廿日又诏曰:“历数既从,灵燿著明,亦欲与士大夫同心自新。”④这些举措,意味着章帝试图通过巡狩、正历等活动,与士大夫相更始,开启王道政治的进程。明、章两朝,祥瑞不断出现,鸾凤仍集、麟龙并臻,这也使章帝与一些士人意识到,这是一个“在百代之上”的时代。⑤

---

① 薮内清:《中国的天文历法》,杜石然译,北京:北京大学出版社,2017年,第23页。

② 《续汉书·律历志中》,第3026页。

③ 参看小林春树:《“元和改曆”の受命改制的性格について——〈続漢書〉志類研究序説》,《東洋文化》75,1995年,第74、76頁;《中国古代の曆学における中央集権的性格の確立について》,《東洋研究》1997年第125号;《“元和改曆”の性格·特色、曆学史的意義の再考——後漢の“合理主義的思想”再考のために》,《東洋研究》2007年第163号,第95頁。

④ 《后汉书》卷三《章帝纪》,第150页。

⑤ 黄晖:《论衡校释》卷一九《恢国篇》,北京:中华书局,1990年,第824页。

二、复兴礼乐与政治新起点

章帝“欲有兴作”的心思，被博士曹褒参透。曹氏即刻上疏言制礼作乐之事。事下太常，不料却被泼了冷水。但章帝刊立朝廷礼宪的主意已定，元和三年（86）复下诏曰：“汉遭秦余，礼坏乐崩，且因循故事，未可观省，有知其说者，各尽所能。”①在章帝眼中，他继位之前的汉朝一直处于礼乐崩坏、因循故事的状态，在礼乐制作上没有留下可资观览的遗产。即使是叔孙通制礼一事，章帝也不以为意，谓其所作《汉仪》“此制散略，多不合经”，因此，敕曹褒“依礼条正，使可施行”。可见，章帝并不想跟明帝一样“永怀废典”，而是试图建立起一套依礼合经合谶纬特色的新礼乐宪章。

制礼作乐的动力又来自何处呢？曹褒在最初的上疏中提到，圣人受命而王，莫不制礼作乐，故今当“著成汉礼，丕显祖宗盛德之美”。② 章帝亦称：“朕夙夜祗畏，上无以彰于先功，下无以克称灵物。”因此，需要通过为汉制礼，来应答上天祯祥，对扬祖宗休烈，在历史中确立自己的灿烂坐标。

曹褒的制礼作乐，为东汉王朝修订了一套冠婚丧祭制度，并不涉及兵刑钱谷。然而，此次制作与“元和改律”之间未必泾渭分明。③ “元和改律”之前，陈宠就曾上疏，建议蠲除超过“威仪三千”之数的律令。他的理由便是“礼之所去，刑之所取”。和帝时，张奋继曹褒之后，再次提请汉帝制礼作乐时，就援引了孔子的著名论断：“礼乐不兴则刑罚不中。”在陈宠、曹褒等人看来，礼乐并非虚文，而是刑罚中平的前提。从表面观之，章帝的制礼作乐与“元和改律”之间，并无内容上的交集。然而，二者几乎同步进行。以改革历法为起点，一手为汉制礼，一手使刑罚制度与礼制经典融会贯通。这表明，章帝有意识地欲将日常行政统摄于礼乐大纛之下。

章帝制礼作乐的最终诉求，同样存在于“元和改律”的诏奏中。“元和

---

① 《后汉书》卷三五《曹褒传》，第 1203 页。

② 《后汉书》卷三五《曹褒传》，第 1202 页。

③ 关于东汉制礼作乐及其成败的研究，参看杨英：《祈望和谐——周秦两汉王朝祭礼的演进及其规律》，北京：商务印书馆，2009 年，第 542—550 页。

改律”诏书提到:“王者生杀,宜顺时气。”章帝此次对旧典的修改,是慕“王者”而作。而前揭陈宠的上奏,一方面在具体细节上援用经典,对原诏书进行补充论证,另一方面,在宏观精神上,同样予以呼应:

> 陛下探幽析微,允执其中,革百载之失,建永年之功,上有迎承之敬,下有奉微之惠,稽《春秋》之文,当《月令》之意,圣功美业,不宜中疑。

“革百载之失,建永年之功”,陈宠不顾“诋毁”汉代先帝旧典之嫌,极高地抬举“元和改律”的历史意义。这一态度,跟章帝对前代汉制“未可观省”的不满,以及对叔孙通《汉仪》的不以为意,何其相类!此外,对死罪执行时间的调改,和曹褒所制《汉礼》一样,“合经依礼”,是将儒家经典运用于现实政治的绝佳例证。因此,在曹褒、陈宠及章帝本人看来,无论是制作新的汉礼,还是“元和改律”,都是圣功美业,都具有“政治新起点”的意义。

章帝朝的制礼作乐,很快因章帝去世和群臣驳异而黯然退场。和帝永元九年(97),因病罢归的张奋在家上疏,重提礼乐制作之事,言辞极为恳切。永元十三年(101),召拜张奋为太常。和帝的这一任命,似乎隐隐透出,制作汉礼或有复燃之势。身为太常的张奋也感受到了这一点,于是再次上疏提请“汉当改作礼乐”,并且提出只需颁行现成的曹褒《汉礼》即可。① 然而,由于和帝的犹豫,隐隐复燃的制礼作乐态势,最终复归沉寂。

礼乐兴则刑罚中,是儒学士大夫长年秉持的理想。元和二年,既是东汉着手制礼作乐的起点年,也是《月令》司法实践的标识年。前者的诉求,是与散略且不合经典的“旧典”划清界限,刊立可资后世观省的东汉礼宪;而后者的意义,同样在于“革百载之失”,彰显章帝一朝在两汉帝王序列中的地位。因此,无论是礼制领域的制礼作乐,还是司法领域的“元和改律”,都被贴上了“政治新起点”的标签,二者殊途而同归。

---

① 《后汉书》卷三五《张奋传》,第1199—1200页。

第四节 “永元改律”始末

东汉时期《月令》的司法实践，非唯独元和二年一次。“元和改律”涉及的是“断狱报重”的时间问题。十九年后，何时案验薄刑，又被提上议程。与有着宏大制礼作乐背景的“元和改律”不同，“永元改律”很可能是出于现实原因。改律前一年的六月，和帝阴皇后以巫蛊事见废，其父自杀，涉案的外祖母、舅、弟，皆以大逆无道之罪考死狱中，其余家属徙比景，宗亲昆弟免归田里。① 巫蛊狱兴，案件数量陡增，加之元和二年后，死刑的执行时间只有十月，行政运转节奏的放缓，自然带来案卷堆压的后果，其他案件也可能出现了积滞状况，因此不得不考虑将开始案验的时间提前。

一、“麦秋”案薄刑

改律前，建初元年(76)春正月的“宽大诏书”称：“罪非殊死，须立秋案验。”②殊死，即斩刑。③ 诏书之意是，除斩刑以外，其余案件均要等到立秋以后方能开始案验。而这些案件，并不按罪行轻重进一步细分。

永元十五年(103)岁末，立秋案验的传统被打破。《后汉书·和帝纪》载：

> 有司奏，以为夏至则微阴起，靡草死，可以决小事。是岁，初令郡国以日北至案薄刑。④

汉代对“薄刑”一说并无明确的法律界定。参考《汉书·刑法志》，上

① 《后汉书》卷一〇上《皇后纪》，第 417 页。
② 《后汉书》卷三《章帝纪》，第 132 页。
③ 颜师古曰：“殊，绝也，异也，言其身首离绝而异处也。”参见《汉书》卷一下《高帝纪下》，第 51 页。
④ 《后汉书》卷四《和帝纪》，第 192 页。

古圣人作五刑，其中“薄刑用鞭扑”。若粗疏对应，东汉时代所谓“薄刑”，大致相当于榜、笞之刑。章帝诏引汉《律》云“掠者唯得榜、笞、立”。[①] 不过，笞刑是髡刑的附加刑，即罪犯在被施以笞刑的同时，还要服髡钳城旦序列的劳役刑。由引文可知，从永元十五年起，郡国可以在“夏至”之时开始案验髡刑以下的罪责。

注者李贤再次看出，这条史料同样存在不合《月令》原文的嫌疑。《月令》中“靡草死”之月，当于孟夏，而奏请却云“夏至”。范晔《后汉书》继而将此理解为“日北至”。如何解释这一文字出入？

胡三省《通鉴》注不以范书为然。他认为有司所谓“夏至”并非指节气，而是“夏之初至”之意，后文“日北至”之说则是范晔因误解而衍生的误载。[②] 此论甚得。今人所说“夏（冬）至”节气，汉人常称“日夏（冬）至”，如《汉书·郊祀志下》云：“日冬至祠泰一，夏至祠地祇。”[③]其中“夏至”之谓，其实为“日夏至”之省文。类似的例子，居延出土的元康五年诏书简中，先云“五月二日壬子日夏至，宜寝兵”，后文便省称“官先夏至一日”。[④]《汉书·魏相传》曰：“阴阳之分，以日为纪。日冬夏至，则八风之序立。”[⑤]可见“夏至”“冬至”之主语，实为“日”（太阳）；而前引材料中“夏至则微阴起”，主语是作为季节的“夏”。

胡三省的观点，得到了惠栋和王先谦的认同，[⑥]《鲁恭传》的记载也印证了范晔之误。《传》云，“和帝末，下令麦秋得案验薄刑”。“麦秋”，即“孟夏”。蔡邕《月令章句》曰：“百谷各以其初生为春，熟为秋。故麦以孟夏为秋。”[⑦]同传又载鲁恭上疏曰“自永元十五年以来，改用孟夏”。[⑧] 薄刑时间

---

① 《后汉书》卷三《章帝纪》，第146页。
② 详见《资治通鉴》卷四八“和帝永元十五年”条胡三省注，北京：中华书局，1956年，第1560页。
③ 《汉书》卷二五下《郊祀志下》，第1264页。
④ 谢桂华、李均明、朱国炤：《居延汉简释文合校》，北京：文物出版社，1987年，第8、16页。
⑤ 《汉书》卷七四《魏相传》，第3139页。
⑥ 王先谦：《后汉书集解》卷四，第93页。
⑦ 马国翰：《玉函山房辑佚书》（贰），第926页。
⑧ 《后汉书》卷二五《鲁恭传》，第879页。

调整后，又反馈到立春“宽大诏书”中。《礼仪志》录宽大诏文曰：“罪非殊死，且勿案验，皆须麦秋。”[①]此间，“麦秋”与建初元年诏书中的“立秋”一字之差，见证了“永元改律”的结果。以上数条文献均可证明，“永元改律”确实将案验薄刑的时间调至孟夏四月。

《月令》曰：孟夏之月，“靡草死，麦秋至，断薄刑，决小罪，出轻系”。[②]永元改律”的结果，使东汉的刑律与《月令》的契合度再上一阶。

二、论者的驳异

两次行刑时间的改革结果并未能维持太长时间。永初元年（107）五月，诏令“案验薄罪”。[③] 鲁恭谏曰：

> 旧制至立秋乃行薄刑，自永元十五年以来，改用孟夏，而刺史、太守不深惟忧民息事之原，进良退残之化，因以盛夏征召农人，拘对考验，连滞无已。司隶典司京师，四方是则，而近于春月分行诸部，托言劳来贫人，而无隐恻之实，烦忧郡县，廉考非急，逮捕一人，罪延十数，上逆时气，下伤农业。案《易》五月《姤》用事。经曰：“后以施令诰四方。”言君以夏至之日，施命令止四方行者，所以助微阴也。行者尚止之，况于逮召考掠，夺其时哉！
>
> ……《月令》：“孟夏断薄刑，出轻系。行秋令则苦雨数来，五谷不熟。”又曰：“仲夏挺重囚，益其食。行秋令则草木零落，人伤于疫。”夫断薄刑者，谓其轻罪已正，不欲令久系，故时断之也。臣愚以为今孟夏之制，可从此令，其决狱案考，皆以立秋为断，以顺时节，育成万物，则天地以和，刑罚以清矣。[④]

---

① 《续汉书·礼仪志上》，第3102页。
② 孔颖达：《礼记正义》卷一五，阮元校刻：《十三经注疏》，第1365页。
③ 袁宏：《后汉纪》卷一六，北京：中华书局，2002年，第309页。
④ 《后汉书》卷二五《鲁恭传》，第879—880页。

鲁恭的谏言，从《月令》本意和现实执行情况之间的偏差来立论。他认为《月令》经文的本意是，对于轻罪囚徒，若已结案定罪，便应放归，不能久拘，而"不谓可考正罪法也"。①

郑玄为《月令》作注时，对孟夏"断薄刑，决小罪"这一时政配置，颇感不妥，认为"今以纯阳之月，断刑决罪，与毋有坏堕自相违，似非"。他援引《祭统》"草艾则墨"之文，认为罪无轻于墨者，而最轻的墨刑都要待至立秋以后，更何况其他刑罚？② 由此可知，郑玄显然是将这条经文理解成对轻罪的执行刑罚。和帝的诏令也作如是解，否则鲁恭谏言的开头就不会称永元十五年以来"行薄刑"改用孟夏了。刺史、太守的"连滞无已"虽然有些过分，但"拘对考验"确实是案验薄刑的必要程序，没有违背《月令》时政，也没有违背"永元改律"诏令。永初元年"案验薄罪"不过是对前代改律结果的承袭，鲁恭之"谏"，意味着他对"永元改律"似有微词。

鲁恭所谓"今孟夏之制，可从此令"，是针对当时"案验薄刑"的诏令而进行劝阻，建议放归轻罪已经结案者；若尚未结案，则"决狱案考，皆以立秋为断"，而不要在五月进行。鲁恭的建议得到了诏书认可。

永憙元年(145)五月，暑旱炎炎，质帝遂诏曰："令中都官系囚罪非殊死考未竟者，一切任出，以须立秋。"③此诏适用范围虽然仅限于中都官狱，但被暂时释出者的身份("罪非殊死")已超出了"轻罪"的范畴，"考未竟"又说明五月之时尚未结案。对于这些尚未结正的犯罪嫌疑人，为消弭大旱，均可权且放归，待至立秋再行案考。质帝此诏的内容，较鲁恭的建议更为宽和。

每逢夏月遭遇水旱之灾，统治者多会想起"立秋为断"的制度，通过遣使或亲自前往"出轻系"的方式，祈望弭灾。例如，永建三年六月、熹平五年四月、初平四年六月，皆因水旱而诏狱"原轻系""休囚徒"。④ 郎顗在给顺帝的上疏中，也多有"刑罚必加也，宜须立秋，顺气行罚""凡诸考案，并

① 袁宏：《后汉纪》卷一六，第 310 页。
② 孔颖达：《礼记正义》卷一五"断薄刑、决小罪"句郑玄注，阮元校刻：《十三经注疏》，第 1365 页。
③ 《后汉书》卷六《质帝纪》，第 278 页。
④ 《后汉书》卷五《安帝纪》，第 255 页；卷八《灵帝纪》，第 338；卷九《献帝纪》，第 374 页。

须立秋”之语。①

由上，自立秋始考案行罚，在东汉中期以后已然形成制度。“行薄刑”的时间，不再定于孟夏，而是改回立秋，从而又回复到了“旧制”的轨道上。

同年，“元和改律”的成果，也回归了“旧制”。报囚唯用十月的诏令，并未因陈宠的辩护而真正“不复改”。相反，论者互多驳异，最终不得不由邓太后出面，诏公卿以下重新讨论此议题。参与讨论者分别提出哪些异议，于史无载，但鲁恭的奏请终见纳用，应是代表了普遍意见。《鲁恭传》载曰：

> 《月令》，周世所造，而所据皆夏之时也，其变者唯正朔、服色、牺牲、徽号、器械而已。……《易》曰：“潜龙勿用。”言十一月、十二月阳气潜臧，未得用事。虽煦嘘万物，养其根荄，而犹盛阴在上，地冻水冰，阳气否隔，闭而成冬。故曰：“履霜坚冰，阴始凝也。驯致其道，至坚冰也。”言五月微阴始起，至十一月坚冰至也。

将“元和改律”与鲁恭奏议相参看，可知前后二者的讨论焦点，在于十一和十二月能否行刑。前者认为十一月冬至过后，阳气已开始萌动，故遵《月令》顺阳助生之文，不得刑诛；而十二月阳气进一步上升，又为先王岁首，且常有立春在十二月就已到来的现象，故此月亦不能流血。鲁恭则两度引用《易》经，论证十一、十二两月“犹盛阴在上”。

如前述，鲁恭在陈述立秋案考的时候，《月令》与《易》并用，作为证成己说的经典依据。而此时，虽也提到了《月令》作为王者时宪的意义，但在论述中却不再称引《月令》经文。先引经义，后凭实情，鲁恭再次从现实执行情况出发，论述“元和改律”所引发的诸多不良：

> 从变改以来，年岁不熟，谷价常贵，人不宁安。小吏不与国同心者，率入十一月得死罪贼，不问曲直，便即格杀，虽有疑罪，不复谳

① 《后汉书》卷三〇下《郎顗传》，第1056、1064页。

正。……《易》十一月"君子以议狱缓死"。可令疑罪使详其法，大辟之科，尽冬月乃断。其立春在十二月中者，勿以报囚如故事。

行刑时限的大幅度缩减，也就缩短了文法吏从容审讯取证的时间，于是为赶在冬至之前定案，刚入十一月便迅速处决，以致冤假错案的出现几率上升。鲁恭要表达的意思，无非是章帝的美意难以被小吏毫无偏差地执行，因此不如"尽冬月乃断"，将死刑的执行期限延长至立春以前。"元和改律"的成果中，唯有"立春在十二月中者勿以报囚"仍得保留。

关于死刑执行时间的讨论，我们能从鲁恭的奏议中归纳出以下三点认识：(1) 元和诏书所谓"阳气萌动"这一改律依据，不符合阴阳时气的运转规律，因此十一、十二月不必"顺阳助生"；(2) 改律后出现的种种偏差，说明现实司法实践很难达到改律所期冀的理想状态；(3)《月令》并不是唯一的改革司法制度的经典凭据，《易》中的时令理论同样能够影响决策。

《易》与《月令》的关系颇为密切。西汉魏相向宣帝奏上《明堂月令》的同时，还奏上了《易阴阳》。从魏相的奏疏中可以了解，当时已将《易》卦与四时对应了起来。[①] 东汉纬学大盛，《易纬》与《月令》的整合斑斑可考。鲁恭所引《易经》"君子以议狱缓死"的象辞，出自《中孚》。在《易纬乾凿度》和《易纬稽览图》中，"中孚"是十一月卦。[②] 而"《易》五月《姤》用事"之说，也可能源自《易纬》。[③] 除此之外，《月令》的"时政—灾异"装置，也被《易纬》吸收，出现在《稽览图》《通卦验》和《是类谋》诸篇。从《月令》与《易》的融合观之，鲁恭援引《易》经，似乎并不是要否定、反驳《月令》，而是试图更为准确地把握《月令》的月政思想。

至此，无论是断狱报重，还是轻罪薄刑，行刑时间都恢复了改律之前的旧制传统。两次改革的成果未能长久立足，究其原因，或许在于以下

---

① 《汉书》卷七四《魏相传》曰："东方之神太昊，乘《震》执规司春。南方之神炎帝，乘《离》执衡司夏。西方之神少昊，乘《兑》执矩司秋。北方之神颛顼，乘《坎》执权司冬。中央之神黄帝，乘《坤》《艮》执绳司下土。"(第 3139 页)相关研究，可参看郜积意：《两汉经学的历术背景》第一章，北京：北京大学出版社，2013 年。

② 安居香山、中村璋八：《纬书集成》，石家庄：河北人民出版社，1994 年，第 36、174 页。

③ 同上，第 150、176 页。

两点：

首先，最直接的因素是人事变动。支持“元和改律”的陈宠，时任尚书，颇得章帝器重。章帝尝赐诸尚书剑，唯陈宠与韩棱、郅寿得赐皇帝手署其名的宝剑，以示尊显。[①] 然而，随着窦宪日显亲贵，陈宠与窦宪之间的矛盾也开始加深。窦宪荐举附己者为尚书，遭陈宠抵制，由此深恨陈氏。改律后三年，章帝崩逝，窦宪作为太后之弟而秉持大权，随即出陈宠为太山太守。远离台阁，且朝中官吏多附窦氏，陈宠对新帝决策的影响必然大不如前。“元和改律”之初，贾宗等人已有质疑之声，最终因为皇帝的决心和陈宠的权威论证，才得以推行。如今，章帝去世，支持者陈宠又处江湖之远，“自后论者互多驳异”，最终不得不召公卿再议。驳异之激烈，正说明缺少了人事的支撑，改律的成果就难免会动摇。

章帝意气风发的制礼作乐，也因自身去世，以及多数朝臣态度冷淡而难以为继。为汉制礼的曹褒，身为庆氏《礼》的传人，虽将庆氏之学推向高峰，但始终遭受官方今文经学派的抵制。[②] 范晔所谓“业绝天算，议黜异端”，将汉礼制作失败的直接因由，概括得甚是熨帖。

其次，之所以“议黜异端”，乃是政治生态使然。光武在王莽败政的烂摊子上复汉起家，他和继任者明帝，都致力于帝国重建。为稳定时局，必须宽严相济。在议省刑法的同时，增设科禁的呼声从未断绝。建武十四年(38)，群臣认为当时宪律轻薄不足以抑制奸轨，故“宜增科禁，以防其源”。梁统在朝时也撰写长篇奏疏，提请“宜重刑罚”。[③] 从两代统治来看，减省科禁并不等于治政轻纵，为了抑制豪族、平定刘荆和楚王英等数次谋反，不惜大狱迭兴，治政严猛。

居上位者治政严猛，在下官吏遂因之以成风化，朝廷官僚争为严切，郡国也唯“辨职俗吏”是举，察察小慧，刑罚刻急。曹褒任圉令时，对于他郡盗徒的判决，表现出“以礼理人”的态度，但太守马严随即“奏褒软弱，免

① 《后汉书》卷四五《韩棱传》，第 1535 页。

② 参见王葆玹：《今古文经学新论》，北京：中国社会科学出版社，1997 年，第 350—354 页。

③ 《后汉书》卷二七《杜林传》，第 937 页；卷三四《梁统传》，第 1168 页。

官归郡”。[①] 章帝即位后，虽力图改变朝廷风气，不断下诏敕戒郡国务存宽厚，但已普遍“吏化”的政治生态，一时很难改观。第五伦尝上疏曰：“诏书每下宽和而政急不解，务存节俭而奢侈不止者，咎在俗敝，群下不称故也。”[②]时人已经意识到妨碍宽大之政推行的重大阻力在于“俗敝”。但“俗敝”的革除，阻力重重。“元和改律”同年二月，章帝曾在诏书中表达无奈之情：“以苛为察，以刻为明，以轻为德，以重为威，四者或兴，则下有怨心。吾诏书数下，冠盖接道，而吏不加理。”[③]

“元和改律”出现在这样的政治生态中，显然缺少养分。章帝长者，且图变之心强烈，仍力不从心，那就更不要说其后的承平之主会有多少改变，以苛为察的“俗敝”只可能积重难返。李固对“当世之敝”曾作过如是总结：“伏闻诏书务求宽博，疾恶严暴。而今长吏多杀伐致声名者，必加迁赏；其存宽和无党援者，辄见斥逐。”[④]正因为多杀伐者得迁赏，而存宽和者见斥逐，故立国初期争为严切的风气，便一直被继承下来，日趋“吏化”的行政风格，便长期居于政治生态链的顶端。李固所云，针对的是阳嘉二年的情况，但这何尝不是整个东汉政治生态的写照。

东汉“吏化”所造就的政治生态，不仅培育出“以苛为察，以刻为明”的文法吏，也酝酿出帝国统治的行政理性。“元和改律”和“永元改律”依经合礼，美则美矣，但确如鲁恭所说，反而为各种弊政打开了豁口。据史书记载，鲁恭曾因“经明”而得召参与白虎观会议，后来身在公位，“奏议依经”。[⑤] 从他对两次改律的批评就能看出，称《月令》、引《易经》，论议妥当，可知其必有较高的经学素养。而从其治迹观之，可知其遵奉教化、不任刑罚。这样一位谦和又明经的良吏，论议改律得失之时，亦始终以现实中的执行状况作为最有力的论据，而不是言必称礼经。

如前已述，《月令》并不是唯一的改革司法制度的经典凭据，鲁恭援引

① 《后汉书》卷三五《曹褒传》，第1202页。
② 《后汉书》卷四一《第五伦传》，第1400页。
③ 《后汉书》卷三《章帝纪》，第148页。
④ 《后汉书》卷六三《李杜列传》，第2074页。
⑤ 《后汉书》卷二五《鲁恭传》，第882页。

《易》经，照样说服统治者，对改律成果进行调整。东汉的理性行政趋势，使得无论哪部儒学经典，都只有附丽于现实政治，才能相得益彰。政策的调整和修改，往往立足于现实，再从经典中寻找有利证据。

正因为此，纯依经典的行为在东汉难以存活。章帝制礼作乐的失败，除因“业绝天算”之外，也因制作本身缺乏观照现实的生命力。袁宏曰：“褒之所撰，多案古式，建用失宜，异于损益之道，所以废而不修也。”[①]此论得之。

法制史研究者将中国古代刑罚时间的制定，概括为“司法时令制度”。与涵盖先秦至明清的时令制度研究不同，本章是针对帝国早期《月令》司法实践所作的个案研究。研究仍以传世文献为主要依据，并尽可能在出土文献中搜寻吉光片羽。立足于以上分析，得出几点认识：

第一，西汉宣帝以前，从九月至十二月均可执行死刑。宣帝以后，至东汉永平时期，则是“断狱报重，常尽三冬”，十月至十二月是可以执行死刑的期限。劳役刑和肉刑，则不限于秋冬。

第二，“元和改律”和“永元改律”是东汉统治者依照《月令》时政，对传统司法制度进行的两次改革。前者针对死刑的执行时间，用“勿以十一、十二月报囚”的新规定，取代“断狱报重，常尽三冬”的旧制度。后者针对薄刑的案验时间，将原先的立秋改至孟夏。改律的结果，使东汉的刑罚时间与《月令》若合符契。

第三，极目“元和改律”之前，西汉后期，《月令》时政观与灾异论，已成为规劝统治者“春夏不刑”的理论依据。《月令诏条》对“毋聚大众”的司法解释，可谓《月令》司法实践的先声。《月令诏条》的颁布，以《月令》的经典化为前提。这一前提使《月令》能以儒家经典的身份，成为东汉两次改律的经典依托。除此之外，章帝即位后，试图改变前两代治政严猛的风格，每事务于宽厚。“元和改律”可视为司法领域改弦更张的一次努力。

第四，环顾“元和改律”的同时代，以推行“四分历”为始，东汉开启了

① 袁宏：《后汉纪》卷一三，第257页。

制礼作乐的进程。“四分历”对立春时间的推算，很快就被体现在“元和改律”的诏书表述中。与此同时，在内容上看似并无交集的新制礼典与“元和改律”，实为殊途同归。二者皆蕴含了章帝对“政治新起点”的期冀，希望通过二者的实现，为自己在两汉帝王序列中寻找到“建永年之功”的历史坐标。

第五，“元和改律”与“永元改律”以失败告终。东汉的刑罚时间，最终回归“旧制”。依照《月令》制订的行刑时间表，因现实执行中的种种偏差和弊端而难以为继。偏差和弊端的产生，源自“吏化”的政治传统惯性。因此，改律的成败，反映出的是传统与“兴作”之间的博弈。

在日常行政中，行刑时间的选择所面临的问题，远比《月令》文本所设定的环境更为复杂、具体。与刑罚时间相关的东汉诏书中，包括每岁立春颁布的“宽大诏书”，常有“罪非殊死”云云。至于谋反、谋大逆、不道、坐赃、背敌懦弱，甚至坐直谏，都可以不按时令，四时行刑。这种区分对待，在《月令》文献中是不存在的。东汉虽敬顺时令，但司法事务不可能完全严格地执行《月令》的月政。灾异发生的时间不定，“理冤狱”“出囚徒”的时间也就不可能固定。除此之外，随着宗教信仰的多元化，以及由此而来的节日增设，《月令》的月政配置难免日益捉襟见肘。唐律对死刑时间的规定，就比《月令》和汉制更为细化。《旧唐书・刑法志》记载：“从立春至秋分，不得奏决死刑。其大祭祀及致斋、朔望、上下弦、二十四气、雨未晴、夜未明、断屠日月及假日，并不得奏决死刑。”①这些禁刑日期，大多非《月令》及汉代所能有。《月令》文本一旦定型，就成了“标本”。它的设计，在它出现的时代，当然极为缜密精致；然而，缜密精致与封闭固化，本是一体两面，《月令》时政系统的被突破，是必然之事。标本终究是“死”的，时代却日日新、又日新。

---

① 《旧唐书》卷五〇《刑法志》，北京：中华书局，1975 年，第 2138 页。另参看金相范：《时令与禁刑》，收入高明士主编：《唐律与国家社会研究》，台北：台湾五南出版有限公司，1999 年。

结　语

明月皎夜光，促织鸣东壁。玉衡指孟冬，众星何历历。
白露沾野草，时节忽复易。秋蝉鸣树间，玄鸟逝安适。
昔我同门友，高举振六翮。不念携手好，弃我如遗迹。
南箕北有斗，牵牛不负轭。良无磐石固，虚名复何益。

——“古诗十九首”之一①

玉衡众星、秋蝉玄鸟、南箕北斗、促织白露，是中国古人描绘时间轮替的常见意象。这些恬美的名物，不只是“自然时间”的具象化表达，诗人将它们组织在一起，令读者生出共情，透过这些年复一年如期而至的时间意象，觉察诗中人去日苦多的伤感，以及对于世情冷暖的嗟叹。

时间不仅具有时间性，而且作为敲击时间的生物钟，是生命过程固有的。生物除了敲击自己的时间之外，还有一种时间感，能够响应宇宙时间。② 作为客观的自然现象，时间早于人类而存在，然而从古至今，时间不仅仅是可被测量的天文时间、钟表时间，因为有人的参与，时间才于自然属性之外，被赋予社会意义与政治象征，成为定位自我存在与社会存在的一个参考系。通过建立社会事件的时间参照，时间被人文化了。③

中国上古时期，人们对时间作出各种“规定”。这些“规定”落实到年月日各个层面：

---

① 《六臣注文选》卷二九，北京：中华书，2012年，第539—540页。
② 芭芭拉·亚当：《时间与社会理论》，金梦兰译，北京：北京师范大学出版社，2009年，第103页。
③ 约翰·哈萨德编：《时间社会学》，朱红文、李捷译，北京：北京师范大学出版社，2009年，第65页。

首先，年、月、时、旬、日、辰等一系列历法概念成立。它们是自然时间运行周期的“科学”纪录，同时，这种被结构的自然时间，也与先民的社会生活节奏密切相关。而当王权国家兴起，历法的统一既关乎政统，也利于兵刑钱谷的统筹调度。新王朝开创伊始，统治者往往要宣布建正与岁首。传说夏人建寅、殷人建丑、周人建子，后世儒家将其解读为三代异“统”。先秦时期，诸侯还要每月颁朔、视朔，若因故取消，则为春秋史笔所讥。汉代继承颁朔制度，授郡国一年之历日。统一了辖境内的年月历日，也就整齐了各级行政运转的速率。岁首朝贺、八月案比、刑尽三冬等礼仪、政事的开展，都以时间同轨为前提。这种对时间的规定，其实是对人事的规定。

其次，时间被赋以吉凶的性格，占卜时日、择吉避凶的传统源远流长。殷商王族凡事必卜，甲骨文中“吉”“无祸”“有祟”的占辞比比皆是。两周时期，历法上“正月初吉丁亥”之日十数年一遇，但青铜器上“正月初吉丁亥”的纪日铭文却不胜枚举。虚假纪日背后，蕴含着周人对某一吉日的特殊信仰。礼崩乐坏的春秋战国也从未丢弃择吉传统。《春秋》记载，僖公三十一年夏四月，“四卜郊，不从，乃免牲”。① 在“启蛰而郊”的前提下，一再挑选郊祀吉日，甚至最终不惜背负“非礼”之名，放弃郊祀，鲁公对吉日的固执以求可见一斑。此外，“三礼”文献所载礼制，无论是婚冠丧祭等人生礼仪，抑或征伐聘问等国之大事，几乎都有卜日、筮日的环节。《礼记·曲礼上》还记录了一套筮日之法：“外事以刚日，内事以柔日，凡卜筮日，旬之外曰远某日，旬之内曰近某日。丧事先远日，吉事先近日。”②正因为卜筮择吉是日常“决嫌疑，定犹与”之必需，也是统治者使民“信时日，敬鬼神”的手段，类似总结性的筮日原则才应运而生。

占问吉凶并非贵族专利，普通民众也会翻阅“日书”来趋利避害。频仍出土的《日书》简牍，选择术涵盖婚姻、生育、出行、农作、祭祀、裁衣和入官等生活所有方面，清晰地反映出战国以来基层社会对日期吉凶的多种

---

① 孔颖达：《左传正义》卷一七，阮元校刻：《十三经注疏》，北京：中华书局，1980 年，第 1831 页。

② 孔颖达：《礼记正义》卷三，阮元校刻：《十三经注疏》，第 1251 页。

判断方法。民间时日选择术之昌盛,甚至影响到国家行政。《潜夫论·爱日》记载:“孝明皇帝尝问:‘今旦何得无上书者?’左右对曰:‘反支故。’”① 由睡虎地秦简《日书》可知,反支日是凶日。此日公车不受章奏,显然,基层社会的吉凶观念得到了皇帝近臣的认同。

第三种“规定”时间的形式,就是本书讨论的对象,以时(季节)或月为框架,制订具有周期性和事件性的时宪——月令。如前述,“日书”满足的是人们择吉而动的心理需求,有别于“日书”对时间的挑剔,月令要求人事应时而发。前者的情境中人是主动的,在后者中人相对被动,人君只能通过调整行为举止,来契合春温秋凉的时气,适应事物生、长、衰、杀的周期,吉凶休咎的结果取决于人的行为是否合时。在月令文献中,时间本身并无吉凶或善恶的性格,四时、十二月、二十四节气,不别尊卑,都是平等的存在。

月令的独特之处还在于,大部分月令文本都是天子时宪,是专为天子设计的“政治时间”。《夏小正》有云“王始裘”“王狩”,《管子·玄宫》曰“五和时节,君服黄色”“尊贤授德则帝”,《吕纪》曰“王布农事”“天子乃以元日祈谷于上帝”等,都以最高统治者为实施月令的主体。

不过,月令文献的内容并不源自精英文化一端。特别是关于时节物候的认知,以及一些时令忌宜的具体规定,都比系统化的月令文献历史悠久。西周末期以前,日—月—四时—年的纪时序列已经成立,月令文献中时代较早的《夏小正》,可能也要到春秋时期才成篇。《吕纪》和《月令》中,仲春之月“仓庚鸣”,小暑至“螳蜋生,鵙始鸣”“温风始至,蟋蟀居壁”等节气物候,与《诗·豳风·七月》“春日载阳,有鸣仓庚”“七月鸣鵙”及“(蟋蟀)八月在宇”的描写一脉相承。其实,不待《豳风·七月》,这些物候早已成为普通民众休作起居的自然信号。绘事后素,月令整齐的文字背后,是来自田原的古老歌吟。

至于时节忌宜,由《春秋》《左传》可见,《吕纪》所谓启蛰而郊、闭蛰而烝、龙见而务土功等礼事、农事规定,在春秋时期的鲁国地区即已流传。《左传》“时”“不时”与“时失”等笔法背后的评判依据,也与后出的《吕纪》基本相通。此外,《管子》《吕纪》等战国月令文献都记有春夏禁止伐木、毋

① 王符著、汪继培笺、彭铎校正:《潜夫论笺校正》,北京:中华书局,1985年,第221页。

麛毋卵一类的禁忌，这些显然亦非月令文献的创见。成篇于春秋中期的《逸周书·文传解》曰："山林非时，不升斤斧，以成草木之长；不卵不麛，以成鸟兽之长。"[①]与《管子》同为战国时期著作的《孟子·梁惠王上》，也阐释过"数罟不入洿池，鱼鳖不可胜食也；斧斤以时入山林，材木不可胜用也"的原理。[②] 由以上事例可知，春秋战国时代长期流传着社会普遍认同的禁忌常识。

从简牍文献来看，山林生态保护方面类似于月令时禁的文字，往往出现在《田律》中。除正文提到的青川秦牍之外，睡虎地秦简《秦律十八种·田律》也有规定："春二月，毋敢伐材木、山林及雍堤水。不夏月，毋敢夜草为灰，取生荔、麛卵鷇。"[③]如果秦人《田律》的部分内容是根据月令文献制成，那么法律简牍中应该对月令文献时节宜忌有更多方面的展现。然而，只在《田律》中出现了与月令文献重合的一二条律文，且都与伐木、土功、养殖这一类农业生产之事有关，反映的时节宜忌非常单一。这说明，秦《田律》律文根据的是通行年代已久的时禁传统，而不必依据月令文献。月令文献的时禁，不过是将普遍流行的时令思想加以系统化罢了。

当然，大方向上的共识不能掩盖具体月政安排上的差异。一个不应忽视的历史背景是，先秦时期，各国各地的时间秩序不尽相同。如，《夏令》和秦简《田律》都说"九月除道，十月成梁"。表面上，内容一字不差，但由于二者历法建正不同，《夏令》中的"九月""十月"，就与《田律》中的"九月""十月"所指不一。这意味着在不同的时代或地区，同样的政令未必系于同样的时月。

月令文献也不只包含单纯的时禁。除时禁之外，大多数月令还承载有复杂的理论装置，比如五行、灾异思想等。以五行配置中的"五音"为例，战国时代至少存在三种配置形式。音律原理选择上的差异可能是原

① 黄怀信、张懋镕、田旭东：《逸周书汇校集注》卷四，上海：上海古籍出版社，2007 年，第 406 页。《逸周书·文传》的成篇年代，参看张怀通：《〈逸周书〉新研》，北京：中华书局，2013 年，第 181 页。

② 孙奭：《孟子注疏》卷一上，阮元校刻：《十三经注疏》，第 2666 页。

③ 睡虎地秦墓竹简整理小组：《睡虎地秦墓竹简》，北京：文物出版社，1990 年，释文第 20 页。

因之一，五行理论的地域性分歧也可能导致“五音”配置的互异。史料有限，我们暂时无法看出哪一种五行配置是先秦时期的主流，也不敢确认任何一种月令文本是否有超越本地区的知识辐射力。

《吕纪》的成篇，是早期中国“政治时间”建构史上的重要节点。它对战国时代月令文献的整合，就如同秦帝国兼并诸侯一样。整体上，《吕纪》的知识来源以齐系月令为主。文本结构来源于《管子》诸篇时令文献，月禁以《管子·四时》《七臣七主》等篇为底本改写，五行配置及与之相关的明堂设计，可能也以《管子·玄宫》一系的齐月令为蓝图。此外，《吕纪》所载物候，多见于《夏小正》，月初日躔的记录可能也与《夏小正》有渊源。历法方面，《吕纪》遵用夏正，以孟春之月居首，也与秦人自身以十月为岁首的时间秩序不同，与《管子》“三十时”的时间体系也不同，作此选择当有其他原因。

传世月令文献中，与《吕纪》最为相似的是《淮南子·时则训》和《礼记·月令》。《时则训》的成篇年代不难判断，约当于景帝末、武帝初。围绕《礼记·月令》成书的讨论，有“割裂说”与“抄合说”两种。现有材料尚无法支持其中任何一说，而否定另一说。若按照一般的文献传成规律来理解，《吕纪》“嘉祥”文字逐渐剥落，以至《礼记·月令》全然不见，则《礼记》所收《月令》一篇，可能较《时则训》晚出。《月令》以四时、十二月为纲，各有教令，属于阴阳家的学说。适逢儒术独尊初启、儒生与方士合流的时代契机，大约在武帝以后、成帝以前，《月令》被编入小戴《礼记》。至此，《吕纪》一系的“王官月令”完成了儒家经典化的路径。《月令》确立经典地位后，与之结构内容相似的版本也在流行，这些文本统称为“今月令”。“今月令”与《礼记·月令》之间并无关键性差别，东汉时期的儒学官僚也时常援引“今月令”支撑己说。

《月令》儒家经典化，是它参与汉代礼制、行政与司法制度构建的前提。《月令》宇宙论最直观的表达，是一座特殊的礼制建筑——明堂。《月令》在刘向《别录》中属《明堂阴阳记》，[①]月令与明堂的关系自不待言。然

① 孔颖达：《礼记正义》卷一四，阮元校刻：《十三经注疏》，第1352页。

而，先秦已有的“明堂”却与月令无甚瓜葛。在周公故事语境下，“明堂”是治朝与太庙共享的美称。而汉代经学家及后世学者，却几乎无一例外地将周代的明堂理解为《月令》中的“亞”形建筑。个中缘由，是他们以汉代的明堂制度为认知起点，来想象周代的“明堂”。其实，汉代才出现以“明堂”为专名的建筑。在汶上明堂、长安明堂与洛阳明堂的构建中，经过儒生重新构拟，“月令明堂”理论与“周公故事”渐相融汇，在两汉之际形成涵盖两大知识系统且以“月令明堂”理论为主导的新理论。

汉代“明堂”的出现，既改变了都城礼制建筑之间的秩序，也丰富了“政治时间”的传递途径。先秦时期，太庙颁朔是最主要的“敬授民时”形式。秦汉帝国建立后，颁朔改在政府机构和皇宫举行，太庙颁朔的宗教仪式感遂为削弱。西汉中晚期，颁时令成为与颁朔并行的另一种授时制度。起初，似乎并无一处特殊的礼仪空间来承载这项礼制；直至东汉永平二年，《月令》“明堂颁时令”的设想才被真正付诸实践。神圣的时间与神圣的空间有机融合在一起，使得这一授时方式的宇宙论意义，已非先秦最神圣的太庙颁朔可比拟。

长安明堂建成不久，王莽迎春东郊，《月令》“迎四时”与《周礼》“兆五帝于四郊”的设想都成为现实制度。东汉在继承五郊迎气的基础上，对迎气的日期、时刻、服色、郊坛规格都作了明确规定，并新增《月令》迎气乐。而从《续汉书·礼仪志》所见迎气归来后的行事，也与《月令》礼文基本符合。

东汉“行春”机制的成立，使“政治时间”在郡县基层的传递，与京师的“明堂颁时令”衔接起来。“行春”脱胎于先秦以来固有的“行县”机制。“行县”的时间不固定，执行者也多元，“行春”则固定在春月，是郡守专职。“行春”还着力履践“春令”所涵盖的多项使命。不仅“劝农桑”的意义被用力强调，皇帝立春发布的“宽大诏书”，也在太守行春期间向郡县吏民颁宣。借助《月令》资源，天子顺阳助生、郡守爱民如子的情怀得到释放，基层吏民也在与朝廷中央同构的时间秩序中体认帝国的在场。

月令秋冬论刑的思想，在东汉前期的“元和改律”及“永元改律”中充分展呈。西汉时期虽然将行刑时间定在秋冬，但与月令的规定仍有出入。

东汉元和二年(85)、永元十五年(103)先后调整死刑与薄刑的行刑时间。前者规定死刑仅限十月执行,从而取代了"断狱报重,常尽三冬"的旧制度;后者又将薄刑时间从立秋改至孟夏(麦秋)。两次改革的结果,最终与《月令》所述同符合契。行刑时间的两次调改并非孤立的事件。以"元和改律"为原点,前后十年之间,不断有《月令》制度被运用于现实统治。"元和改律"的那一年,也恰是章帝着手制礼作乐的起点年。由此观之,按《月令》调改行刑时间的改革,也具有"政治新起点"的意味。

《吕纪》《月令》这些"政治时间表"的制作意图,是在吸收上古时期各种月令文献的基础上,让行政的节律达到"顺时""奉时"的状态。而秦汉帝国尤其是汉帝国的统治者,则按照这个"时间表",以儒家礼制的名义进行了一系列制度化的政治实践。

从《吕纪》成立,到明堂、迎气礼施行,太守踏上"行春"的路途,再到行刑时间的调整,秦汉时期一系列制度创建,皆有意按月令文献来设计王朝的时间秩序。秦汉以后,国家对《月令》的尊奉,至少在形式上得到了更充分地展现。例如,东汉始有"月朔读其令"礼制,至曹魏、西晋均"常行其礼"。① 东晋时期,南北朝廷读时令之事也多见诸史载。据《隋书·礼仪志》,北齐时的"读时令"礼制已十分周详:"后齐立春日,皇帝服通天冠、青介帻、青纱袍,佩苍玉,青带、青裤、青袜舄,而受朝于太极殿。尚书令等坐定,三公郎中诣席,跪读时令讫,典御酌酒卮,置郎中前,郎中拜,还席伏饮,礼成而出。立夏、季夏、立秋读令,则施御座于中楹,南向。立冬如立春,于西厢东向。各以其时之色服,仪并如春礼。"②由此,北齐的读时令是一项很有仪式感的活动,服色谨遵《月令》,御座朝向也如明堂礼一般应"时"变动。《月令》的地位在唐玄宗时期更是盛极一时。《月令》在《礼记》中是第六篇,"唐明皇改黜旧文,附益时事,号御删月令,升为首篇"。③

然而,王朝有意按《月令》完善时间秩序,未必等于有效。此中既有不

---

① 《晋书》卷一九《礼志上》,北京:中华书局,1974年,第588页;《晋书》卷五《怀帝纪》,第125页。

② 《隋书》卷九《礼仪志》,北京:中华书局,1973年,第188页。

③ 马端临:《文献通考》卷一八一,北京:中华书局,1986年,第1559页。

可逾越的“技术”障碍原因，统治者自身的惰性、《月令》文本与现实政治之间的疏离，也导致《月令》制度的执行效果不佳。时禁推行方面，秦汉帝国版图辽阔，天子辖境内气候不齐，南方入冬尚温，北方八月飞雪，时禁月政本该因地制宜。《吕纪》《月令》当然可以凭借政治威权，在文本上消除地区性的时禁，将黄河下游的时禁推向全国。但是，整齐严密的王官月令，无法抹去不同地域间固有的自然生态特征。进一步讲，包括时间秩序整合在内的政治、文化大一统，可以压制异见、异心，终究无法整齐客观存在的丘壑盈虚。

月令制度方面，明堂、迎气礼的制作与开展都意在表明天子敬重天时，行春与刑人时间的改革，也无一不怀着美好的初心。然而，从东汉中期开始，五郊迎气屡托有司代行。不以具体军政事务的监察指导为取向的“行春”，更多地以宣风展义为指归，而悬浮于现实需要之上，“有劝农之名，无赏罚之实”。东汉两次以《月令》为据的刑罚改革，也因《月令》制度无法应对现实吏治的复杂性，而以失败告终，重新回到旧制的轨道上。

秦汉帝国作为中国历史上的“第一帝国”，开创了许多制度，以适应天下一家的需求。“政治时间”的制作与运行，是帝国秩序在时间层面上的反映。《吕纪》“王官月令”地位的确立，《月令》入《礼》而跻身儒家经典，这是历史从“战国”向“帝国”演进的一个缩影。当“早期中国”迈入中古时代，伴随着中华的崩溃与扩大，以及本土宗教的成熟与外来文明的进入，在《月令》仍然保持尊崇地位的同时，“政治时间”的理论也日益多元。

附录：早期中国的纪时法与时间大一统

时间是历史叙述的线索之一。早期文字显示，日、月、年、岁等历法概念逐渐成熟，或独立或联合地构成时间记录的文本格式，为事件的来龙去脉提供时间维度的定位。这些历法概念的组合形态即“纪时法”。

纪时法反映的是与“自然时间”相对的“社会时间”。自然时间指天文物理学意义上的客观存在，而社会时间则是以自然时间为基础、人为再造的时间体系。年月日时、春夏秋冬，这些历法概念虽以自然时间的周期性规律为依据，但又与先民的集体生活节奏密不可分，故绝大多数语境中的时间都是社会时间。进一步而言，历法的制订与颁布素来掌握在统治阶层手中。如何纪年？以何月为岁首？年时月日诸要素如何排序？这不仅是历法技术层面的问题，同时也具有权威象征的政治意义。从这个角度看，下文将要考察的纪时法，其实属于社会时间中的“政治时间”。

长期以来，关于早期中国的时间研究，集中在历法制度与文献断代上。学者通过大规模排比文献中的天文信息、日期记录，致力于复原不同时期的历法。① 在复原历法同时，文献断代工作也成就斐然。相比之下，

① 董作宾：《殷历谱》《卜辞中所见之殷历》《殷历中几个重要问题》，载宋镇豪、段志洪主编：《甲骨文献集成》第31、32册，成都：四川大学出版社，2001年；新城新藏：《東洋天文學史研究》，東京：弘文堂，1928年；飯島忠夫：《支那曆法起原考》，東京：恒星社，1930年；藪内清：《支那の天文學》，東京：恒星社，1943年；张培瑜：《中国先秦史历表》，济南：齐鲁书社，1987年；张闻玉：《古代天文历法论集》，贵阳：贵州人民出版社，1995年；张培瑜、陈美东、薄树人、胡铁珠：《中国古代历法》，北京：中国科学技术出版社，2008年；小沢賢二：《中国天文学史研究》，東京：汲古書院，2010年；冯时：《百年来甲骨文天文历法研究》，北京：中国社会科学出版社，2011年；李忠林：《秦至汉初历法研究》，北京：中华书局，2016年；钱宝琮：《从春秋到明末的历法沿革》，《历（转下页）

专注于纪时法本身的研究并不多见。目力所及，陈梦家曾分别对卜辞、金文与汉简所载纪时法有过梳理。①刘乃和、陈遵妫、成家彻郎等学者则有过通论性概述。② 最近数年，考古资料与出土文献大量公布，纪时法研究日益受到学者关注。平勢隆郎对《春秋》《左传》《史记》纪年中的立年称元与逾年称元问题开展了独创性研究，③夏含夷、王晖都注意到大事纪年法的史学意义。王晖还发现，春秋战国时期齐鲁东方诸侯与秦晋等西方国家，在史书的纪时用语上有很大区别。④ 辛德勇深入论述了汉代行用年号的起始时间及政治内涵，⑤陈侃理的最新研究考察了序数纪日的产生与流行。⑥

总之，以上研究成果揭示的是早期中国某一历史阶段的纪时法特征，或是某一种纪时法的发展路径，因此仍有必要对上古纪时法的演变展开连续性观察。由于我们面对的书写载体种类不一，有甲骨、青铜、简牍、石碑等，故在观察线性发展的同时，本文着力于探讨纪时法与书写载体之间的关系。此外，秦汉以后，"大一统"成为弥漫于朝野上下的政治诉求与思想大势，而时间的统一无疑是实现大一统的必备前提与手段。本文的另

（接上页）史研究》1960 年第 3 期；武家璧：《包山楚简历法新证》，《自然科学研究》1997 年第 1 期；张培瑜：《根据新出历日简牍试论秦和汉初的历法》，《中原文物》2007 年第 5 期；程少轩：《肩水金关汉简"元始六年（居摄元年）历日"复原》，载李学勤主编：《出土文献》第 5 辑，上海：中西书局，2014 年；程少轩：《马王堆帛书〈刑德〉、〈阴阳五行〉诸篇历法研究——以〈阴阳五行〉乙篇为中心》，《中研院史语所集刊》第 87 本第 2 分，2016 年。

① 陈梦家：《殷虚卜辞综述》第七章，北京：中华书局，1988 年；《汉简缀述》，北京：中华书局，1980 年，第 239—260 页；《上古天文材料》，收入《陈梦家学术论文集》，北京：中华书局，2016 年，第 381—393 页。

② 刘乃和：《中国历史上的纪年》，北京：海豚出版社，2012 年；陈遵妫：《中国天文学史》中册第六编第一章，上海：上海人民出版社，2006 年；何幼琦：《干支纪年史的探讨》，《殷都学刊》1992 年第 4 期；莫绍揆：《从〈五星占〉看我国的干支纪年的演变》，《自然科学史研究》1998 年第 1 期；成家彻郎：《干支的起源》，王震中译，《殷都学刊》2001 年第 3 期，等等。

③ 平勢隆郎：《中国古代紀年の研究》，東京：汲古書院，1998 年。

④ 夏含夷：《纪年形式与史书之起源》，收入陈致主编：《简帛·经典·古史》，上海：上海古籍出版社，2013 年；王晖：《论西周金文记时语词及大事系"年"的史学意义》，《北京师范大学学报》（社会科学版）2015 年第 1 期，收入氏著《古文字与中国早期文化论集》，北京：科学出版社，2017 年，第 370—380 页。

⑤ 辛德勇：《建元与改元——西汉新莽年号研究》，北京：中华书局，2013 年。

⑥ 陈侃理：《序数纪日的产生与通行》，《文史》2016 年第 3 辑。

一意旨，即透过纪时法沿革，考察早期中国的“政治时间”建构及“大一统”理论实践。

一、从纪“日”到“年月日”的确立：殷周纪时法变迁

殷商卜辞中最常见的纪时单位是“日”，几乎无片不契有纪日干支。如，“丁丑卜翌日戊王异其田弗悔无灾不雨”(《屯》256)、“乙丑卜贞王宾武乙翌日无尤”(《合》36025)等。① 殷墟还出土了历谱性质的三旬式与六旬式“支干表”，②前者全部为纪日干支，一行十日；后者的排列原理与前者相同，但杂以“月一正”、“二月”等月名。卜辞纪月之例远少于纪日，康丁、武乙、文丁时期的纪月情况尤少。③ 后世常见的“年”与“岁”虽已见于甲骨，但指年成收获，并非纪时单位。④

商代铜器铭文的纪时法与卜辞相同，以干支纪日为主，少有纪月、纪年文字。例如，“乙亥，子赐小子罢王赏贝在兢次”(小子罢鼎，《集成》2648)、“辛亥，王在寝，赏寝敄□贝二朋”(寝敄簋，《集成》3941)等。

变化发生在晚商时期。卜辞与金文都出现了比较整齐的“干支日+在某月+惟王某祀”的纪时形式，如：

1. 癸未，王卜贞……在四月，惟王二祀。(《合》37836)
2. 庚申，王在阑……在六月，唯王廿祀。(宰椃角，《集成》9105)

由上，纪时要素均按日、月、祀的次序由小到大排列。陈梦家认为“祀”指祭祀周期，乙辛时代一“祀”约360—370日之间，相当于一太阳年，

① 姚孝遂主编：《殷墟甲骨刻辞类纂》，北京：中华书局，1989年，第103、430页。
② 郭沫若：《释支干》，载《郭沫若全集·考古编·甲骨文字研究》，北京：科学出版社，1982年，第159页。
③ 陈梦家：《殷虚卜辞综述》，第236页。
④ 陈梦家：《殷虚卜辞综述》，第224页。

因此“祀”在晚商用以指称一年。[①] 殷人用“祀”、而不以表示农业收成的“年”字纪时，这是“国之大事在祀与戎”的例证之一，也是时间政治性与宗教性的最初显现。

西周早期，卜辞与金文纪时法揭示出殷周文化的连续性。一方面，仅以干支纪日的情况仍然存在。例如，1977 年出土的周原岐山凤雏村甲骨称：“癸子(巳)，彝文武帝乙宗。”(《周原》H11：1)[②]而金文中仅有纪日的铭文，也集中于西周早期。另一方面，纪“祀”的部分仍然被置于篇末，即在月日与“唯王某祀”二者之间插入记事文字，著名的何尊、小盂鼎都是如此。

不过，周代纪时法较殷商时期又有新发展。我们以《殷周金文集成》收录的纪时铭文为样本，将纪时法分为五大类。

第一类，纪月 + 纪日。这是周代最常见的纪时法，所占比例接近60%。此类下又可分为 3 种组合形式：

(1) 月份 + 月相。如，静簋铭：“唯六月初吉。”(《集成》4273)月相记录极具周代特色，为殷墟卜辞所无，而周原甲骨已有“既魄”(H11：13)、“既吉”(H11：26)与“既死(霸)”(H11：55)文字。[③] 学界对初吉、既生霸、既望、既死霸等术语已多有探讨，一般认为分别对应于某种月亮盈亏状态下的某一天。[④]

(2) 月份 + 月相 + 日干支。例如：

---

① 陈梦家：《殷虚卜辞综述》，第 235—237 页。

② 陕西周原考古队：《陕西岐山凤雏村发现周初甲骨文》，《文物》1979 年第 10 期，第 39 页。

③ 陕西周原考古队：《陕西岐山凤雏村发现周初甲骨文》，《文物》1979 年第 10 期，第 41 页。

④ 王国维《生霸死霸考》是较早探讨月相的文章，其观点是四个月相将一月划分为四个时段(参看王国维：《生霸死霸考》，见氏著《观堂集林》，北京：中华书局，1959 年，第 19—26 页)。黄盛璋、李学勤、张闻玉等学者依据不断出土的铜器金文修正王说，参看李学勤：《由蔡侯墓青铜器看“初吉”和“吉日”》，《中国社会科学院研究生院学报》1998 年第 5 期；张闻玉：《王国维〈生霸死霸考〉志误》，《贵州大学学报》(社会科学版)1992 年第 4 期；《西周年代历法与金文月相纪日》，《中原文物》1997 年第 1 期；景冰：《西周金文中纪时术语——初吉、既望、既生霸、既死霸的研究》，《自然科学史研究》1999 年第 1 期，等等。争议在于“初吉”是否为朔日。黄盛璋认为“初吉”包含不止一日。(参看黄盛璋：《释初吉》，《历史研究》1958 年第 4 期)李学勤认为“初吉”不一定是朔日，但“吉”、“吉日”、“元吉”就是朔日。张培瑜则主张“初吉”也可定点为朔日。(参看张培瑜：《先秦秦汉历法与殷周年代》，北京：科学出版社，2015 年，第 302 页)

1. 作册大方鼎：唯四月既生霸己丑。（西周早期,《集成》2760）
2. 大簋：唯六月初吉丁巳。（西周中期,《集成》4165）
3. 蛇乎簋：唯正二月既死霸壬戌。（西周晚期,《集成》4157）

在月相后缀以日干支,明显提高了纪时清晰度。此种组合数量最巨,应是周代最普遍的纪时法。

(3) 月份+日干支。如：

1. 宜侯夨簋：唯四月,辰在丁未。（西周早期,《集成》4320）
2. 利鼎：唯王九月丁亥。（西周中期,《集成》2804）
3. 京叔彝：唯正月乙巳。（西周晚期,《集成》4255）
4. 禾簋：唯正月己亥。（春秋晚期,《集成》3939）

标示“辰在”的铭文20条,大多为西周早期的例子,中期偶见,晚期以后极少。而有些铭文存在多种形式并用的情况,如西周早期的夨令方彝前云“唯八月,辰在甲申”,后又称“唯十月月吉癸未”。

第二类,纪年+纪月。见于西周中期的师酉簋(“唯王元年正月”)与西周晚期的小克鼎(“唯王廿又三年九月”)、大簋盖(“唯十又五年六月”)等。这类数量不足1%。

第三类,仅纪月或仅纪日。后者前文已述,是西周早期纪时法。仅有纪月的铭文同样多见于西周早期。如,德方鼎铭:“唯三月,王在成周。”(西周早期,《集成》2661)

第四类,仅纪年。西周的例子不超过10条,集中于西周早期,且多以大事纪年,如父辛鼎“唯王来各于成周年”(《集成》2730)、中方鼎“唯王令南宫伐叛虎方之年”(《集成》2751)。传世《尚书·金縢》与清华简《金縢》称“既克商二年”、“周公居东二年”,①也均以大事作为纪年参考系。西周

① 孔颖达:《尚书正义》卷一三,阮元校刻:《十三经注疏》,北京:中华书局,1980年,第196、197页;清华大学出土文献研究与保护中心编、李学勤主编:《清华大学藏战国竹简》(一),上海:中西书局,2010年。

早期，王位纪年也已存在，如覞公簋所见，但其“唯王廿又八祀”之语置于文末。①

第五类，纪年＋纪月＋纪日。如：

1. 士上卣：唯王大龠于宗周、诞餗葊京年，在五月既望辛酉。（西周早期，《集成》5421）

2. 大鼎：唯十又五年三月既霸丁亥。（西周中期，《集成》2806）

3. 元年师兑簋：唯元年五月初吉甲寅。（西周晚期，《集成》4274）

西周中期以后，大事纪年法没落，“王年＋月序＋月相＋日干支”纪时法确立。② 今所见此类铭文几乎全部来自西周中晚期及以后的铜器。除《集成》收录者外，近年公布的纪时要素俱全的逨鼎（“唯卌又二年五月既生霸乙卯”、“唯卌又三年六月既生霸丁亥”）、③吴盉（“唯卅年四月既生霸壬午”）及親簋（“唯廿又四年九月既望庚寅”）均为西周中期、晚期铜器。

综合上述，依据卜辞与铭文至少可得出三点认识：（1）自殷商至两周，纪时要素由简而繁，从最初的仅以干支纪日发展为年月日要素俱全。（2）“纪月＋纪日”比例过半，是周代最主要、通行时间最长的纪时法。（3）纪时格式发生变化，由晚商的“日……＋月＋祀”演变为西周早期的“月＋日……＋祀”，最终在西周中期定型为“年＋月＋日”连书置于篇首的格式。

有学者指出，将纪时部分移至篇首，表明西周时人已初步感觉到时间在历史长河纵向坐标中的意义。④ 不过，超过半数的铭文仅纪月日、缺乏

---

① 朱凤瀚：《覞公簋与唐伯侯于晋》，《考古》2007年第3期，第64页。

② 王晖注意到，西周晚期只有纪年而无月份、月相、日干支，且以“祀”为“年”的，是厉王的两件铜器，可能是复古的倾向。参看氏著《论西周金文记时语词及大事系“年”的史学意义》，《北京师范大学学报》（社会科学版）2015年第1期，第125页。

③ 陕西省考古研究所、宝鸡市考古工作队、杨家村眉县文化馆联合考古队：《陕西眉县杨家村西周青铜器窖藏发掘简报》，《文物》2003年第6期。

④ 王晖：《论西周金文记时语词及大事系“年”的史学意义》，《北京师范大学学报》（社会科学版）2015年第1期，第125页。

王年，时间信息颇为模糊；年月日俱全的纪时铭文虽降低了断代难度，但由于"唯王某年"所系之"王"缺少明确揭示，诸如逨鼎、親簋等器的断代亦非全无异议。[①] 除模糊不清以外，一些器铭纪时的真实性也值得怀疑。王国维已发现"铸器多用丁亥"的现象。[②] 现代学者进一步研究指出，正月丁亥并非每年都有，甚至十一年方一见。该日辰在实际历法中如此之少，与它在铭文中如此之多反差鲜明，可见"正月丁亥初吉"大多为虚拟的吉日。[③]

模糊与虚假的纪时文字，引导我们去留意日期本身与纪时文字的物质载体。黄盛璋、庞朴依据金文材料，结合《夏小正》《春秋》《仪礼》关于冠礼、葬礼与祭祀日期记载，指出"正月""丁亥""初吉"三者均属吉月、吉日，而"正月丁亥初吉必为吉日中吉之又吉"。[④] 由此可见，周人并未将所有日期一视同仁，而是有意突出"正月""丁亥"与"初吉"的特殊性，以致故意篡改真实的铸器时间。之所以刻意篡改，很可能与青铜器的性质密切相关。青铜铭文作为一种"纪念碑性"的文字，[⑤]内容主要是册命与赏赐记录，着重之处在于彰显铜器拥有者的功绩与荣耀，而非获取荣耀的时间，因此一些铭文甚至省略了纪时。从读者与使用场合的角度考虑，卜辞与金文的

---

① 学者普遍认为四十二、四十三年逨鼎是周宣王时期的铜器，因为只有宣王在位时间超四十年。然而，按《史记・十二诸侯年表》所载宣王系年推算，发现四十二年逨鼎月相、干支不合，无论采用何种建正，都不能满足"五月既生霸乙卯"的月相，故有学者提出这是厉王时期铜器的看法。共和时期如果仍以厉王纪年，则四十二、三年逨鼎的月相、干支相合。参看陈久金：《吴逨鼎月相历日发现的重大科学意义》，《自然科学史研究》2003 年第 4 期。关于親簋的绝对年代也存在不同意见，王冠英、李学勤与夏含夷等认为是穆王二十四年器，韩巍则提出是恭王二十四年器。参看王冠英：《親簋考释》，李学勤：《论親簋的年代》，夏含夷：《从親簋看周穆王在位年数及年代问题》，均载《中国历史文物》2006 年第 3 期；韩巍：《親簋年代及相关问题》，收入朱凤瀚主编：《新出金文与西周历史》，上海：上海古籍出版社，2011 年，第 56—65 页。

② 王国维：《齐国差甔跋》，见氏著《观堂集林》，第 897 页。

③ 庞朴：《"五月丙午"与"正月丁亥"》，《文物》1979 年第 6 期；黄然伟：《殷周青铜器赏赐铭文研究》，香港：龙门书局，1978 年，第 69—71 页；李学勤：《晋公𥂴的几个问题》，见文化部文物局古文献研究室编：《出土文献研究》第 1 辑，北京：文物出版社，1985 年；《〈夏小正〉新证》，收入氏著《古文献丛论》，北京：中国人民大学出版社，2010 年，第 168 页。

④ 黄盛璋：《释初吉》，《历史研究》1958 年第 4 期，第 82 页；庞朴：《"五月丙午"与"正月丁亥"》，《文物》1979 年第 6 期，第 83—84 页。

⑤ 巫鸿：《中国古代艺术与建筑中的"纪念碑性"》第一章，上海：上海人民出版社，2006 年。

使用者均为王室和贵族。罗泰认为，铭文并非准确的历史记录，甚至仅偶尔如此，它们首先是作为礼仪活动的器物而存在的。① 其实，上古文献即已揭示铭文的意义。《礼记·祭统》曰："夫鼎有铭，铭者自名也。"即铭文的制作意义在于作器者的自我识定。《祭统》继而又说："自名以称扬其先祖之美，而明著之后世者也。……明示后世，教也。"②尽管青铜器因坚固历久而被称为"吉金"，③尽管铭文也面向未来，希望"子子孙孙永宝用"，但"自我识定"与"教示"才是器铭的核心功能，历史的真实性与时间的准确性则未必是作器者追求的目标。他们或许无意令万年之后的子孙去关注宝器的制作时间。更何况很多有铭铜器最终被埋入地下，它们对子子孙孙的教示甚至都不再发挥现实效用。

二、"四时"的出现与大事纪岁

"四时"是介于年、月之间的时间单位。从卜辞来看，殷商时期只有春秋二时，"冬""夏"二字虽已出现，但尚不表示季节。④《诗·周颂》收录的西周早期作品显示，周初仍然只分春秋二时，而西周金文中甚至连"春""秋"都没有出现。⑤ 因此，完整的"四时"概念萌芽不会早于西周末年，作为纪时要素出现于文本势必更晚。

明确将"四时"纳入纪时法的传世文献是鲁史《春秋》，"元年春王正月"是该著标准的纪时格式。顾炎武已经指出："《春秋》时、月并书，于古未之见。"⑥作为编年体史书的开创者，纪时的准确性与清晰度无疑是《春

① Lothar von Falkenhausen, Issues in Western Zhou Studies: A Review Article, *Early China* 18 (1993), p.167.

② 孔颖达：《礼记正义》卷四九，阮元校刻：《十三经注疏》，第1606页。

③ 裘锡圭：《说字小记·说"吉"》，收入《裘锡圭学术文集》(第3卷)，上海：复旦大学出版社，2012年，第418页。

④ 于省吾：《岁、时起源初考》，《历史研究》1961年第4期，第103页。

⑤ 郭沫若对"金文所无"作过梳理，"四时"即其中一项。参看郭沫若：《金文丛考》，北京：人民出版社，1954年，第41页。

⑥ 顾炎武著、黄汝成集成：《日知录集释》卷四"春秋时月并书"条，上海：上海古籍出版社，2006年，第191页。

秋》最重视的对象，“春秋”这一书名本身正是时节名称。

郭沫若曾认为春秋时代的铜器亦未见“四时”之文。① 直至1977年湖北谷城出土緒儿缶，被定为东周三期铜器，上有铭文“唯正月初冬吉”。② 由此，至晚在春秋中期就已有“时、月并书”的纪时金文。进入战国时期，“四时”铭文更加多见，大致有如下几例：

1. 越王者旨于赐钟：唯正月仲春吉日丁亥。（战国早期，《集成》144）

2. 栾书缶（书也缶）：正月季春元日己丑。（战国早期，《集成》10008）

3. 陈璋方壶：唯王五年，郑昜、陈得再立事岁，孟冬戊辰。（战国中期，《集成》9703）

4. 商鞅量：十八年，齐遣卿大夫众来聘，冬十二月乙酉，大良造鞅，爰积十六寸五分寸壹为升。（战国中期，《集成》10372）

引人注意的是，春秋与战国早期的纪时铭文显示，“四时”与月份并不匹配。在同一历法中，“正月”必然等于“孟春”，然而第1、2条金文与緒儿缶却都出现了“正月”与其他时节搭配的情况。李学勤提出，这三处“正月”均可简称“正”，与蔡侯编钟等器“正某月”之“正”同类，是“夏正”的意思。如此，者旨于赐钟、书也缶与緒儿缶的纪时文字可转化为“唯夏正仲春”“夏正季春”与“夏正初（孟）冬”。③ 此说或待商榷。李先生的判断依据是，《周礼》纪时义例有“正月”与“正岁”之别，前者为周之正月，后者指夏历正月。然而本文认为，先秦记历习惯即便如《周礼》所云，那么上引金文无一例提及判断夏正的关键词“岁”，似应得出与李说相反的结论。因此，这里的“正月”可能并非夏正的意思。

参照邓公簋与上都公敄人簋的纪时法，前者称“唯邓九月初吉”（《集

① 郭沫若：《金文丛考》，第41页。

② 刘彬徽、刘长武：《楚系金文汇编》，武汉：湖北教育出版社，2009年，第128页。

③ 李学勤：《由蔡侯墓青铜器看“初吉”和“吉日”》，《中国社会科学院研究生院学报》1998年第5期，第88页。

成》4055)，后者曰“唯鄀正二月初吉乙丑”(《集成》4183)，二器铭都强调了本国的建正历法。① 如是，第1、2条与緖儿缶的“正月”，也都应为本国建正，只是书写时省略了国名。至于各国是建子、建丑抑或建寅，后面的季节记录提供了线索，依次而论，(1) 越王者旨于赐钟的历法有两种可能：若“正月”建寅，则“仲春”据殷历而来；若“正月”建丑，则相当于周历仲春。(2) 书也缶的“正月”当据夏正，对应于周历“季春”。(3) 緖儿缶“初冬”即孟冬之意，故“四时”从夏历，而“正月”建亥的可能性更大。②

“四时”与纪月不相匹配的现象，在战国时期并不罕见。除上述几例之外，还见于战国中晚期楚简。楚国使用了一套特殊的月名系统，并将“四时”划分体现于月名中。结合睡虎地秦简日书中的“秦楚月名对照表”，楚国纪月以冬柰为岁首，相当于夏历十月；鉴于夏尿、享月、夏柰同归夏季，那么十二月名揭示的当是周历的季节系统。③ (表1)

表1　战国楚简的月名与“四时”系统

周历	12	1	2	3	4	5	6	7	8	9	10	11
夏历	10	11	12	1	2	3	4	5	6	7	8	9
楚月	冬柰	屈柰	远柰	荆尿	夏尿	享月	夏柰	八月	九月	十月	爨月	献马
四时	冬	春			夏			秋			冬	

虽然传世文献记载阙如，但这一套特殊的月名在九店、包山、望山、葛陵楚简中均有显示，且秦统一之初地方官吏特意制表对照秦楚月名，应是

① 参看陈梦家：《西周年代考·六国纪年》，北京：中华书局，2005年，第79页。

② 如果“初冬”是周历或殷历孟冬，那么“正月”即夏历八月或九月，这两种情况未见于上古历法，故将其排除。刘彬徽认为先秦不存在“建亥”历法，并根据包山楚简的月名推断楚人建丑，以冬柰为正月(夏历十二月)，故将緖儿缶“正月初冬吉”解读为“正月冬柰初吉”。(参看刘彬徽：《从包山楚简纪时材料论及楚国纪年与楚历》，见湖北省荆沙铁路考古队：《包山楚墓》附录二一，北京：文物出版社，1991年，第540—542页)其实很多天文史家已指出春秋时期偶有建亥的情况，且以战国时期包山楚简的记载来推断春秋时期楚人的历法，似证据不足。本文倾向于李家浩的解释，即“初冬”之说乃据夏历而言。(参看湖北省文物考古研究所、北京大学中文系：《九店楚简》，北京：中华书局，2000年，第63页)

③ 楚国以何月为岁首，学界存在争议。对观比较，本文以李家浩的观点为是。参看湖北省文物考古研究所、北京大学中文系：《九店楚简》，第63页。

约定俗成或者统一颁布的结果。然而，与此不同的是，长沙子弹库楚帛书十二月名称、排序及四时划分皆遵从夏历，可见夏历的使用同样存在于楚地。

对比春秋时期的楚器𦈡儿缶，其“四时”系统依据的是夏历，但战国楚简显示楚国按周历划分季节。这说明其间楚国历法可能发生过变化。观察《春秋》纪时，可以肯定鲁国也曾有过历法改革。诸多天文史学家都指出，自隐公元年（前 722）至僖公四年（前 656），岁首建丑的比例高达 73%，此外只有 10 年建子，偶尔建寅；从僖公五年（前 655）开始才转而以建子之月为正，但也存在建亥、建丑的情况。①

由上，在王纲解纽的春秋战国时期，诸侯纷纷强调本国的纪时系统，不仅标明自己的纪月建正（如“都正”），而且设计出独特的纪月名称。不以数序而以特殊名称纪月的情况，除上引楚简之外，齐器亦有数见。如，陈喜壶铭曰“飤月乙酉”（《集成》9700B），子禾子釜铭曰“禝月丙午”（《集成》10374）等。在从春秋二时制向春夏秋冬四时制演进的过程中，楚、越等国都出现了纪“四时”与纪月历出二源的现象。简言之，诸侯在时间秩序上各自为政，而一国之内、一器之上的纪时历法也未能统一。

纪年方面，列国也不再遵循“王年”的时间秩序。一种情况是，诸侯改用本国世系纪年。前引陈璋方壶与商鞅量所谓“唯王五年”与“十八年”，即齐、秦国君纪年，就连鲁《春秋》也以隐桓庄闵为叙，而未提供周王纪年。

另一种情况是，西周早期的大事纪年在战国时期的铜器与竹简上又有复生之势。前揭陈璋方壶与商鞅量在王位序年的后面，分别另添一笔“郑昜、陈得再立事岁”及“齐遣卿大夫众来聘”。如果这尚属王位纪年与大事纪年并举的情况，那么以下几件齐器与大量楚器、楚简则根本不提王年，直以大事纪岁。例如：

---

① 王韬：《春秋历学三种》，北京：中华书局，1959 年，第 130 页；新城新藏：《东洋天文学史研究》，沈璿译，上海：中华学艺社，1933 年，第 13 页；钱宝琮：《从春秋到明末的历法沿革》，《历史研究》1960 年第 3 期，第 37 页；陈遵妫：《中国古代天文学史》，第 982 页；陈美东：《鲁国历谱及春秋、西周历法》，《自然科学史研究》2000 年第 2 期，第 131—136 页。

1. 陈喜壶：陈喜再立事岁。

2. 子禾子釜：□□立事岁。

3. 燕客铜量：燕客臧嘉问王于蕆郢之岁。

4. 大府镐：秦客王子齐之岁。

5. 襄城公戈：向寿之岁。

西周大事纪法皆称“年”，如“唯公大保来伐叛夷年”；而战国文献则全部为“大事＋（之）岁”格式。除铭文之外，大事纪岁密集呈现于包山、望山、葛陵楚简，数量多达70余处，兹仅举数例：

1. 包山《集箸》：齐客陈豫贺王之岁八月乙酉之日。

2. 包山《案卷》：周客监匿迈楚之岁享月乙卯之日。

3. 望山二号墓遣册：……周之岁八月辛□之日。

4. 葛陵一号墓卜筮祭祷简：……大莫嚣阳为战于长城之［岁］……

5. 葛陵《簿书》：王徙于寻郢之岁八月庚辰之日。

6. 夕阳坡二号墓简：越涌君赢将其众以归楚之岁瞿层之月己丑之日。①

大事纪岁文献披露之后，研究焦点在于考证大事的绝对年代。② 然

① 陈伟：《楚地出土战国简册［十四种］》，北京：经济科学出版社，2009年，第3、53、287、395、446、477页。

② 断代成果非常丰富，但因文字释读意见不一，并涉及历史地理诸问题，很多材料的纪岁大事仍然无法确定发生时间。主要研究成果有：马承源：《陈喜壶》，《文物》1961年第2期；于省吾、黄盛璋、石志廉等关于陈喜壶的讨论文章均见《文物》1961年第10期；安志敏：《陈喜壶商榷》，《文物》1962年第6期；张颔：《陈喜壶辨》，《文物》1964年第9期；周世荣：《楚邦客铜量铭文试释》，《江汉考古》1987年第2期；李零：《楚燕客铜量铭文补正》，《江汉考古》1988年第4期；周晓陆、纪达凯：《江苏连云港市出土襄城楚境尹戈读考》，《考古》1995年第1期；黄盛璋：《连云港楚墓出土襄城公競尹戈铭文考释及其历史地理问题》，《考古》1998年第3期；董珊：《向寿戈考》，《考古》2006年第3期；陈隆文：《向寿戈再考》，《考古》2008年第3期；王红星：《包山简牍所反映的楚国历法问题——兼论楚历沿革》，刘彬徽：《从包山楚简纪时材料论及楚国纪年与楚历》，二文均见湖北省荆沙铁路考古队：《包山楚墓》附录，北京：文物出版社，1991年，等等。

而，大事纪岁的形式与其文献载体是什么关系？大事纪岁是否取代了王位纪年？这些问题仍有待进一步讨论。

包山楚简《集箸》《案卷》的内容是司法文书，其中使用大事纪岁，是否表明这一纪年法运用于楚国的现实行政中？正如学者指出的那样，不同批次的楚简，同年不同月均以同事纪年，说明楚国用以纪岁的大事，由国家统一颁布。一年之中哪个事件最具代表性，想必只有年终之时才能选出。① 那么问题是，大事颁布之前，国家上下如何纪年，尤其是行政文书如何处理纪时部分的书写？

对此，主要有三种解释。第一种广为接受的意见是，楚国实行“错位”纪年，即：年终颁布的当年大事，用以标记次年。例如，鄂君启节“大司马昭阳败晋师于襄陵”一事发生于公元前 323 年，但“大司马昭阳败晋师于襄陵之岁”表示的却是公元前 322 年。论者还举出包山简 103—119 案例中“期至屈柰之月赛金”，认为“屈柰之月”是指次岁屈柰，月名前未记岁名，是因为未到年终，还没有颁布用以标示次年的大事。② 可以想象的是，错位大事纪年的最大弊端，是在缺乏王年参考系的情况下，经隔数代之后，很容易造成记忆混乱，带来文书或记录归档、整理、调阅的不便。

正是因为意识到这一不合常理处，遂有学者提出第二种解释，即楚用年初发生的大事以纪年。依据是：楚纪岁大事可分为聘问、军事两类，《春秋》多次记载诸侯在年初开展外交聘问之事，而纪岁所用战争事件“所指实为战争结束后，战败国于下一年楚历岁首年初至楚媾和，或他国为此至楚朝聘庆贺”。③ 然而，聘问之事发生于年中、年末的情况并不少见，以战后庆贺解释纪岁所用战争行为也颇牵强。

① 王红星：《包山简牍所反映的楚国历法问题——兼论楚历沿革》，湖北省荆沙铁路考古队：《包山楚墓》上册，第 527—528 页；夏含夷：《纪年形式与史书之起源》，收入陈致主编：《简帛·经典·古史》，上海：上海古籍出版社，2013 年，第 43 页。

② 王红星：《包山简牍所反映的楚国历法问题——兼论楚历沿革》，湖北省荆沙铁路考古队：《包山楚墓》，第 528 页；刘彬徽：《从包山楚简纪时材料论及楚国纪年与楚历》，湖北省荆沙铁路考古队：《包山楚墓》，第 535 页；黄尚明：《大事纪年法并非始于楚人》，《江汉考古》2015 年第 6 期，第 72 页。

③ 林素清：《从包山楚简纪年材料论楚历》，收入中研院史语所编：《中国考古学与历史学之整合研究》，1997 年 7 月，第 1104 页。

第三种解释认为，大事纪岁属于事后追记。李零直接指出，“（以事记年的）岁名是后来清抄时补加的”，但并未展开论证。[①] 李学勤等学者考证得出，包山 M2《集箸》“鲁阳公以楚师后城郑之岁”一条必为追记，[②]而“大司马昭阳败晋师于襄陵”一事本就发生在公元前 322 年，因此不存在“错位”纪年的情况。[③] 本文认为第三种解释最为合理。

以上，李学勤通过对大事的考证，来认定大事纪岁的“追记”性质。另一些学者对包山楚简文本结构的考察，又从侧面支持了“追记”说。工藤元男认为，包山卜筮祭祷简是“将贞人卜筮祭祷的原始记录转抄以作为随葬”。晏昌贵也指出包山卜筮简是抄录、合成的。[④] 这些论述再次将我们的目光引向书写载体的性质。

带有大事纪岁的楚简全部出土于墓葬。虽然内容涉及司法、祭祷多方面，但本质终究是随葬物品。随葬物品至少有两种情况：一是以生时用器随葬，二是为丧葬特意制作的“明器”。有学者提出，包山简行政司法文书之所以出现在左尹邵佗墓葬中，可能是由于劭佗将公文带回家中处理，当他发病去世之后，文书并未送回官署，而是作为遗物随葬。[⑤] 然而，将正在批阅的政府公文随葬或不合常理。新近富谷至、邢义田等学者的研究表明，诸如张家山汉简《二年律令》等墓葬所出简牍，很有可能是为丧葬特意抄写的复制本，性质就是“明器”。[⑥] “明器”的特征在于“貌而不用”，[⑦]

---

① 李零：《中国方术正考》，北京：中华书局，2006 年，第 221 页。

② 李学勤：《论包山楚简鲁阳公城郑》，《清华大学学报》（哲学社会科学版）2004 年第 3 期，第 32 页；另参郑伊凡：《再论包山简“鲁阳公以楚师后城郑之岁”——兼论楚简大事纪年的性质》，《江汉考古》2015 年第 2 期。

③ 参看李学勤：《有纪年楚简年代的研究》，载氏著《文物中的古文明》，北京：商务印书馆，2008 年，第 445—447 页。

④ 工藤元男：《包山楚简“卜筮祭祷简”的构造与系统》，《人文论丛》2001 年卷，武汉：武汉大学出版社，2002 年，第 85—86 页；晏昌贵：《巫鬼与淫祀——楚简所见方术宗教考》，武汉：武汉大学出版社，2010 年，第 39 页。

⑤ 陈伟：《包山楚简初探》，武汉：武汉大学出版社，1996 年，第 66 页。

⑥ 富谷至：《江陵张家山二四七号墓出土竹简——特别是关于〈二年律令〉》，见卜宪群、杨振红编《简帛研究二〇〇八》，桂林：广西师范大学出版社，2010 年，第 296—310 页；邢义田：《从出土资料看秦汉聚落形态和乡里行政》，见氏著《治国安邦》，北京：中华书局，2011 年，第 317—318 页。

⑦ 王先谦：《荀子集解》卷一三，国学整理社：《诸子集成》（二），北京：中华书局，2006 年，第 245 页。

外形与生器基本相仿，但细节粗糙简易，以示有别于生器。就上引以大事纪岁的楚简、楚器而言，除文本结构有合成痕迹之外，是否还有其他证据将它们指向“明器”呢？

首先，葛陵楚简在大量使用大事纪岁的同时，保留了一枝写有“……王元年……”的竹简。① 北大藏竹书《揕舆》后半部录有战国时期楚国的九个占例，占例前后出现了“楚十三年”“十年八月癸亥”与“楚五年”三条纪时。按陈侃理研究，“楚十三年”与“楚五年”当为楚悼王纪年，“十年八月”为悼王纪年的可能性也很大。② 北大简从何处出土我们已无从得知，但可以理解，生人世界的制度完全有可能被复制到黄泉下的明器上，然而反之，明器绝不可能被生人使用。我们至今尚未在非墓葬出土的战国官文书原件上看到独以大事纪岁的实例；葛陵楚简虽亦是随葬文献，且“王元年”亦属孤证，但或许表明，在现实制度中，楚人并未停用王位数序纪年法。又，战国铜器楚王熊章作钟的纪时铭文曰“唯王五十又六祀”（楚惠王五十六年，前433）。结合陈璋壶与商鞅量两种纪年法并举的情况，以及汉简《揕舆》的纪时文字，可知王位纪年仍应是战国时期的主流纪年法。丧葬期间，之前几年的大事皆已颁布，故在制作随葬文本“明器”时，将真实文书中的王位纪年转换为对应的大事，以区别于现实中行用的纪年法。总之，大事纪岁或许是文本明器“貌而不用”的表现之一。

其次，使用大事纪岁的大府镐、襄城公戈同样出土于楚墓，③而最负盛名的鄂君启节，殷涤非的报告称“与‘金节’同出土的既然尚有铁锤、郢爰和陶片，应为墓葬遗物”。④ 这对检视鄂君启节的性质及纪时法提供了参考。鄂君启节不同于其他已发现的符节之处有二：第一，铭文篇幅很长，非常罕见；第二，金节上写明了持有者的名字“启”。

节，作为常见的通关凭信，除鄂君启节之外，战国秦汉时期的有铭符

---

① 陈伟：《楚地出土战国简册[十四种]》，第460页。

② 陈侃理：《汉简〈揕舆〉中的楚国纪年》，见北京大学出土文献研究所编：《北京大学藏西汉竹书》（五）附录，上海：上海古籍出版社，2014年，第235—237页。

③ 殷涤非：《关于寿县楚器》，《考古通讯》1955年第2期；周晓陆、纪达凯：《江苏连云港市出土襄城楚境尹戈读考》，《考古》1995年第1期。

④ 殷涤非、罗长铭：《寿县出土的“鄂君启金节”》，《文物参考资料》1958年第4期，第8页。

节没有一件铸刻持节者的名字。例如：

1. 贵将军信节。

2. 辟大夫信节。

3. 楚传赁龙节：王命命传赁。

4. 秦国杜虎符：兵甲之符，右在君，左在杜，凡兴士被甲，用兵五十人以上，必会君符，乃敢行之。①

5. 汉杜阳银错虎符：与杜阳太守为虎符。②

据李家浩考证，战国贵将军信节与辟大夫信节，持有者分别为掌管锐兵的“贵（锐）将军”和主管壁垒的“辟（壁）大夫”；传赁龙节铭文的意思是“楚王之命所任命的传赁”，其中“传赁”亦作职官解，指楚王雇佣从事驿传的人，非人名。③ 第4、5条是与“节”性质相近的“符”，铭文亦不书持有者姓名。总之，节、符的特征之一即对事、对职、不对人。由此，鄂君启节标明持有者名字的做法，令人怀疑它可能不是楚王颁发的原物。

再从长篇铭文观察，一方面，金节铭文开篇曰：

大司马昭阳败晋师于襄陵之岁，夏𡰥之月乙亥之日，王处于蒇郢之游宫。大工尹脽以王命，命集尹悼糬，织尹逆，织令阬为鄂君启之府造铸金节。

这一段书写，与西周册命、封赏金文的格式十分相似。换言之，作器者是将册赏过程、周王之令移录于铜器之上，作为叙述吉金制作缘由的

① 黑光：《西安市郊发现秦国杜虎符》，《文物》1979年第9期，第93页。罗福颐判断杜虎符为伪作，但有学者经过现场调查确定此器不伪。参看戴应新：《秦杜虎符的真伪及其有关问题》，《考古》1983年第11期。

② 王敏之：《杜阳虎符与错金铜豹》，《文物》1981年第9期，第91页。

③ 李家浩：《贵将军虎节与辟大夫虎节——战国符节铭文研究之一》，《中国历史博物馆馆刊》1993年第2期；《传赁龙节铭文考释——战国符节铭文研究之三》，《考古学报》1998年第1期。

“文本构件”，而并非由周王直接将诏令铸于铜器之上，颁发给受封赏的人。

另一方面，鄂君启舟节、车节铭文的篇末均称：

见其金节则毋征……不见其金节则征。

这句话的阅读对象，是负责征税的守关官吏。试想，如果楚王颁发给鄂君的金节原件上就有“不见其金节”之文，那么，鄂君的运输车船若持节以交守关者检查，“不见其金节”云云就形同赘语；而若没有携带金节，则守关官吏根本不知道金节铭文的所有内容，也就无从知晓征税免税的标准。又，《墨子·杂问》提到的“验节”之法，给出了一条线索：

守节出入，使主节必疏书，署其情、令若其事。①

若，即连词“或”“与”之义，可见持节者在通关时须附带一份条陈出入情由、诏令的文件。在著名的窃符救赵故事中，信陵君窃得兵符后，还要“矫魏王令代晋鄙”。② 由是，无论持符、持节，都须同时携带“王令”。

据此，鄂君启节上长篇铭文的初态，应是楚王随金节一同颁发给鄂君的诏令。诏令中关于车船数量、免税条件等内容，即《墨子》所谓“署其情、令若其事”。鄂君启的车队、船队在通行时，不仅要持节，也需带上王令。查验者根据王令提示，核验是否有金节（“见其金节”或“不见其金节”）。

以上繁复的考述，是为寻找金节上的大事纪岁属于“追记”的依据。简言之，楚王颁发的金节原件，可能并无如此长篇的文字。鄂君的舟车运输结束后，或鄂君临终时，金节原件交回楚王，于是鄂君或家属仿照原物形制，用错金之法及艺术化的草叶篆体，将受节缘由、诏令内容一并铸于节上，最终作为“明器”随葬墓中，既纪念生前特权，又于现实行政无妨。

① 孙诒让：《墨子间诂》卷一五，国学整理社：《诸子集成》（四），北京：中华书局，2006 年，第 371 页。

② 《史记》卷七七《魏公子列传》，北京：中华书局，1959 年，第 2381 页。

在仿制金节时，铸造者早已知晓鄂君受节之年的大事即“大司马昭阳败晋师于襄陵”。

略作补充，战国时期的大事纪岁法可能与岁星纪年与太岁纪年的兴起相关。当认识到木星十二年一周天的规律，就产生了岁星纪年的方法，并很快在此基础上又出现了太岁（岁阴）纪年。① 岁星纪年与太岁纪年的形式，在目前掌握的史书、官文书尚未得见，而往往见诸星占、日书、天官书之类的文献中。有意思的是，楚简大事纪岁之后的月名即前文提到的享月、献马之类，这套特殊的月名系统组合状地出现在九店楚简《大岁》一篇，后又完整地出现于睡虎地秦简《日书·岁》。以此度之，采用大事纪岁的文献未必具有官方性质。

总之，今所见仅有大事纪岁的简牍、铜器，很可能是墓葬“明器”，其纪年法并非现实时间制度的无差别呈现。然而新的问题是，不同墓葬简牍使用同一大事纪岁，可知大事必由政府统一颁布。如果现实行政中并不使用大事纪岁，那么政府颁布大事的意图何在呢？

政府颁布大事的初衷，可能不是用以纪年。睡虎地秦简整理者提到，掺有墓主生平事迹的那篇简文，与《史记·秦本纪》《六国年表》多有重合，而后者依据的是秦国史《秦记》。② 司马迁谓《秦记》“不载日月，其文略不具”。③ 我们看到的秦简确为“一年一事”的形式，如“廿九年，攻安陆”，这也是整理者起初将简文命名为“编年记”的缘由。从《秦记》“一年一事”的面貌推想，楚国可能也有一份类似的“楚记”，每年选择一件最具代表性的大事记录下来，格式或如“王七年，大司马昭阳败晋师于襄陵”。

人们在铸刻铜器纪年或制作“明器”文书时，查阅本国之“记”，找到与王位纪年对应的大事，将其转化为时间符号。我们至今没有在真正的、非墓葬出土的战国行政文书原件上看到大事纪岁的案例，说明大事纪岁可能不是与王位纪年并行的主流纪时法，而更像是铜器与明器制作中一股对西周早期大事纪年传统的复古潮流。

---

① 陈遵妫：《中国天文学史》（中），第六编第一章，第 977—979 页。
② 睡虎地秦墓竹简整理小组：《睡虎地秦墓竹简》，北京：文物出版社，1990 年，第 3 页。
③ 《史记》卷一五《六国年表》，第 686 页。

大事纪岁虽非现实行政中的纪时法，但它毕竟被当作一个“时间符号”，或同王年一起，或单独书于器物之上。这些大事多为值得纪念与记录的战争、外交事件。相较于“唯王七年”的工具性纪时，“大司马昭阳败晋师于襄陵之岁”更具纪念碑性的“政治时间”意义。

综上所述，《孟子·离娄下》曰：“王者之迹熄而《诗》亡，《诗》亡然后《春秋》作。”[①]这句话的原意是说周王式微、颂声不作，于是孔子笔削《春秋》，作褒贬之书以期拨乱反正。若超脱经学阐释的框架，“春秋”可谓一语双关。一方面，王者迹熄的东周时代，“四时”概念逐渐形成，并继而作为时间要素之一出现在《春秋》纪时法中。另一方面，王者之迹熄而霸者之迹显。晋有《乘》，楚有《梼杌》，齐鲁燕宋皆有《春秋》，[②]诸侯各自修撰国史，采用本国王位纪年，自主选择建正，记录每年最值得纪念的军政大事，并在铜器与简牍上将其转换为时间符号。这种各自为政的状态，随着兼并战争的加剧而消退。

三、万里一朔：秦汉帝国的时间大一统

六王俱灭、四海归秦，帝国成立伊始，车同轨、书同文，各自为政的战国时间体系也逐步消弭于新兴帝国的时间秩序中。结合传世正史与出土简牍，可以清楚地看到秦朝的时间统一落实于年、时、月、日各个层面。

首先，统一纪年。秦国兵器、量器及青川郝家坪法律牍显示，秦国采用王位纪年，与他国无二。兼并完成后，秦始皇并未创新改用“始皇帝纪年”，只是将各国纪年法统束于秦王纪年序列，天下一同进入秦王政二十七年（前220）、二十八年（前119）。于是，战国诸侯的王位纪年终止，值得纪念的大事也丧失了“时间符号”的意义。如前述，睡虎地11号秦墓出土有一份记录秦昭王元年至始皇二十八年之间历史的大事记。之后，印台、松柏汉墓也都出土了性质相同的简牍，名为《叶书》。印台汉简《叶书》分两栏书写秦昭王至汉文帝期间的大事记，松柏汉简《叶书》记载的是秦昭

---

① 孙奭：《孟子注疏》卷八上，阮元校刻：《十三经注疏》，第2727页。
② 孙诒让：《墨子间诂》卷八，国学整理社：《诸子集成》（四），第143、144、145页。

王至汉初的历代帝王在位年数。① 据此，李零将睡虎地秦简“编年记”更名为《叶书》。② 陈伟认为“叶”应读为“世”，叶书即世系之书。③ 经比对，三份《叶书》记载的时间起点均为秦昭王世，而且内容相似，说明三者必有一个共同的祖本。睡虎地秦简整理者已发现，《叶书》与《史记·六国年表》可以互证，④而后者所据为《秦记》。由此，虽然睡虎地《叶书》掺有墓主私家记事，⑤但三份《叶书》中秦大事部分的底本，很可能就是《秦记》。

内容相似的三份《叶书》先后出土于今荆州附近的秦汉墓葬，墓主为拥有职爵的基层官吏，⑥说明秦汉时期《秦记》至少在楚国故地流行，而这未必不是秦朝统治者着力要求的结果。秦简《叶书》绝大部分文字记载的是秦人攻城灭国的事件，借助基层官吏在六国故地推广《秦记》，宣扬秦人的辉煌战绩，有助于用秦的历史来覆盖六国的记忆。久而久之，诸如楚国“大司马昭阳败晋师于襄陵”之类的六国大事，便逐渐在遗民的记忆中淡化。相反，《秦记》中“十七年攻韩”“十八年攻赵”等系年大事，将随着被反复宣扬、重复抄录而令人印象深刻，只要提到纪年，当年发生的秦国大事就会联动地与之对应。从这个角度看，秦朝纪年的统一或许带着“亡其国而灭其史”的初衷。这一初衷随后急遽发酵，最终以“史官非《秦记》皆烧

① 郑忠华：《印台墓地出土大批西汉简牍》，见荆州博物馆编：《荆州重要考古发现》，北京：文物出版社，2009 年，第 207 页；荆州博物馆：《湖北荆州纪南松柏汉墓发掘简报》，《文物》2008 年第 4 期，第 29 页。

② 李零：《视日、日书和叶书——三种简帛文献的区别和定名》，《文物》2008 年第 12 期，第 77—80 页。

③ 陈伟：《秦汉简牍〈叶书〉刍议》，《简帛》第 10 辑，上海：上海古籍出版社，2015 年，第 88 页。

④ 睡虎地秦墓竹简整理小组：《睡虎地秦墓竹简》，第 3 页；另参黄盛璋：《云梦秦简〈编年记〉初步研究》，《考古学报》1977 年第 1 期，第 16 页。

⑤ 陈伟已指出，松柏《叶书》除帝王年世外未见个人事迹，而岳麓秦简中有 4 枚竹简与睡虎地《叶书》所记墓主个人生平性质相同，因此可得知私家记事既可独立存在，也可插入帝王大事记。参看陈伟：《秦汉简牍〈叶书〉刍议》，第 89 页。此外，曹旅宁也认为私家事务为后来标注的性质（参看曹旅宁：《睡虎地秦简〈编年记〉性质探测》，《史学月刊》2010 年第 2 期，第 32 页）

⑥ 睡虎地秦墓墓主喜是安陆令史，松柏汉墓墓主周偃是江陵西乡有秩啬夫、公乘，印台汉墓出土有卒簿、律令等文书，可知墓主亦为基层官吏。参看睡虎地秦墓竹简整理小组：《睡虎地秦墓竹简》，第 3 页；荆州博物馆：《湖北荆州纪南松柏汉墓发掘简报》，《文物》2008 年第 4 期，第 32 页；郑忠华：《印台墓地出土大批西汉简牍》，第 207 页。

之”惨烈收场。[①] 检视现已发现的秦汉时期楚、齐两地出土文献，自帝国成立后再也未见以战国大事纪岁的案例。

其次，统一纪月。“月”层面上最重要的统一举措，在于“改年始、朝贺皆自十月朔”。[②] 秦昭王四十二年（前265）时即以夏历十月为岁首，[③]因此秦始皇二十六年（前221）之“改年始”，也是以秦人固有的纪时传统整齐新兼并地区的时间秩序，从此战国时期建子、建丑等历法停用。另外，秦国与大部分先秦诸侯一样以数序纪月，故纪月统一不费周折，只需根据秦代岁首调整顺序即可。楚、齐拥有独特的月名系统，秦朝便致力于将其名称转换为全国通行的纪月法。睡虎地秦简《日书·岁》载有“秦楚月名对照表”，文字背后呈现的就是楚地并入帝国初期名号、信仰逐渐被化解的适应性阶段的历史图景。可以想见，在齐国故地，秦朝派去的地方官吏手头或也有一份“秦齐月名对照表”。

第三，秦历法的推行也统一了“四时”划分。秦朝虽以十月为岁首，但以夏历正（端）月为孟春。之罘刻辞谓“维二十九年，时在中春，阳和方起”就是据夏历纪时。[④] 夏正“得天”，相较于殷历、周历更符合农业休作周期。自此，秦代结束了纪时法历出多元的状态，在一条包含时、月的纪时文字中，不再有二者历法不匹配的问题，“正月仲春”“正月季春”的纪时法销声匿迹。

最后，秦朝在纪日干支前系以“月朔”，以便推算日序。这一做法，战国末期的秦晋地区即已有之。秦武王二年（前309）的青川秦牍《更修为田律》称“二年十一月乙酉朔朔日”，[⑤]睡虎地秦简《为吏之道》篇末附抄了魏安釐王发布的《户律》与《奔命律》，开篇纪时法俱为“廿五年闰再十二月丙午朔辛亥”，[⑥]可见月朔已出现在战国时期的法律文书纪时格式中。就目

---

① 《史记》卷六《秦始皇本纪》，第255页。
② 《史记》卷六《秦始皇本纪》，第237页。
③ 栗原朋信：《秦漢史の研究》，東京：吉川弘文館，1960年，第58—61頁。睡虎地秦简《叶书》证实了这一判断。
④ 《史记》卷六《秦始皇本纪》，第249页。
⑤ 李学勤：《青川郝家坪木牍研究》，《文物》1982年第10期。
⑥ 睡虎地秦墓竹简整理小组：《睡虎地秦墓竹简》，第174、175页。

前掌握的其他地区文献而言，似未见楚、齐等国的行政文书中有标明“月朔”的情况。由此，“年+月+月朔+日干支”纪时法通行天下可能也要待秦统一之后。

“年+月+月朔+日干支”属于最规范的纪时法，主要运用于官文书。湖南里耶秦简揭示了大量例证，如“元年七月庚子朔丁未，仓守阳敢言之”（V5-1），等等。官文书省略月朔的情况也有，如“六月乙丑，狱佐瞫讯戌”“卅一年三月癸酉，貮春乡守氐夫、佐壬出粟米八升”“乡某爰书：……四年三月丁未籍一亡五月十日”等。① 但这些纪时书写不太规整的文书多属爰书、审讯记录、记事性质之类，不及诏令奏疏严格。

汉承秦制，制诏、奏谳等文书格式非常规范。张家山汉简《奏谳书》中一材料载：“十一年八月甲申朔丙戌，江陵丞骜敢谳之。”②加入月朔的纪时法与秦代官文书所揭完全一致。体例仿照官文书的墓葬文书，同样纪时要素齐备，如孔家坡汉简《告地书》曰：“二年正月壬子朔甲辰，都乡燕佐戎敢言之。”③甘肃敦煌悬泉置出土了一份法律文书范本，要求纪时法参照“神爵二年某月某日朔某日”的格式，④进一步证实朝廷对公文的纪时法有明确规定。

综上，秦并天下伊始就着手实现时间统一，至少在官府行政层面消灭了“诸侯时间”，建立起整齐划一的“帝国时间”。行政文书上的纪时，固然是时间工具性的体现，而万里一朔、格式规整的背后，是新兴的皇帝权威的辐射。

纪时法的又一次改革出现在汉武帝时期。秦亡至西汉初期，王国的存在使“战国”局面回光返照。诸侯王自行纪年，打破了秦帝国建立的天下同一的时间秩序。汉武帝太初元年的历法改革，遂有意重塑万里一朔

① 陈伟主编：《里耶秦简牍校释》（第一卷），武汉：武汉大学出版社，2012 年，第 240、364 页；睡虎地秦墓竹简整理小组：《睡虎地秦墓竹简》，第 163 页。

② 彭浩、陈伟、工藤元男主编：《二年律令与奏谳书》，上海：上海古籍出版社，2007 年，第 337 页。

③ 湖北省文物考古研究所、随州市考古队：《随州孔家坡汉墓简牍》，北京：文物出版社，2006 年，第 197 页。

④ 张俊民：《敦煌悬泉置探方 T0309 出土简牍概述》，收入《长沙三国吴简暨百年来简帛发现与研究国际学术研讨会论文集》，北京：中华书局，2005 年，第 400 页。

的情景。①

太初改革的主要内容是颁布《太初历》，改用夏正，以正月为岁首。②建正的改变，结束了秦代以来“正月 = 孟春≠岁首”的状态，实现了正月、岁首、孟春三者完全统一，帝国的行政、礼制、农业各项事务的运转自此真正与“天时”相和谐。之后的新莽、魏明帝等都曾一度废止夏历，变更正月，但均在君主去世后复用夏正，③可见太初改历之后夏正在中国历法中根深蒂固。

太初改历对纪时法的最大影响，在于年号的启用。关于年号启用时间与政治寓意，辛德勇等学者已做了充分考论，于兹不赘。④ 本文要补充的是，观察年号行用初期的情况，诸如太初、元鼎、元封、神爵、黄龙等，大多可见先秦时期大事纪年的余影。年号用寥寥两三字对大事进行提炼概括，“太初”是为纪念新历颁布，追记的“元鼎”年号得名于“得鼎汾水上”，宣帝则因“前年神爵集于长乐宫”“黄龙见新丰”而改元“神爵”“黄龙”。⑤年号与大事纪年的区别在于，后者一事只纪称一年，而一个年号可统御数年，很少在次年因新的大事发生而改变。另外，先秦时期用以纪年的大事主要涉及战争、立事与朝聘，而年号的选择多因祥瑞发生或重要礼事。因此，年号纪年法可谓先秦大事纪岁的极简化、概念化与祥瑞化。

年号纪年的启用，显著提升了皇帝统治时段的标识度，也成为区别朝廷与王国纪年的标志。而伴随着太初改历，西汉王国的时间体系也逐渐融入中央朝廷的时间框架。鲁孝王刻石的纪时法曰：“五凤二年、鲁卅四

① 参看陈侃理：《秦汉的颁朔与改正朔》，载余欣主编：《中古时代的礼仪、宗教与制度》，上海：上海古籍出版社，2012 年，第 461—467 页。

② 《史记》卷一二《孝武本纪》，第 483 页。

③ 《三国志》卷四《魏书 · 三少帝纪》，北京：中华书局，1982 年，第 119 页。最新研究参看杨英：《曹魏“改正朔、易服色”考》，《史学月刊》2015 年第 10 期。

④ 辛德勇：《建元与改元——西汉新莽年号研究》，北京：中华书局，2013 年，第 1—101 页。此外，近年学者对年号寓意的探讨并不局限于汉代，例如魏斌、孙英刚分别对三国孙吴、唐代年号的意义有过考述。参看魏斌：《孙吴年号与符瑞问题》，《汉学研究》第 27 卷第 1 期，2009 年；孙英刚：《神文时代：谶纬、术数与中古政治研究》下篇，上海：上海古籍出版社，2015 年。

⑤ 《汉书》卷六《武帝纪》，第 182、190 页；卷八《宣帝纪》第 260、273 页。

年六月四日。”[①]将汉廷年号冠于鲁国纪年之前，可见皇帝之尊，纪月纪日不区分中央与王国，又可见最晚至宣帝时期，鲁国历朔已与中央统一。

包括纪时法变革、新历推行在内，汉武帝统治时期正是“大一统”思想发展的重要阶段。“大一统”最早在《公羊春秋》中得到阐发，隐公元年文曰：

> 元年者何？君之始年也。春者何？岁之始也。王者孰谓？谓文王也。曷为先言王而后言正月？王正月也。何言乎王正月？大一统也。[②]

可见，“大一统”在版图归属、地区兼并等表象之外，最首要的是“王正月”所代表的时间统一。饶宗颐一语中的，指出《春秋》言“统”之义原本于时间，而“统”之观念与历法最为密切。[③] 在《公羊春秋》的基础上，董仲舒《春秋繁露·三代改制质文》进一步点明“王正月”与“大一统”之间的关联：

> 《春秋》曰“王正月”。……何以谓之王正月？曰：王者必受命而后王，王者必改正朔、易服色、制礼乐，一统于天下，所以明易姓、非继人，通以已受之于天也。[④]

董仲舒从《公羊传》“大一统也”中敷衍出“改正朔、易服色、制礼乐”的意涵，认为建立新的时间秩序是受命之王实现一统于天下的必经之路。结合汉武帝太初元年的举措，除改历朔之外，同时诏令“色上黄，官名更印章以五字”，[⑤]十分契合地实践了公羊家的“大一统”主张。

---

① 永田英正：《汉代石刻集成》，京都：同朋舍，1994 年，第 6 頁。
② 何休、徐彦：《春秋公羊传注疏》卷一，阮元校刻《十三经注疏》，第 2196 页。
③ 饶宗颐：《中国史学上之正统论》，上海：远东出版社，1996 年，第 8、76 页。
④ 苏舆：《春秋繁露义证》卷七，北京：中华书局，1992 年，第 185 页。
⑤ 《史记》卷一二《孝武本纪》，第 483 页。

当然，“改正朔”一事在汉文帝时就曾提上议程。贾谊建言：“汉兴至孝文二十余年，天下和洽，而固当改正朔。”①鲁人公孙臣也“上书陈终始传五德事，言方今土德时，土德应黄龙见，当改正朔服色制度”。② 由于张苍反对及新垣平事败，文帝最终“怠于改正朔服色神明之事”。③ 然而，象征政统的“正朔”概念却在这一时期迅速萌生。

先秦纪时法以“唯王某年”与“王某月”的形式表示尊奉王时。但一方面，由于商周君王的权力是霸权性的，“王时”的覆盖范围并不稳定，春秋战国时期的诸侯大多表现出对周王时间秩序的离心力；一方面，商周春秋时期的测影技术有限，历法精确度不高，即便是历法相对先进的鲁国，建正亦多摆动。因此，受制于主客观原因，“正朔”观念无法在现实中牢固确立。《春秋》《左传》未见“正朔”一词；《公羊传》《穀梁传》虽有“二月……食正朔”“七月……食正朔”之载，④但它并非一个历法概念，也无政权象征意味。王引之据《广雅》释“正”为“贞”，“贞，当也”，“食正朔也者，日之食，当月之朔也”。⑤ “正朔”作为一个词组与德运天命联系在一起，似乎只能暂时追溯至汉文帝时期。此时，帝国体制已经成立，皇帝的权力不再是霸权性的，而是需要不断强化其正当性。在这样的背景下，随着政局稳定，以万里一朔为诉求的“正朔”观念才有条件发酵壮大，“明易姓、非继人”的“改正朔”思想才有可能实现。毫无疑问，从贾谊至董仲舒，从文帝到武帝以至后世，“正朔”这个时间符号最终衍生成为标示“大一统”的政治符号与王朝政统的代名词。

武帝之后，纪时法又出现了新的变化。一是序数纪日的流行，至东汉时期形成“年 + 月 + 月朔 + 日数序 + 日干支”这一要素极为完备的纪时法。最近，陈侃理对此有专文探讨，研究指出，序数纪日在官私文书中的

---

① 《史记》卷八四《屈原贾生列传》，第 2492 页。
② 《史记》卷一〇《文帝本纪》，第 429 页。
③ 《史记》卷二八《封禅书》，第 1383 页。
④ 何休、徐彦：《春秋公羊传注疏》卷二，阮元校刻：《十三经注疏》，第 2203 页；范宁、杨士勋：《春秋穀梁传注疏》卷三，阮元校刻：《十三经注疏》，第 2373 页。
⑤ 王引之：《经义述闻》卷二四“食正朔也”条，南京：江苏古籍出版社，2000 年，第 573 页。

普遍使用，源于武帝太初改历统一朔闰所创造的条件。①

变化之二是东汉章帝时期复行四分历，干支纪岁法继而流行。如《鲁相韩敕造孔庙礼器碑》“惟永寿二年，青龙在涒歎，霜月之灵，皇极之日”，《武斑碑》“建和元年，太岁在丁亥，二月辛巳朔廿三日癸卯”，②等等。需要注意的是，干支纪岁集中出现于碑刻铭文中，在官文书场合，“制诏、章奏、符檄之文，皆未尝正用之，其称岁必曰元年、二年”。③ 总之，干支纪岁与碑主允文允武的生平、频繁用典的碑文、讲求音韵的颂辞一道，构成一方典雅的儒教象征物，④因与本文“政治时间”题旨无涉，兹不赘述。

综上，秦汉时期的纪时法揭櫫了新兴帝国的两次时间统一。第一次，秦朝在行政层面实现了时间统一与官文书纪时法的整齐；然而，秦始皇的时间统一，更多是出于保障郡县制国家有效运转的刚性需求。秦始皇并未在帝国建立后改行新元，说明尚未意识到更新时间所具有的“明易姓、非继人”意义。汉初袭秦十月岁首之制，也表现出对“正朔即法统”的漠然。自文帝开始，汉朝才有意识地将王国自行纪年的局面推回万里一朔的轨道。第二次，武帝朝的改正朔，启用年号纪时，既是具有里程碑意义的纪时法创新，又在时间秩序建构层面实践了公羊家的“大一统”理论。

当然，秦汉帝国的纪时法统一与创新并非无源之水。秦与汉初的世系纪年与先秦诸侯王位纪年法别无二致，武帝创设的年号透露出先秦大事纪岁法的余影，加入“月朔”的官文书纪时格式已于战国时期的秦晋地区出现。而《史记》《汉书》纪时法中标明“四时”，显然也是对《春秋》“春王正月”纪时格式的继承。因此，大一统的帝国时间秩序虽前所未有，但无疑也从战国传统中来。

---

① 陈侃理：《序数纪日的产生与通行》，《文史》2016 年第 3 辑。

② 洪适：《隶释》卷一、卷六，北京：中华书局，1986 年，第 19、73 页。“涒歎”即《尔雅·释天·岁阴》所谓“太岁在申曰涒滩”，“霜月”即“相月”，《尔雅·释天》谓“七月为相”。《尚书·洪范》曰：“次五曰建用皇极”，则“皇极之日”就是五日。总之，整条纪时表示永寿二年、岁在丙申、七月五日。

③ 顾炎武著、黄汝成集成：《日知录集释》卷二〇“古人不以甲子名岁”条，第 1128 页。

④ 王静芬：《中国石碑：一种象征形式在佛教传入之前与之后的运用》，北京：商务印书馆，2011 年，第 75—77 页。

结　论

自殷周至东汉，早期中国的纪时法既有历时性变化，也有共时性异同。就纪时要素的完整程度而言，殷商与西周早期的卜辞、铜器，以干支纪日为主；两周铭文“纪月＋纪日”形式占据主流，并加入月相，此为殷商所无；年、月、日三要素俱全的纪时法确立于西周中期，纪年文字也由篇末提至篇首。最晚至春秋中期，“四时”作为时间要素被纳入纪时法，出现在铭文与简牍上，此亦商与西周纪时法所无。战国晚期秦晋地区的官方文书简牍，将月朔作为纪时要素之一，同为战国时期的楚简司法文书却不见此种情况。随着秦人统一事业的完成，“年＋月＋月朔＋日干支”的纪时法向天下全境推广，成为秦汉时期最标准的纪时格式。汉武帝太初改历，启用年号纪年，并为序数纪日的产生与通行创造了条件。降至东汉，纪时法发展为“年＋月＋月朔＋日数序＋日干支”这一极为完整的形式。以上，通观甲骨、铜器、简牍这三种早期中国的主流书写载体，从极少纪年月到年月日并立、从无四时到有四时、从无月朔到有月朔、从王位序年到年号使用、从干支纪日至数序纪日，一系列从无到有的变化，无疑是纪时法线性发展的一条脉络。

书写载体的性质不同，造成同一时期的纪时法存在差异。在用以“自铭”与“教示”的金文中，纪时要素多不完备，受择吉信仰的驱使，有些纪时甚至是虚假的；但书写于简牍的诏令，不大可能存在故意的纪时作伪。战国时期，大事纪岁的形式在楚、齐铜器与竹简上非常普遍，但这未必说明大事纪岁成为主流。考虑到墓葬出土的铜器与竹简可能属于“明器”，那么大事纪岁或许是器物制作时据“编年记”对现世王位纪年所进行的翻译。这是生人世界与黄泉冥界的纪时法共时性差异。东汉时期，干支纪岁大量运用于文辞典雅的石碑，而当时的行政文书则不用此法，此亦是书写载体不同而造成的区别。

纪时法不仅是工具性的时间记录，也是“政治时间”的表达。殷商以“祀”表示一年的周期，是“政治时间”符号的早期运用。两周铭文“唯王某年”与“王某月”的书写在形式上表现出对周王时间秩序的奉行；相反，标明“郡正”，以及战国铜器上大量的诸侯纪年，则是对地域、国别时间的强调。秦汉帝国的建立，使九州幅裂演进为天下一家。这一历史进程也投射到纪时法上。帝制国家机器的运转，须以时间统一为必要前提。在兼并战争中获胜的秦人遂将本国的时间制度向天下推行，以“帝国时间”取代“战国时间”。面对王国自行纪年、不奉汉法的现状，皇帝对权威辐射力的更高追求，唤醒了利用“时间”塑造一元政统的自觉。武帝的太初改历与纪时法更新背后，是王朝“正朔”观念的确立，以及皇帝对“大一统”的体认。

在“帝国”与“战国”的时间秩序竞争中，秦皇汉武最终依靠雄厚的军事实力与日益强大的政治辐射力获胜。其实，在战争、兼并、联姻、商贸等不同形式的交流中，文化发展已孕育着走向同化的大趋势。只是这种同化进程，因秦的灭国战争、汉对王国的专心整治而加速了步伐。时间秩序的竞争与融合，汉代以后始终未止。近代迄今，公元纪年引入中国，世界协调时全球通行，无一不伴随着对抗与同化。①

---

① 参看黄兴涛：《近代中国新名词的思想史意义发微——兼谈对于“一般思想史”之认识》，《开放时代》2003 年第 4 期；《清末民初新名词新概念的“现代性”问题——兼论“思想现代性”与现代性“社会”概念的中国认同》，《天津社会科学》2005 年第 4 期。最近，湛晓白的专著第一、二章系统讨论了公元纪年传入后传统与现代纪年之争，并从政治与时间角度考察近代历法改革的历史。俞金尧、洪庆明近期发表的论文着重探讨了 16 世纪以来人类时间观念和计时体系在全球化过程中趋向统一的进程。（参看湛晓白：《时间的社会文化史——近代中国时间制度与观念变迁研究》，北京：社会科学文献出版社，2013 年；俞金尧、洪庆明：《全球化进程中的时间标准化》，《中国社会科学》2016 年第 7 期）

参考文献

(一) 基本古籍

1. 司马迁:《史记》,北京: 中华书局,1959 年。
2. 班固:《汉书》,北京: 中华书局,1962 年。
3. 荀悦:《汉纪》,北京: 中华书局,2002 年。
4. 许慎:《说文解字》,北京: 中华书局,1963 年。
5. 范晔:《后汉书》,北京: 中华书局,1965 年。
6. 袁宏:《后汉纪》,北京: 中华书局,2002 年。
7. 萧子显:《南齐书》,北京: 中华书局,1972 年。
8. 房玄龄:《晋书》,北京: 中华书局,1974 年。
9. 魏徵:《隋书》,北京: 中华书局,1973 年。
10. 杜佑:《通典》,北京: 中华书局,1988 年。
11. 虞世南:《北堂书钞》,北京: 中国书店,1989 年。
12. 徐坚:《初学记》,北京: 中华书局,2004 年。
13. 萧统编,李善、吕延济等注:《六臣注文选》,北京: 中华书局,2012 年。
14. 柳宗元:《柳河东集》,上海: 上海人民出版社,1974 年。
15. 刘昫:《旧唐书》,北京: 中华书局,1975 年。
16. 司马光:《资治通鉴》,北京: 中华书局,1956 年。
17. 司马光:《太玄集注》,北京: 中华书局,2013 年。
18. 卫湜:《礼记集说》,长春: 吉林出版集团,2005 年。
19. 李昉:《太平御览》,北京: 中华书局,1960 年。
20. 王溥:《唐会要》,上海: 上海古籍出版社,2006 年。
21. 洪适:《隶释　隶续》,北京: 中华书局,1986 年。

22. 王圻、王思义：《三才图会》，上海：上海古籍出版社，1988 年。
23. 陈立：《白虎通疏证》，北京：中华书局，1994 年。
24. 陈寿祺、皮锡瑞：《五经异义疏证 · 驳五经异义疏证》，北京：中华书局，2014 年。
25. 程树德：《九朝律考》，北京：中华书局，2006 年。
26. 戴震：《戴震文集》，北京：中华书局，1980 年。
27. 戴震：《戴震全书》，合肥：黄山书社，1995 年。
28. 何焯：《义门读书记》，北京：中华书局，1987 年。
29. 黄以周：《礼书通故》，北京：中华书局，2007 年。
30. 焦循：《孟子正义》，北京：中华书局，1987 年。
31. 孔广森：《大戴礼记补注》，北京：中华书局，2013 年。
32. 李慈铭：《越缦堂读书记》，北京：中华书局，2006 年。
33. 马国翰：《玉函山房辑佚书》，扬州：广陵书社，2005 年。
34. 钱大昕：《廿二史考异》，上海：上海古籍出版社，2004 年。
35. 阮元：《揅经室集》，北京：中华书局，1993 年。
36. 阮元：《十三经注疏》，北京：中华书局影印本，1980 年。
37. 孙星衍等辑：《汉官六种》，北京：中华书局，1990 年。
38. 孙希旦：《礼记集解》，北京：中华书局，1983 年。
39. 孙诒让：《周礼正义》，北京：中华书局，1987 年。
40. 沈家本：《历代刑法考》，北京：中华书局，1985 年。
41. 王鸣盛：《蛾术编》，上海：上海书店出版社，2012 年。
42. 王先谦：《后汉书集解》，北京：中华书局，1984 年。
43. 王先谦：《释名疏证补》，北京：中华书局，2008 年。
44. 王聘珍：《大戴礼记解诂》，北京：中华书局，1983 年。
45. 严可均辑：《全上古三代秦汉三国六朝文》，北京：中华书局，1958 年。
46. 范祥雍：《战国策笺证》，上海：上海古籍出版社，2006 年。
47. 国学整理社：《诸子集成》，北京：中华书局，2006 年。
48. 何宁：《淮南子集释》，北京：中华书局，1998 年。
49. 何清谷：《三辅黄图校释》，北京：中华书局，2005 年。
50. 洪兴祖：《楚辞补注》，北京：中华书局，1983 年。
51. 黄晖：《论衡校释》，北京：中华书局，1990 年。
52. 黄怀信：《鹖冠子汇校集注》，北京：中华书局，2004 年。

53. 黄怀信、张懋镕、田旭东：《逸周书汇校集注》，上海：上海古籍出版社，2007 年。
54. 黎翔凤：《管子校注》，北京：中华书局，2004 年。
55. 李金松：《述学校笺》，北京：中华书局，2014 年。
56. 石声汉：《四民月令校注》，北京：中华书局，2013 年。
57. 苏舆：《春秋繁露义证》，北京：中华书局，1992 年。
58. 王利器：《新语校注》，北京：中华书局，1986 年。
59. 王利器：《盐铁论校注》，北京：中华书局，1992 年。
60. 王利器：《风俗通义校注》，北京：中华书局，2010 年。
61. 吴树平：《东观汉记校注》，北京：中华书局，2008 年。
62. 徐元诰：《国语集解》，北京：中华书局，2002 年。
63. 许维遹：《吕氏春秋集释》，北京：中华书局，2017 年。
64. 阎振益、钟夏：《新书校注》，北京：中华书局，2000 年。
65. 杨伯峻：《春秋左传注》，北京：中华书局，1990 年。
66. 赵国翰：《七纬》，北京：中华书局，2012 年。
67. 周天游：《八家后汉书辑注》，上海：上海古籍出版社，1986 年。
68.《四部丛刊》，上海：商务印书馆，1919 年。
69.《景印文渊阁四库全书》，台北：台湾商务印书馆，1986 年。
70.《续修四库全书》，上海：上海古籍出版社，2001 年。

（二）考古报告与出土文献

1. 北京大学出土文献研究所：《北京大学藏西汉竹书概说》，《文物》2011 年第 6 期。
2. 北京大学出土文献研究所编：《北京大学藏西汉竹书》（三），上海：上海古籍出版社，2015 年。
3. 北京大学出土文献研究所编：《北京大学藏西汉竹书》（五），上海：上海古籍出版社，2014 年。
4. 陈伟等著：《楚地出土战国简册[十四种]》，北京：经济科学出版社，2009 年。
5. 陈伟主编：《里耶秦简牍校释》（第一卷），武汉：武汉大学出版社，2012 年。
6. 甘肃省博物馆、中国科学院考古研究所：《武威汉简》，北京：文物出版社，1964 年。
7. 甘肃省文物考古研究所、甘肃省博物馆：《居延新简——甲渠候官与第四燧》，北京：文物出版社，1990 年。

8. 甘肃省文物考古研究所、甘肃省博物馆、文化部古文献研究室、中国社会科学院历史研究所:《居延新简》,北京:文物出版社,1990年。
9. 甘肃省文物考古研究所:《敦煌汉简释文》,兰州:甘肃人民出版社,1991年。
10. 甘肃省文物考古研究所:《天水放马滩秦简》,北京:中华书局,2009年。
11. 贺西林、郑岩主编:《中国墓室壁画全集》1,石家庄:河北教育出版社,2011年。
12. 黑光:《西安市郊发现秦国杜虎符》,《文物》1979年第9期。
13. 湖北省文物考古研究所、北京大学中文系:《九店楚墓》,北京:中华书局,2000年。
14. 湖北省荆州市周梁玉桥遗址博物馆:《关沮秦汉墓简牍》,北京:中华书局,2001年。
15. 湖北省文物考古研究所、随州市考古队:《随州孔家坡汉墓简牍》,北京:文物出版社,2006年。
16. 湖南省文物考古研究所:《湖南龙山里耶战国——秦代古城一号井发掘简报》,《文物》2003年第1期。
17. 胡平生、张德芳:《敦煌悬泉汉简释粹》,上海:上海古籍出版社,2001年。
18. 荆门市博物馆:《郭店楚墓竹简》,北京:文物出版社,1998年。
19. 荆州博物馆:《湖北荆州纪南松柏汉墓发掘简报》,《文物》2008年第4期。
20. 荆州博物馆编:《荆州重要考古发现》,北京:文物出版社,2009年。
21. 连云港市博物馆、社科院简帛研究中心、东海县博物馆、中国文物研究所:《尹湾汉墓简牍》,北京:中华书局,1997年。
22. 刘彬徽、刘长武:《楚系金文汇编》,武汉:湖北教育出版社,2009年。
23. 罗福颐:《临沂汉简概述》,《文物》1974年第2期。
24. 彭浩、陈伟、工藤元男主编:《二年律令与奏谳书》,上海:上海古籍出版社,2007年。
25. 濮阳市文物管理委员会、濮阳市博物馆、文物队:《河南濮阳西水坡遗址发掘简报》,《文物》1988年第3期。
26. 濮阳西水坡遗址考古队:《1988年河南濮阳西水坡遗址发掘简报》,《考古》1989年第12期。
27. 陕西省雍城考古队:《秦都雍城钻探试掘简报》,《考古与文物》1985年第2期。
28. 陕西周原考古队:《陕西岐山凤雏村发现周初甲骨文》,《文物》1979年第10期。
29. 陕西周原考古队:《陕西岐山凤雏村西周建筑基址发掘简报》,《文物》1979年第10期。

30. 陕西周原考古队:《扶风召陈西周建筑群基址发掘简报》,《考古》1981 年第 3 期。
31. 周原考古队:《陕西扶风县云塘、齐镇西周建筑基址 1999～2000 年度发掘简报》,《考古》2002 年第 9 期。
32. 陕西省考古研究所、宝鸡市考古工作队、杨家村眉县文化馆联合考古队:《陕西眉县杨家村西周青铜器窖藏发掘简报》,《文物》2003 年第 6 期。
33. 睡虎地秦墓竹简整理小组:《睡虎地秦墓竹简》,北京:文物出版社,1990 年。
34. 谢桂华、李均明、朱国炤:《居延汉简释文合校》,北京:文物出版社,1987 年。
35. 姚孝遂主编:《殷墟甲骨刻辞类纂》,北京:中华书局,1989 年。
36. 银雀山汉墓竹简整理小组:《银雀山汉墓竹简》(贰),北京:文物出版社,2010 年。
37. 永田英正:《汉代石刻集成》,京都:同朋舍,1994 年。
38. 张家山汉墓竹简整理小组:《张家山汉墓竹简〔二四七号墓〕》,北京:文物出版社,2001 年。
39. 中国社会科学院考古研究所:《西汉礼制建筑遗址》,北京:文物出版社,2003 年。
40. 中国社会科学院考古研究所:《殷周金文集成》(修订增补本),北京:中华书局,2007 年。
41. 中国社会科学院考古研究所山西队:《陶寺中期小城大型建筑基址ⅡFJTI 实地模拟观测报告》,《古代文明研究通讯》第 29 期,2006 年 6 月。
42. 中国社会科学院考古研究所山西队、山西省考古研究所、临汾市文物局:《山西襄汾县陶寺中期城址大型建筑ⅡFJT1 基址 2004～2005 年发掘简报》,《考古》2007 年第 4 期。
43. 中国社会科学院考古研究所:《汉魏洛阳故城南郊礼制建筑遗址》,北京:文物出版社,2010 年。
44. 中国文物研究所:《敦煌悬泉月令诏条》,北京:中华书局,2001 年。
45. 郑杰祥:《南阳新出土的东汉张景造土牛碑》,《文物》1963 年第 11 期。

(三) 专　　著

1. 埃德蒙德·胡塞尔:《内时间意识现象学》,倪梁康译,北京:商务印书馆,2009 年。
2. 安居香山、中村璋八:《纬书集成》,石家庄:河北人民出版社,1994 年。
3. 芭芭拉·亚当:《时间与社会理论》,金梦兰译,北京:北京师范大学出版社,2009 年。

4. 晁福林：《天命与彝伦：先秦社会思想探研》，北京：北京师范大学出版社，2012年。
5. 陈顾远：《中国法制史》，北京：商务印书馆，1934年。
6. 陈侃理：《儒学、数术与政治：灾异的政治文化史》，北京：北京大学出版社，2015年。
7. 陈梦家：《汉简缀述》，北京：中华书局，1980年。
8. 陈梦家：《殷虚卜辞综述》，北京：中华书局，1988年。
9. 陈梦家：《西周年代考·六国纪年》，北京：中华书局，2005年。
10. 陈梦家：《陈梦家学术论文集》，北京：中华书局，2016年。
11. 陈槃：《谶纬研讨及其书录解题》，上海：上海古籍出版社，2010年。
12. 陈苏镇：《〈春秋〉与"汉道"——两汉政治与政治文化研究》，北京：中华书局，2011年。
13. 陈伟：《包山楚简初探》，武汉：武汉大学出版社，1996年。
14. 陈直：《居延汉简研究》，北京：中华书局，2009年。
15. 陈致主编：《简帛·经典·古史》，上海：上海古籍出版社，2013年。
16. 陈遵妫：《中国天文学史》，上海：上海人民出版社，1980年。
17. 渡边信一郎：《中国古代的王权与天下秩序》，徐冲译，北京：中华书局，2008年。
18. 冯时：《中国天文考古学》，北京：中国社会科学出版社，2010年。
19. 冯时：《百年来甲骨文天文历法研究》，北京：中国社会科学出版社，2011年。
20. 沟口雄三、小岛毅主编：《中国的思维世界》，南京：江苏人民出版社，2006年。
21. 顾颉刚：《史林杂识初编》，北京：中华书局，1963年。
22. 顾颉刚：《古史辨》(第一册)，上海：上海古籍出版社，1982年。
23. 顾颉刚：《古史辨》(第五册)，上海：上海古籍出版社，1982年。
24. 顾颉刚：《中国上古研究讲义》，北京：中华书局，2002年。
25. 顾颉刚：《秦汉的方士与儒生》，上海：上海古籍出版社，2005年。
26. 郭沫若：《管子集校(一)》，《郭沫若全集·历史编》第五卷，北京：人民出版社，1984年。
27. 郭沫若：《郭沫若全集·考古编·甲骨文字研究》，北京：科学出版社，1982年。
28. 韩树峰：《汉魏法律与社会——以简牍、文书为中心的考察》，北京：社会科学文献出版社，2011年。
29. 郜积意：《两汉经学的历术背景》，北京：北京大学出版社，2013年。

30. 侯旭东：《近观中古史——侯旭东自选集》，上海：中西书局，2015 年。
31. 黄人二：《敦煌悬泉〈四时月令诏条〉整理与研究》，武汉：武汉大学出版社，2010 年。
32. 黄展岳：《先秦两汉考古论丛》，北京：科学出版社，2008 年。
33. 家井真：《〈诗经〉原意研究》，南京：江苏人民出版社，2011 年。
34. 李均明：《简牍法制论稿》，桂林：广西师范大学出版社，2011 年。
35. 李零：《楚帛书研究》(十一种)，上海：中西书局，2013 年。
36. 李零：《中国方术正考》，北京：中华书局，2006 年。
37. 李零：《中国方术续考》，北京：中华书局，2006 年。
38. 李学勤：《简帛佚籍与学术史》，九江：江西教育出版社，2001 年。
39. 李学勤：《古文献丛论》，北京：中国人民大学出版社，2010 年。
40. 李学勤：《文物中的古文明》，北京：商务印书馆，2008 年。
41. 廖伯源：《使者与官制演变：秦汉皇帝使者考论》，台北：文津出版社，2006 年。
42. 廖伯源：《秦汉史论丛》，北京：中华书局，2008 年。
43. 刘乐贤：《战国秦汉简帛丛考》，北京：文物出版社，2010 年。
44. 刘庆柱、李毓芳：《汉长安城》，北京：文物出版社，2003 年。
45. 刘瑞：《汉长安城的朝向、轴线与南郊礼制建筑》，北京：中国社会科学出版社，2011 年。
46. 刘师培：《刘申叔遗书》，南京：江苏古籍出版社，1997 年。
47. 马丁・海德格尔：《存在与时间》，陈嘉映、王庆节译，北京：三联书店，2006 年。
48. 籾山明：《中国古代诉讼制度研究》，李力译，上海：上海古籍出版社，2009 年。
49. 蒲慕州：《追寻一己之福——中国古代的信仰世界》，上海：上海古籍出版社，2007 年。
50. 钱穆：《先秦诸子系年》，北京：商务印书馆，2001 年。
51. 裘锡圭：《裘锡圭学术文集》，上海：复旦大学出版社，2012 年。
52. 瞿同祖：《中国法律与中国社会》，北京：中华书局，2003 年。
53. 宋华强：《新蔡葛陵楚简初探》，武汉：武汉大学出版社，2010 年。
54. 薮内清：《中国的天文历法》，杜石然译，北京：北京大学出版社，2017 年。
55. 孙英刚：《神文时代：谶纬、术数与中古政治研究》，上海：上海古籍出版社，2015 年。
56. 唐兰：《殷虚文字记》，北京：中华书局，1981 年。

57. 田天：《秦汉国家祭祀史稿》，北京：三联书店，2015 年。
58. 童岭主编：《皇帝·单于·士人——中古中国与周边世界》，上海：中西书局，2014 年。
59. 王柏中：《神灵世界：秩序的构建与仪式的象征——两汉国家祭祀制度研究》，北京：民族出版社，2005 年。
60. 王葆玹：《今古文经学新论》，北京：中国社会科学出版社，1997 年。
61. 王国维：《观堂集林》，北京：中华书局，1959 年。
62. 王加华：《被结构的时间：农事节律与传统中国乡村民众年度时间生活——以江南地区为中心的研究》，上海：上海古籍出版社，2015 年。
63. 王文涛：《秦汉社会保障研究——以灾害救助为中心的考察》，北京：中华书局，2007 年。
64. 王震中：《商代都邑》，北京：中国社会科学出版社，2010 年。
65. 王子今：《秦汉时期生态环境研究》，北京：北京大学出版社，2007 年。
66. 巫鸿：《中国古代艺术与建筑中的“纪念碑性”》，李清泉、郑岩等译，上海：上海人民出版社，2009 年。
67. 西田太一郎：《中国刑法史研究》，段秋关译，北京：北京大学出版社，1985 年。
68. 向宗鲁：《月令章句疏证叙录》，上海：商务印书馆，1945 年。
69. 萧放：《〈荆楚岁时记〉研究——兼论传统中国民众生活中的时间观念》，北京：北京师范大学出版社，2000 年。
70. 辛德勇：《建元与改元——西汉新莽年号研究》，北京：中华书局，2013 年。
71. 邢义田：《治国安邦》，北京：中华书局，2011 年。
72. 邢义田：《天下一家》，北京：中华书局，2011 年。
73. 邢义田：《地不爱宝》，北京：中华书局，2011 年。
74. 邢义田：《画为心声》，北京：中华书局，2011 年。
75. 徐复观：《两汉思想史》，上海：华东师范大学出版社，2001 年。
76. 徐旭生：《中国古史的传说时代》，北京：文物出版社，1985 年。
77. 阎步克：《士大夫政治演生史稿》，北京：北京大学出版社，2015 年。
78. 严耕望：《中国地方行政制度史—秦汉地方行政制度》，上海：上海古籍出版社，2007 年。
79. 晏昌贵：《简帛数术与历史地理论集》，北京：商务印书馆，2010 年。
80. 杨鸿烈：《中国法律思想史》，上海：上海书店，1984 年。

81. 杨鸿勋：《建筑考古学论文集》(增订版)，北京：清华大学出版社，2008 年。
82. 杨华：《古礼新研》，北京：商务印书馆，2012 年。
83. 杨宽：《杨宽古史论文选集》，上海：上海人民出版社，2003 年。
84. 杨英：《祈望和谐——周秦两汉王朝祭礼的演进及其规律》，北京：商务印书馆，2009 年。
85. 杨振红：《出土简牍与秦汉社会》，桂林：广西师范大学出版社，2009 年。
86. 余欣主编：《中古时代的礼仪、宗教与制度》，上海：上海古籍出版社，2012 年。
87. 余英时：《士与中国文化》，上海：上海人民出版社，2003 年。
88. 于豪亮：《于豪亮学术文存》，北京：中华书局，1985 年。
89. 于振波：《简牍与秦汉社会》，长沙：湖南大学出版社，2012 年。
90. 约翰·哈萨德编：《时间社会学》，朱红文、李捷译，北京：北京师范大学出版社，2009 年。
91. 曾锦华：《〈吕氏春秋·十二纪〉纪首、〈淮南子·时则训〉及〈礼记·月令〉之比较研究》，新北：花木兰文化出版社，2010 年。
92. 湛晓白：《时间的社会文化史——近代中国时间制度与观念变迁研究》，北京：社会科学文献出版社，2013 年。
93. 张怀通：《〈逸周书〉新研》，北京：中华书局，2013 年。
94. 张建国：《帝制时代的中国法》，北京：法律出版社，1999 年。
95. 张一兵：《明堂制度研究》，北京：中华书局，2005 年。
96. 张一兵：《明堂制度源流考》，北京：人民出版社，2007 年。
97. 张忠炜：《秦汉律令法系研究初编》，北京：社会科学文献出版社，2012 年。
98. 中国社会科学院历史研究所战国秦汉史研究室编：《简牍研究译丛》，北京：中国社会科学出版社，1983 年。
99. 〔日〕安居香山、中村璋八：《緯書の基礎的研究》，東京：国书刊行会，1976 年。
100. 〔日〕安居香山、中村璋八：《緯書の成立とその展開》，東京：国书刊行会，1979 年。
101. 〔日〕池田雄一：《中国古代の国家と民眾》，東京：汲古書院，1995 年。
102. 〔日〕大庭脩：《秦漢法制史の研究》，東京：創文社，1982 年。
103. 〔日〕島邦男：《殷墟卜辞研究》，東京：汲古書院，1958 年。
104. 〔日〕島邦男：《五行思想と禮記月令の研究》，東京：汲古書院，1971 年。
105. 〔日〕東晋次：《王莽：儒家の理想に憑かれた男》，東京：白帝社，2003 年。

106. 〔日〕冨谷至:《秦汉刑罚制度研究》,柴生芳、朱恒晔译,桂林:广西师范大学出版社,2006年。

107. 〔日〕高村武幸:《漢代の地方官吏と地域社会》,東京:汲古書院,2006年。

108. 〔日〕谷中信一:《齊地の思想文化の展開と古代中國の形成》,東京:汲古書院,2008年。

109. 〔日〕鶴間和幸:《秦帝国の形成と地域》,東京:汲古書院,2013年。

110. 〔日〕金谷治:《管子の研究》,東京:岩波書店,1987年。

111. 〔日〕金子修一:《古代中国と皇帝祭祀》,東京:汲古書院。2001年。

112. 〔日〕久保田刚:《時令説の基礎的研究》,広島:溪水社,2000年。

113. 〔日〕栗原朋信:《秦汉史の研究》,東京:吉川弘文館,1969年。

114. 〔日〕能田忠亮:《禮記月令天文考》,京都:東方文化学院京都研究所,1938年。

115. 〔日〕藤川正数:《漢代における礼学の研究》,東京:風間書房,1985年。

116. 〔日〕藤田勝久:《中国古代国家と郡県社会》,東京:汲古書院,2005年。

117. 〔日〕武田時昌:《陰陽五行のサイエンス・思想編》,京都:京都大学人文科学研究所,2011年。

118. Howard Wechsler, Offerings of Jade and Silk: Ritual and Symbol in the Legitimation of the T'ang Dynasty, Yale University Press, 1985.

119. James D. Sellmann, Timing and Rulership in Master Lü's Spring and Autumn Annals. Albany: State University of New York Press, 2002.

(四) 期刊、论文

1. 白奚:《中国古代阴阳与五行说的合流——〈管子〉阴阳五行思想新探》,《中国社会科学》1997年第5期。

2. 曹锦炎:《楚帛书〈月令〉篇考释》,《江汉考古》1985年第1期。

3. 长沙市文物考古研究所:《长沙三国吴简暨百年来简帛发现与研究国际学术研讨会论文集》,北京:中华书局,2005年。

4. 陈久金:《论〈夏小正〉是十月太阳历》,《自然科学史研究》1982年第4期。

5. 陈侃理:《从阴阳书到明堂礼——读银雀山汉简〈迎四时〉》,《中华文史论丛》2010年第1期。

6. 陈侃理:《董仲舒的〈春秋〉灾异论》,《文史》2010年第2辑。

7. 陈侃理：《〈洪范五行传〉与〈洪范〉灾异论》，《国学研究》第 26 卷，北京：北京大学出版社，2010 年。
8. 陈侃理：《序数纪日的产生与通行》，《文史》2016 年第 3 辑。
9. 陈美东：《月令、阴阳家与天文历法》，《中国文化》第 12 期，1995 年。
10. 陈梦家：《战国楚帛书考》，《考古学报》1984 年第 2 期。
11. 程少轩：《放马滩简所见式占古佚书的初步研究》，《中研院史语所集刊》第 83 本第 2 分，2012 年。
12. 程少轩：《肩水金关汉简“元始六年(居摄元年)历日”复原》，载李学勤主编：《出土文献》第 5 辑，上海：中西书局，2014 年。
13. 程少轩：《马王堆帛书〈刑德〉、〈阴阳五行〉诸篇历法研究——以〈阴阳五行〉乙篇为中心》，《中研院史语所集刊》第 87 本第 2 分，2016 年。
14. 杜金鹏：《周原宫殿建筑类型及相关问题探讨》，《考古学报》2009 年第 4 期。
15. 冯时：《河南濮阳西水坡 45 号墓的天文学研究》，《文物》1990 年第 3 期。
16. 冯时：《殷卜辞四方风研究》，《考古学报》1994 年第 2 期。
17. 傅道彬：《〈月令〉模式的时间意义与思想意义》，《北方论丛》2009 年第 3 期。
18. 傅熹年：《陕西岐山凤雏西周建筑遗址初探》，《文物》1981 年第 1 期。
19. 郭明：《商周时期大型院落式建筑比较研究》，《考古与文物》2014 年第 5 期。
20. 郭沫若：《武威“王杖十简”商兑》，《考古学报》1965 年第 2 期。
21. 郭沫若：《古代文字之辨证的发展》，《考古学报》1972 年第 1 期。
22. 郭文韬：《〈月令〉中的传统农业哲学略论》，《中国农史》1998 年第 2 期。
23. 郭文韬：《〈月令〉中的生态农学思想初探》，《古今农业》2000 年第 1 期。
24. 韩伟：《秦公朝寝钻探图考释》，《考古与文物》1985 年第 2 期。
25. 何幼琦：《〈夏小正〉的内容和时代》，《西北大学学报(哲学社会科学版)》1987 年第 1 期。
26. 侯旭东：《传舍使用与汉帝国的日常统治》，《中国史研究》2008 年第 1 期。
27. 侯旭东：《渔采狩猎与秦汉北方民众生计——兼论以农立国传统的形成与农民的普遍化》，《历史研究》2010 年第 5 期。
28. 侯旭东：《丞相、皇帝与郡国计吏：两汉上计制度变迁探微》，《中国史研究》2014 年第 4 期。
29. 胡厚宣：《甲骨文四方风名考补证》，《责善》卷二第 22 期。
30. 胡厚宣：《释殷代求年于四方和四方风的祭祀》，《复旦学报》1956 年第 1 期。

31. 胡家聪:《〈管子·幼官篇〉新考——兼论〈吕氏春秋·十二纪〉的年代》,《社会科学战线》1981 年第 2 期。
32. 黄鸿春:《从事神到敬德——商周“气物”观转变》,《历史研究》2013 年第 2 期。
33. 黄兴涛:《近代中国新名词的思想史意义发微——兼谈对于“一般思想史”之认识》,《开放时代》2003 年第 4 期。
34. 黄兴涛:《清末民初新名词新概念的“现代性”问题——兼论“思想现代性”与现代性“社会”概念的中国认同》,《天津社会科学》2005 年第 4 期。
35. 简涛:《略论迎春礼俗的起源》,《民俗研究》1995 年第 4 期。
36. 简涛:《略论唐宋时期迎春礼俗的迎春礼俗的演变》,《唐研究》第 3 卷,北京:北京大学出版社,1997 年。
37. 焦天然:《“九月除道,十月成梁”考——兼论秦汉月令之统一性》,《四川文物》2013 年第 1 期。
38. 雷戈:《后战国时期自然合理性观念研究》,《河南大学学报》(社会科学版)2007 年第 6 期。
39. 李零:《视日、日书和叶书——三种简帛文献的区别和定名》,《文物》2008 年第 12 期。
40. 梁韦弦、聂翔雁:《〈礼记·月令〉所记时候与汉易卦气之气候》,《松辽学刊》2002 年第 3 期。
41. 刘梦娇:《试说出土文献中的“时令”类内容》,《语言研究集刊》第 7 辑,上海:上海辞书出版社,2010 年。
42. 刘信芳:《中国最早的物候历月名——楚帛书月名及神祇研究》,《中华文史论丛》第 53 辑,1994 年。
43. 刘宗迪:《古代月令文献的源流》,《节日研究》第 2 辑,济南:山东大学出版社,2010 年。
44. 马楠:《〈洪范五行传〉作者补证》,《中国史研究》2013 年第 1 期。
45. 孟彦弘:《秦汉法典体系的演变》,《历史研究》2005 年 3 期。
46. 彭浩:《睡虎地秦简“王室祠”与〈齋律〉考辨》,《简帛》第 1 辑,上海:上海古籍出版社,2006 年。
47. 容肇祖:《月令的来源考》,《燕京学报》第 18 期,1935 年。
48. 商承祚:《殷商无四时考》,《清华周刊》1932 年第 9 期。
49. 沈聿之:《西周明堂建筑起源考》,《自然科学史研究》1995 年第 4 期。

50. 石明秀：《先秦两汉月令生态观探析——以敦煌悬泉壁书为中心的考察》,《敦煌研究》2008 第 2 期。
51. 汤勤福：《〈月令〉祛疑——兼论政令、农书分离趋势》,《学术月刊》2016 年第 10 期。
52. 唐兰：《马王堆出土〈老子〉乙本卷前古佚书的研究》,《考古学报》1975 年第 1 期。
53. 汪宁生：《释明堂》,《文物》1989 年第 9 期。
54. 王锷：《〈月令〉与农业生产的关系及其成篇年代》,《古籍研究整理学刊》2006 年第 5 期。
55. 王恩田：《岐山凤雏村西周建筑群基址的有关问题》,《文物》1981 年第 1 期。
56. 王晖：《论西周金文记时语词及大事系“年”的史学意义》,《北京师范大学学报》(社会科学版)2015 年第 1 期。
57. 王利华：《〈月令〉中的自然节律与社会节奏》,《中国社会科学》2014 年第 2 期。
58. 王梦鸥：《礼记月令校读后记》,《孔孟学报》第 14 期,1967 年。
59. 王梦鸥：《读月令》,《政治大学学报》第 21 期,1970 年。
60. 王世仁：《明堂形制初探》,《中国文化研究集刊》第 4 辑,1987 年。
61. 徐良高、王巍：《陕西扶风云塘西周建筑基址的初步认识》,《考古》2002 年第 9 期。
62. 伊世同：《量天尺考》,《文物》1978 年第 2 期。
63. 杨华：《秦汉帝国的神权统一——出土简帛与〈封禅书〉《郊祀志》的对比考察》,《历史研究》2011 年第 5 期。
64. 杨宽：《战国秦汉的监察和视察地方制度》,《社会科学战线》1982 年第 2 期。
65. 杨振红：《汉代自然灾害初探》,《中国史研究》1999 年第 4 期。
66. 杨振红：《月令与秦汉政治——兼论月令源流》,《历史研究》2004 年第 3 期。
67. 叶舒宪：《〈礼记・月令〉的比较神话学解读——以仲春物候为例》,《陕西师范大学学报(哲学社会科学版)》2006 年第 6 期。
68. 俞伟超：《关于楚文化发展的新探索》,《江汉考古》1980 年第 1 期。
69. 俞金尧、洪庆明：《全球化进程中的时间标准化》,《中国社会科学》2016 年第 7 期。
70. 于省吾：《岁、时起源初考》,《历史研究》1961 年第 4 期。
71. 于振波：《从悬泉置壁书看〈月令〉对汉代法律的影响》,《湖南大学学报》(社会科学版)2002 年第 5 期。
72. 乐爱国：《〈管子〉与〈礼记・月令〉科学思想之比较》,《管子学刊》2005 年第 2 期。
73. 詹石窗：《明堂思想考论》,《中国哲学史》2000 年第 4 期。

74. 张鹤泉:《东汉五郊迎气祭祀考》,《人文杂志》2011 年第 3 期。

75. 张鹤泉:《两晋南朝迎气祭祀礼考》,《南京晓庄学院学报》2017 年第 2 期。

76. 张鹤泉:《北魏迎气祭祀礼试探》,《河北学刊》2017 年第 3 期。

77. 赵凯:《西汉"受鬻法"探论》,《中国史研究》2007 年第 4 期。

78. 周晓陆:《秦动植物纹样瓦当的一种试读——略论其与〈月令〉之关系》,《考古与文物》2004 年第 2 期。

79. 周振鹤:《秦汉宗教地理略说》,《中国文化研究集刊》第 3 辑,上海:复旦大学出版社,1986 年。

80. 朱承:《〈礼记·月令〉的自然、生活与政治》,《中国社会科学报》2010 年 7 月 29 日第 11 版。

81. 佐川英治:《宗庙与禁苑——中国古代都城的神圣空间》,陈金华、孙英刚编:《神圣空间:中古宗教中的空间因素》,上海:复旦大学出版社,2015 年。

82.〔日〕渡边信一郎:《阡陌制论》,《東洋史研究》第 43 卷第 4 号,1985 年。

83.〔日〕冨谷至:《晉泰始律令への道——第一部　秦漢の律と令》,《東方学報》京都第 72 册,2000 年。

84.〔日〕宮宅潔:《漢代請讞考——理念・制度・現實》,《東洋史研究》第 55 卷第 1 号,1996 年。

85.〔日〕林巳奈夫:《長沙出土戦国帛書考》,《東方学報》36 卷,1964 年。

86.〔日〕馬場理惠子:《"主四時"と月令》,《日本秦漢史学會會報》7,2006 年。

87.〔日〕馬場理惠子:《"時"の法令——前漢月令考》,《史窓》64,2007 年。

88.〔日〕澀沢尚:《昆侖と祭祀壇——"明堂"との関係において》,《学林》26,1997 年。

89.〔日〕町田三郎:《管子幼官考》《集刊東洋學》第 1 辑,1959 年。

90.〔日〕町田三郎:《時令說について——管子幼官篇を中心に——》,《東北大学教養部文科紀要》第 9 号,1962 年。

91.〔日〕小林春树:《"元和改曆"の受命改制的性格について——〈続漢書〉志類研究序說》,《東洋文化》75,1995 年。

92.〔日〕小林春树:《中国古代の曆学における中央集権的性格の確立について》,《東洋研究》第 125 号,1997 年。

93.〔日〕小林春树:《"元和改曆"の性格・特色、曆学史的意義の再考——後漢の"合理主義的思想"再考のために》,《東洋研究》第 163 号,2007 年。

94.〔日〕鹰取祐司:《漢代の死刑奏請制度》,《史林》第 88 卷第 5 号,2005 年。

95. 〔日〕影山辉国：《漢代“順気行罰”考》，《東洋文化研究所紀要》1997年3月。

(五) 学位论文

1. 谷颖：《伏生及〈尚书大传〉研究》，东北师范大学硕士学位论文，2005年。
2. 邱静绮：《明堂制度研究》，台湾中央大学硕士学位论文，2005年。
3. 王雪静：《两汉死刑制度研究》，首都师范大学硕士论文，2007年。
4. 王莉莉：《中国古代司法时令制度研究》，西南政法大学硕士论文，2007年。
5. 孙占宇：《放马滩秦简日书整理与研究》，西北师范大学博士学位论文，2008年。
6. 闫祥玲：《〈礼记·月令〉中的五行学说研究》，山东大学硕士学位论文，2008年。
7. 张春樱：《上古月令研究》，东北师范大学硕士学位论文，2010年。
8. 王超：《〈礼记·月令〉天人思想研究》，山东大学硕士学位论文，2011年。
9. 王璐：《汉代月令思想研究》，苏州大学硕士学位论文，2011年。
10. 薛茜：《汉代的明堂制度——兼明堂制度源流概述》，兰州大学硕士学位论文，2011年。
11. 魏永康：《秦汉“田律”研究》，东北师范大学博士学位论文，2014年。
12. 孙思贤：《时令与汉代司法》，中国人民大学硕士学位论文，2016年。
13. 刘鸣：《月令与秦汉时间秩序》，北京大学博士学位论文，2017年。

后　记

珞珈山秋天最美。小书付梓之际，山下桂花又一度清芬弥漫。

十四年瞬目而去，很多片段却经久难忘。大学二年级开始，每周六清早，我就随师兄师姐，跟着杨华老师读礼经，从《仪礼》到《礼记》，经文、注疏逐句念过，弦歌讲诵之间有难得的从容安宁。师门辈出的弟子中，我是杨老师指导时间最长的学生。这本小书在博士论文基础上修改而成，选题来自导师的建议。月令作为上古天文、礼制及宇宙论知识的集合，拥有丰富的学术生长点。然而相关研究积累已颇深厚，仅现当代学者论著中，就有島邦男、杨宽、邢义田、杨振红等先生珠玉在前。经杨华老师点拨，我发现如果从时间秩序建构的角度观察月令文献的生成、整合与月令制度的施行，或许也是一条研究路径。在不同场合，杨老师多次向我们说起“聪明人要下笨功夫”的话。我自知中人之材，不敢懈怠。而我行进的每一步，背后都有杨老师最坚实的支持。上学时如此，工作后亦如此。这里谨向杨华老师郑重致谢。

虽非及门弟子，但魏斌老师惠我良多。读研期间，魏老师开具的书单，广涉人文社会科学诸领域，让我体尝到读书的自在与酣畅。魏老师还每每予我参加学术会议及评奖的机会。小书能够出版，也全凭魏老师推荐。魏老师有学问，有抱负，而超越门户的胸襟，尤令我敬佩。刘安志老师为人严谨。一篇习作发表之前，请刘老师审读。大至行文逻辑、史料来源，小至文句、标点，刘老师一一提出修改意见，殊为可感。博士毕业后，郭齐勇老师欣然接受我进入哲学博士后流动站，给予我很多肯定和鼓励。每一次与郭老师见面，都如沐春风。2013 年秋冬，我有幸赴日本早稻田大学交流。其间，受到工藤元男先生和佐川英治先生多方照顾。

回国前夕，阿部幸信先生带我参观中央大学，还邀我至家中做客。神田川的秋水与八王子的山色，我念念不忘。先生们的关照与提掖，我铭记在心。

小书中不少章节已先行发表。在写作修订过程中，多次得到学院老师及学界师友悉心指点。杨振红、陈侃理、凌文超、游逸飞等老师，都曾细读小文，所提意见深中肯綮。杨振红老师还出席了我的博士论文答辩。陈侃理、田天老师热心传递文献资料。陈戍国、王子今、陈伟、徐少华、刘玉堂、罗运环、晏昌贵、刘国胜、赵国华、尹弘兵、毋有江、郑威、鲁家亮、胡鸿等老师，也都在我撰写论文过程中给予各种帮助。几次论文投稿后，收到匿名评审专家的意见。这些批评中肯而有力，富有建设性。虽不知您几位名姓，但我一定要报以真诚的感谢。

很荣幸，我能在珞珈山上结识一批挚友。十多年的相交，温不增华，寒不改叶。他们性格迥异，却都为人坦率、做事执着。与我同宿舍的诸位女友，无一不勤勉聪慧、志存高远。此外，李永生君淡泊平和，吕博君勇猛精进。我们一同研读《后汉书》的时光，最是难忘。付晨晨君温柔有礼，刘莹君刚正有节。今年六月的同行出游令人回味。相信多年以后，我们仍然会记得汉魏洛阳城地面的炙热，以及武周明堂上空的晚霞。

少时离家，江南风物于我日渐陌生，武汉成了第二故乡。感谢父母及家人，我并不符合他们对我孝女贤妻良母的期待，他们始终给予我包容和爱。我要特别感谢我的丈夫曾成。我们从本科到博士，由同学而朋友，由朋友而夫妻。博士毕业时，我信誓旦旦要专心厨事，并以此为借口，买回无数奇巧的厨具、餐具。可最终是丈夫忙碌于庖厨厅堂，承担了全部家务，每年还策划学术考察，带我观海登山。没有他的付出，小书断无法顺利完成。

同时，也非常感谢师妹梁艺馨指出多处我校稿中的讹误。

拙作动笔的那一晚，小猫帅哥去了另一个世界。至今日交稿，已近五年。彼时东京大雨滂沱，我在杂司谷的寓所内放声大哭。想起他温热的身体曾依偎着我，而他生命的最后时刻，我却与他隔海隔山。在他往生两年后，我又领养了一只猫，取名大王。大王是土猫，能讲究，能将就，随遇而安，又时刻戒备，饿了就叫，怒了就挠，从不作任何矫饰。与她相伴朝夕，轻松自在，获益匪浅。

十多年求学生涯，以这本稚嫩的小册子作个纪念。书中错漏之处，敬请读者批评。

薛梦潇

2018 年 10 月 5 日

图书在版编目(CIP)数据

早期中国的月令与"政治时间" / 薛梦潇著. —上海：上海古籍出版社，2018.11(2020.4重印)
ISBN 978-7-5325-8931-9

Ⅰ.①早… Ⅱ.①薛… Ⅲ.①年号—研究—中国—古代 Ⅳ.①K230.7

中国版本图书馆 CIP 数据核字(2018)第 146962 号

早期中国的月令与"政治时间"

薛梦潇 著

上海古籍出版社出版发行

(上海瑞金二路 272 号 邮政编码 200020)

(1) 网址：www.guji.com.cn

(2) E-mail：guji1@guji.com.cn

(3) 易文网网址：www.ewen.co

启东市人民印刷有限公司印刷

开本 635×965 1/16 印张 17 插页 2 字数 245,000

2018 年 11 月第 1 版 2020 年 4 月第 3 次印刷

印数：2,551—3,650

ISBN 978-7-5325-8931-9

K·2523 定价：68.00 元